蓓蕾绽放

——李艳名师工作室教育探索与实践

李艳 主编

天津社会科学院出版社

图书在版编目（CIP）数据

蓓蕾绽放：李艳名师工作室教育探索与实践 ／ 李艳
主编. — 天津：天津社会科学院出版社，2020.12
　　ISBN 978-7-5563-0694-7

　　Ⅰ．①蓓… Ⅱ．①李… Ⅲ．①学前教育－教学研究
Ⅳ．①G612

中国版本图书馆 CIP 数据核字(2020)第 251853 号

蓓蕾绽放：李艳名师工作室教育探索与实践
BEILEI ZHANFANG:LIYAN MINGSHI GONGZUOSHI JIAOYU TANSUO YU SHIJIAN

出版发行：	天津社会科学院出版社
地　　址：	天津市南开区迎水道 7 号
邮　　编：	300191
电话/传真：	（022）23360165（总编室）
	（022）23075303（发行科）
网　　址：	www.tass-tj.org.cn
印　　刷：	北京盛通印刷股份有限公司

开　　本：	787×1092　毫米　　　1/16
印　　张：	19.75
字　　数：	299 千字
版　　次：	2020 年 12 月第 1 版　　2020 年 12 月第 1 次印刷
定　　价：	€8.00 元

前　言

　　名师工作室是以师德高尚、业务精湛的名师担纲主持引领的教师专业发展共同体，是优秀教师共同学习、互勉共助、集体成长的平台。名师工作室的成员来源于教育教学一线，是教师队伍中的优秀人才，能够发挥名师的示范、辐射、指导、引领成员专业发展作用，促进专业师资队伍建设。名师工作室以教师专业能力建设为核心，以中青年骨干教师培养培训为重点，整合资源、高端引领、团队培养、整体提升，努力建设一支师德高尚、业务精湛、配置合理、充满活力的高素质名师队伍。

　　李艳，天津市河东区第二幼儿园副园长，学前教育本科学历，高级教师职称，曾获得天津市优秀教师、天津市"三育人"先进个人、天津市普教系统首届教改积极分子、天津市教育学会先进工作者、"十五"立功奖章、河东区学科带头人、河东区基础教育教改积极分子、河东区优秀共产党员等荣誉称号。2016年被选为河东区第二届名师、河东区第十一届党代会党代表；2017年被评为天津市教育工会劳动竞赛先进工作者，河东区"三八"红旗手、最美河东人，河东区优秀平安志愿者；连续多年被评为河东区教育系统先进个人；2013年至2016年连续多年在天津市"幼儿园优秀教育活动"评选中荣获指导教师一等奖。李艳积极参与园本课程的研发，担任天津市河东区第一幼儿园园本课程多本教材的分册主编，目前《生活教育》《中华传统文化幼儿教育丛书》《蒙童新读本》《中华文化启蒙教育》《幼儿学国粹》等教育图书均已出版，为教学实践提供了更加适宜于幼儿学习游戏的活动课程。李艳参与天津市基础教育

"十三五"教育科研规划课题"深化优秀传统文化特色活动的实践研究"等多项市区级课题研究,撰写的多篇论文、教学案例获奖。其中教育案例"一次拉拉花剪纸活动引发的思考"被选入《行走在园本教研的路上》一书;教育案例"华元的小椅子"被选入中央教科所"九五"国家级重点课题"引导幼儿主动学习"的课题成果案例集;论文《小班科学教育研究初探》被选入《幼儿科学教育》一书;与他人合作论文《〈3-6岁儿童学习与发展指南〉引领下的幼儿园十二生肖传统文化实践研究》被选入《德育研究》一书。

2018年,天津市河东区教育局为了发挥名师工作室的效应和作用,着力提升幼儿园教师队伍人才培养与教学科研创新的质量与水平,以名师李艳领衔,集河东一幼、河东三幼、河东六幼和河东十一幼等的优秀教师九名,正式挂牌成立李艳名师工作室。这是天津市河东区教育局以名师带动教师队伍建设的重要举措。

李艳名师工作室成立以来,始终坚持以"专业引领、团队共建、合作探究、专业提升"为宗旨,以"扎实学识、特色专长、创新实践"为培养目标和发展愿景,借助名师工作室这一"共筑教育初心、专业共学共升、成果共创共享"的成长载体和发展平台,努力培育和打造一支具有新时代教育思想和教育智慧的优秀教师团队,不断实现名师的自我提升和中青年骨干教师专业核心素养的提高,培育更多河东学前教育领域名教师。李艳名师工作室在成立之初,建立了有效的工作制度和完备的工作档案,制度建设为工作室的积极运营创造了条件,提供了保障,工作室的研究内容着眼于幼儿教育、教师未来的发展。研究的主题具有前瞻性、时代性,来源于教育教学实践,关注学前教育改革发展的方向,关注幼儿教育发展的动向和时代背景,关注幼儿园教育教学热点问题或存在的困惑。工作室整合教育资源,有效地提高教师实践能力、研究能力,提升教育教学水平,促进幼儿素质的发展。

李艳名师工作室在教学实践中充分发挥工作室领衔人和示范园的专业引领、辐射带动作用,以《幼儿园教育指导纲要(试行)》和《3-6岁儿童学习和发展指南》为专业指导,立足教育教学实践主阵地,积极开展教育教学实践研究。通过多种行之有效的学习研讨、观摩交流、网络研修、主题沙龙、专题科研、论坛分享等活动,不断充实着青年教师学习探究、思考领悟、内化成长的过程,实现着青年教师学有专长、术业有专攻的发展目标,使青年教师在不断地教学实践历练中形成自己独特的教学特色和风格,并能成为河东区学前教育某一领域的引领者。

李艳名师工作室的成立,充分发挥了名师的示范、辐射和引领作用,实现了教育资源共享、教师多元学习、教育实践能力全面提升的目的,培养了一批师德高尚、业务精湛、学识扎实的教师。《蓓蕾绽放——李艳名师工作室教育探索与实践》的出版正是李艳名师工作室两年来取得的工作成绩的呈现,这些成果凝聚了工作室全体成员的辛勤付出与实践智慧,汇聚了每一位工作室成员潜心研究的教学收获,记载了每一次学习后思维的碰撞、每一次观摩活动后的切磋研讨、每一个经典案例的分析启示以及每一个课题的确立与研究。让我们更加坚定地走在教育研究的路上,行深致远,用心感受着收获的喜悦与快乐,做幸福的学前教育追梦人。

2020 年初春

目 录

蓓蕾绽放
——李艳名师工作室教育探索与实践

序 章

携手共进

——走进李艳名师工作室

师也者,教之以事而喻诸德也。

——礼记

首先是教师品格的陶冶,行为的教育,然后才是专门知识和技能的训练。

——〔苏〕马卡连柯

篇 一

躬耕教坛育幼苗
——记李艳名师工作室领衔人李艳

李艳，天津市河
东区第二幼儿园副园
长，高级教师，河东区
学科带头人，曾获得
天津市优秀教师、天
津市"三育人"先进个
人、天津市普教系统
首届教改积极分子、
天津市教育学会先进
工作者、"十五"立功奖

图1-1 李艳

章、河东区基础教育教改积极分子、河东区优秀共产党员等荣誉称号。2016年
被评选为河东区第二届名师，河东区第十一届党代会代表;2017年被评为天
津市教育工会劳动竞赛先进工作者,河东区"三八"红旗手,最美河东人,河东
区优秀平安志愿者;连续多年被评为河东区教育系统先进个人、先进工作者;
2011年至2016年连续多年在天津市 "幼儿园优秀教育活动" 评选中荣获指
导教师一等奖。李艳参与了天津市基础教育"十三五"教育科研规划课题"深
化优秀传统文化特色活动的实践研究"等多项市区级课题研究,撰写的多篇
论文、教学案例获奖。其中,案例"一次拉拉花剪纸活动引发的思考"被选入
《行走在园本教研的路上》一书;教育案例"华元的小椅子"被选入中央教科所

"九五"国家级重点课题"引导幼儿主动学习"的课题成果案例集；论文《小班科学教育研究初探》被选入《幼儿科学教育》一书；与他人合作论文《〈3-6岁儿童学习与发展指南〉引领下的幼儿园十二生肖传统文化实践研究》被选入《德育研究》一书。

李艳始终用"随风潜入夜，润物细无声"的教育渗透模式，言传身教，诠释为师之道，在学前教育这片充满童趣的沃土上，为教育而歌，用爱心书写为人师的教育之梦。

一、潜心幼教，在实践中探寻教育理念

从教32年，李艳深爱着学前教育事业，让每一个孩子在幼儿园健康快乐成长是她最大的心愿。她深知学前教育是一门综合性很强的学科，学前时期是基础教育重要的奠基阶段，是人的认知发展最迅速、最重要的时期，也是儿童社会性发展的关键期。作为从教30多年的幼儿教师，李艳的幸福是能陪伴孩子们度过人生中最宝贵的童年时光，用师者仁心、静待花开的专业追求不断诠释教书育人的使命，守护着每一个孩子人生的第一步。

我国著名教育学家陶行知提出"生活即教育"的教育思想，倡导孩子在生活中学习，在生活中成长。工作中，李艳始终坚持生活教育特色理念，用眼睛去捕捉，用心灵去解读，从细节处入手，感受孩子的乐趣，读懂孩子的体验，引领孩子的发展，在丰富多彩的生活点滴之中充分展现生活即教育的大教育观。同时，李艳还坚持将品德教育与幼儿园多元化课程整合，寓教于乐，让孩子们在轻松愉快的活动气氛中受到良好品德的熏陶，为今后乃至未来的发展积淀立根树魂的民族之气。

二、锐意进取，在实践中形成教育特色

李艳注重对生活教育课程的挖掘、研究与实践，课程的内容与实施都要来源于孩子的生活、贯穿孩子的生活。在教育实践中遵循幼儿身心发展规律和认知特点，帮助幼儿通过各种感官认识周围世界，学习生活和"做人"所需要的基

本态度和能力,通过感知、模仿、体验等有效的学习方式,引领幼儿在健康、语言、社会、科学、艺术五大领域的游戏活动中收获有益于身心发展的关键经验。

生活中的细致与和谐——潜移默化,言传身教,培养幼儿良好生活习惯

良好的生活习惯是健康领域培养的重要目标,《幼儿园教育指导纲要(试行)》《3-6儿童学习与发展指南》都将幼儿的健康放在首位,习惯的养成重在教师的正面教育和坚持引导。喝水、吃饭、睡觉,在成人看来非常简单的事情,却是幼儿园孩子们要学习的最基本的生活技能。喝水是所有家长最担心的问题,为了解决让幼儿爱喝水、多喝水、主动喝水的难题,李艳和班里的老师认真研究,从小班抓起,在生活、游戏情境中引导幼儿形成健康的生活行为习惯。他们采取了模仿、游戏、表扬、对比等方法,在生活中为幼儿做榜样、当镜子,过渡环节时一起唱儿歌、讲故事……经过有效的培养和坚持,感知、体验、内化行为的教育策略收到了成效,孩子们都养成了爱喝水的好习惯。良好生活习惯一旦养成就会受益终生,教师生活化、情景化的引导为幼儿留下了深刻的记忆烙印。

充满尊重与关爱——巧妙捕捉,随机教育,发挥教育的多重价值

幼儿园的教育丰富多样,游戏、区域自选是孩子们重要的学习方式,同样,开放自主的学习环境也蕴含了丰富的教育资源,每天,孩子们乐此不疲地沉浸在区角游戏中,这也是李艳最擅长捕捉的随机教育的有利契机。曾经,李艳的班里有这样一个特殊的孩子,他肢体有些残疾,在班级里个子最矮,有些胆小孤僻,但智力正常。李艳在关注全体孩子的同时,格外关注他,给他一份特殊的爱,希望他在集体中开心快乐。一次区域游戏的收整环节,她看到了孩子的闪光点,即刻抓住时机,积极引导,并在集体中分享,教师的关爱让孩子露出了笑脸。这个孩子从此变得活泼开朗,大胆自信。教师的因势利导也让更多的幼儿在游戏中懂得了遵守规则、乐于助人的好品德,社会性领域目标在生活点滴中得到实现。因为对这个孩子进行了整整三年的跟踪教育,李艳经常自豪地说这个成功的教育案例让她收获了很多深刻的教育感悟:平等关爱,接纳支持,正面教育,以德导行。这也成为她一直以来践行的教育原则。

语言运用和文学熏陶、参与探究与发现、感受、欣赏和创造——播撒爱心,点燃心灵,润物无声育品行

几十年和孩子们在一起,李艳感到很幸福,从一线班级走到管理岗位,爱孩子是她始终不变的初心。李艳每天带着微笑,亲切和蔼地迎接孩子和家长,每天坚持抽时间进班和孩子们在一起快乐地游戏,每当看到内向的孩子开始主动交往,淘气的宝宝给大家讲好听的故事,挑食的孩子开始大口吃菜了……她都感到为人师的快乐,孩子们心灵充满阳光,真诚友善、开朗自信等良好品行在每一天润物无声的陪伴中形成。

李艳教过很多孩子,他们在幼儿园不仅学到了知识和本领,更多的收获是健全的人格、积极向上的态度。孩子们有着很好的发展,很多孩子每年教师节都给她送来问候和祝福。从小大胆有责任感的威威,2013年被评为天津市十佳中学生;从小爱探索的甜甜现在是天津四中高中学段的物理教师;从小爱唱爱跳的蒙蒙,自主创业,创办了幼儿艺术学校。孩子们都曾说:"对幼儿园最深的记忆,就是李老师爱我。"她用自己对孩子们深深的爱培养了他们优秀的学习品质。正如陶行知的教育名言:"真教育是心心相印的活动,唯独从心里发出来的,才能打到心的深处。"

三、不断创新,在探索中引领青年教师成长

2019年8月前,李艳曾在天津市河东区第一幼儿园(以下简称河东一幼)担任副园长,在此期间,成立了"李艳名师工作室",她不仅引领工作室成员同学习、共钻研、求发展,同时,带领河东一幼实验园的青年教师,立足实践、更新理念、创新发展。李艳结合园所专题、课题和特色课程的实践积极开展教育教学研究,针对青年教师的不同专业和教学特点,制定可行性目标,分别指导,为了帮助青年教师快速入门,专业成长,她充分发挥园所"青蓝工程"的帮带经验,让青年教师在常态工作中学有榜样、有师傅;在平日的接待、培训活动中,她为青年教师创造机会:孙秋宁、王欣欣、宁宇、李媛婷等多位青年教师承担了教师专业理论培训、技能培训、教学展示的任务;在教育教学技能上,

她经常给予每一位青年教师悉心指导,区级体育活动评比,孙秋宁、王婷、李媛婷、宁宇的体育游戏取得最佳成绩,"秋实杯"青年教师数学领域做课展示,她指导的青年教师分别获得教学展示一、二等奖,"春华杯"青年教师教育论坛中,孙秋宁、李媛婷双双获得一等奖的好成绩。

多年来李艳积极参与园所"生活教育、和谐发展"的特色教育研究与实践,做教师工作时,多年承担试点班教学任务,多次接待外省市、市区同行的教学观摩,承担多项国家级、市、区级重点科研课题,不断汲取和积累学前专业知识;做管理工作后,她在园所教学教研、科研课题等研究实践中,与教师们研学共进,共同提高。近年来,她和教师们共同承担了多项专题研究,立足园所实际,以《3-6岁儿童学习与发展指南》精神为引领,努力实现在实践中落实理念,创设有利于幼儿发展的学习环境,让幼儿在与环境材料的互动中学习发展,真正让幼儿成为游戏的主人、活动的主体,在促进幼儿身心健康发展的同时,也全面提高教师的专业成长与园所的教育教学质量。同时,李艳积极研发幼儿园的园本课程,担任河东一幼园本课程书籍的分册主编,《生活教育》《中华传统文化幼儿教育丛书》《蒙童新读本》《中华文化启蒙教育》《幼儿学国粹》等多本教育图书均已出版,为教学实践提供了更加适宜于幼儿学习游戏的活动课程。

李艳常说:"对幼儿的教育是根的事业,需要教师的'深耕细作'。扎根于幼教这片小天地,爱孩子、爱事业,只有这样才能把教育做深做实,最大限度地促进孩子的学习和发展,立德树人,为幼儿一生奠定坚实的基础。"当一位老师是幸福的,因为在孩子们眼里,老师就是妈妈;当一位老师是幸福的,因为在老师的世界里,永存着一份不会失去的童真;当一位老师是幸福的,因为老师将小爱汇集成大爱,让孩子在爱中学会宽容与慈悲。李艳在幼教岗位上手捧爱的种子、怀揣育人的职责,在追梦的路上,伴"童"无数,一路欢歌!

❀ 篇 二

合作共进的舞台
——李艳名师工作室成长记

图1-2　工作室成员

李艳名师工作室成立于2018年6月,并在天津市河东区教育局名师工作管理委员会的具体指导和帮助下不断发展。成立以来,工作室始终坚持"专业引领、团队共建、合作探究、专业提升"的宗旨和发展愿景,借助名师工作室这一"共筑教育初心、专业共学共升、成果共创共享"的成长载体和发展平台,发挥工作室领衔人和示范园的专业引领、示范带动作用,以《幼儿园教育指导纲要(试行)》和《3-6岁儿童学习和发展指南》为专业指导,立足教育教学实践主阵地,积极开展教育教学研究,通过多种行之有效的学习研讨、观摩交流、网络研修、互动分享等活动,促进青年教师的专业成长和名师的自我提升,实现教育资源的共建共享,努力培育和打造一支具有新时代教育思想和教育智慧的优秀教师团队,不断实现名师的自我提升和中青年骨干教师专业核心素养和教育教学实践能力的提高,为河东区学前教师队伍的专业发展贡献绵薄之力。

一、团队初建、聚焦发展

2018年6月25日,天津市河东区教育局在天津市第七中学举行了河东区教育系统2018年名师工作室"授牌仪式",李艳名师工作室自此成立。工作室以河东一幼实验园为基地,由河东一幼五所园区和区内协作组其他姊妹园的九名骨干教师组成,她们从那一天起组成了一个崭新的团队,开始致力于教师专业发展和促进幼儿身心发展的教育实践研究。

工作室的建设得到河东一幼领导班子的大力支持。工作室清新活泼的设计,充分体现了幼儿教育的学科特点,书柜中不仅有存储各种档案、资料的充足空间,还提供了让老师们遨游不尽的书海。

工作室领衔人李艳是一位从教三十余年的教师,曾获得天津市优秀教师、"十五"立功奖章、天津市"三育人"先进个人、天津市普教系统首届教改积极分子等诸多荣誉称号。在多年的教育实践中,李艳不断地汲取和积累幼教专业知识,始终以"传道"为己任,用"随风潜入夜,润物细无声"的德育渗透模式,教育幼儿。工作室的九名成员平均年龄三十岁,是一支年轻、充满朝气活力、有着教育梦想和信念追求的教师团队。

工作室成员因为一种"爱"凝聚在一起,因为一种"责任"勠力前行。工作室成立之初,李艳就与大家分享了每一名成员的"二十条优势",让彼此有了深入的了解,增强了自信。为进一步增强工作室的凝聚力、向心力,工作室还开展了富有意义的拓展游戏,让大家在丰富多样的拓展游戏中深刻感悟团队共建的重要性,汇聚集体的智慧,促进心灵的归属。通过一次次的团建游戏、倾心交流,大家由陌生到熟悉,最终彼此携手,在工作室这个平台中不断学习互助,不断进取成长。

二、分享交流、协同进步

工作室成立以来,成员们不断加强教师职业理想和职业道德教育,增强

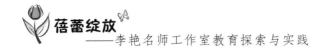

广大教师教书育人的责任感和使命感,致力于让工作室每一位教师都能够把良好的专业态度、精深的专业知识和高超的专业能力内化为自己专业成长的追求,内化为自己立德树人的不竭动力,以适应高质量教育发展格局和新时代教育对教师的新要求。为此,工作室开展了多种形式的集体研学活动。

首先,以教师需求为中心,提高研修的实效性,促使教师的个性日益丰满与完善;其次,重视研修教师原有的知识和经验,促进教师对知识进行主动建构,为每一位教师创造交流与表达的机会,从改进教学思路、改善教学要素、优化教学方法等角度,将教学实践与教学研讨相结合,促进教学实践者与听课教师的共同进步。

工作室的每一位成员都为自己制定了明确的阶段性发展目标,并在例会上分享教育经验,碰撞教育智慧,汲取教育养分。彼此的交流研学不仅拓展了大家的专业视野和创新思维的广度及深度,更促进了大家专业理论的更新与提升。工作室成员韩迪老师分享的自己参加全国玩教具比赛的心得与收获,就为大家带来了最前沿、最新颖的"信息大餐"。韩迪老师通过与大家共同剖析创意玩教具案例,让大家从全新的视角,重新审视玩具材料的适宜性、创新性、操作性,引领大家挖掘玩教具的多元教育价值,努力成为教育实践的创造者、创新者。

在工作室开展的以"辐射引领,助推提升"为主题的教学研修活动中,工作室成员李玉玲老师展示了"挂彩灯"数学活动,以鲜活的教育实例展示了教师应如何深入观察记录幼儿自主探究的过程、师幼互动中支持性指导策略的运用以及同伴分享交流过程。工作室成员通过观摩后的讨论与反思梳理关键经验,在解决问题的思辨中生发智慧、释放智慧,形成新追问,产生新思考。

工作室还为教师提供教科研的机会,使教师置身于教学情境之中,以研究者的眼光审视教学活动中的问题,以教研组的团队合作解决问题。工作室领衔人李艳在活动中多次分享她在教科研领域的经验和心得,引导工作室成员选择教育实践中需要解决的迫切问题,开展行动研究、案例研究、反思研究等,进而形成以自主科研意识为生长点,以智慧凝聚、团队合作为着力点,在实践中反思,在反思中改进,在改进中完善,逐渐形成教师科研文化。

三、专家引领、研学提升

除了集体研学之外，工作室还重视搭建专家与教师、教学与研究连接的桥梁，实现理论对实践的指导、理论与实践关系的重建。为此工作室邀请天津师范大学陈冬华教授为成员进行了以"幼儿教师组织幼儿园体育活动必备的知识、技能"为主题的专题培训活动；邀请曾任教育部特派香港首届教学指导、数学名师张建伟，从数学的角度为成员进行了"促进幼儿思维发展，积极做好入学准备"的引领性培训活动；邀请专家讲师王麒老师对工作室成员进行了幼儿美术教育方面的专题培训；邀请天津师范大学教育科学学院韩映红教授为工作室成员进行了"绘本主题课程教学模式"的相关培训；邀请天津市学前教育专家邱慧主任为大家进行了"细微之处见智慧 歌唱活动助提升"的专业培训。

教育教学专家对教育教学理性的思考，对教育教学积淀的智慧是宝贵的培训资源。通过各领域的专业培训，工作室的成员们了解了全新的教育理念，直面教育教学的问题，吸取成功的经验，在专家同步或异步的支持与帮助下，教育教学理论与实践的结合以及教科研水平都有了实质性提升。通过不懈地努力，工作室多位教师获得了区级"德业双馨"教师称号和教育科研先进个人称号，撰写的多篇论文、案例获国家、市区级奖项。

四、携手美好、共绘未来

工作室共同的发展愿景汇聚着团队的力量，大家相互协助，彼此激励，共同发展，在丰富的教育研修中探寻教育规律，生发教育智慧，聚焦教育问题，交流教育感悟。在平凡的教育实践中充分发挥骨干教师的引领、示范、辐射作用，在幸福的教育生活中留下坚实的教育教学改革足迹。

新的时代召唤教师新的作为，李艳名师工作室将引领团队成员厚植教育情怀，坚守教育初心，担当教育使命，激发教育潜能，培育新时代教师专业核心素养，践行立德树人教育宗旨，使工作室成为教师学习研究、协同发展、资

源汇聚、示范辐射的专业共同体,锻造一支理论积淀深厚、教学业务精湛、教育实践创新的学前领域领先团队。工作室将以更加奋进的创新精神,加快学前教育改革的步伐。凝心聚力、砥砺前行,用担当、责任、使命,提升团队内涵质量,携手共绘工作室新的发展蓝图,共创工作室的美好未来,拥抱教育新时代,在充满无限探索和发展的教学一线勇做快乐而努力奔跑的幼教追梦人。

❀ 篇 三

李艳名师工作室足迹简报

简报一

2018 年 9 月 3 日

名师引航 共同成长
成立名师工作室 构建学习共同体

　　2018 学年,在各级领导的关怀下,李艳名师工作室成立了。李艳名师工作室共有九名成员,有河东一幼五所园区的骨干教师,还有来自河东区协作体姊妹园的骨干教师,工作室是教学资源的共享地,是教师专业发展和成长的给养所,是教师学习的共同体。工作室将认真贯彻落实党的十九大关于学前教育的重要指示以及《幼儿园教育指导纲要(试行)》《3-6 岁儿童学习与发展指南》,以"专业引领、团队共建、合作探究、专业提升"为宗旨,关注教育前沿,重视典型引领,为本工作室教师成长搭建阶梯,提升学科素养、开阔研究视野,从而促进工作室成员的迅速成长。

一、名师工作室揭牌成立仪式

图1-3 李艳名师工作室挂牌成立

二、领衔人部署工作计划

图1-4 领衔人部署工作计划

2018学年工作室以"教学活动"为重点,按照"理论与实践相结合、自主与交流相结合、学习与运用相结合、反思与提升相结合"的原则,注重在行动中研究,在研究中提升,在提升中反思,在反思中推进。工作室以本年度的"天津市优秀活动评比"为契机,发挥工作室团队精神,打造优质课,提升每个成员的教育教学水平。

三、工作室成员发表感想

图1-5 成员交流

在工作室揭牌之后,工作室的每位成员做了自我介绍,并积极发言,对今后的发展做出了初步的规划。

四、满怀憧憬展望未来

图1-6 工作展望

领衔人李艳对工作室成员提出了殷切期望:各位成员应认真制定自己的

发展方向和目标;积极参加市区级各项比赛;努力钻研业务,提高教育教学水平等。

五、共同努力,争做最棒的自己

图1-7 共进的团队

工作室今后将严格落实工作计划,力求使工作室成员的职业道德、专业知识和水平都能更上一个台阶,教学能力与研究水平能有明显的提高。工作室将充分发挥与优化示范园、领衔人辐射引领的"品牌力量",着力培育和打造优秀中青年骨干教师,为河东区教师专业队伍发展贡献应有的力量。

简报二

2018 年 10 月 12 日

观摩共学习 教研促成长

为了引领工作室教师聚焦高质量教育,转变教育理念、形成专业态度,在教学研究中不断超越自我,改进教育方式方法,破解教育瓶颈障碍,不断提升自身专业素养和教学能力,2018 年 10 月 12 日上午,高歌今名师工作室和李艳名师工作室共同组织了教研活动,观摩了高歌今名师工作室参加市优评选的李蕊老师组织的主题性区域游戏活动。活动前,两位名师工作室领衔人分别根据工作室教师的需求引领大家有目的地选择不同的区域进行深入观察,并认真做好观察记录。

图 1-8 教研活动现场

图 1-9 学习现场

老师们参观了班级的区域设置、区域环境创设及材料的投放,了解如何在主题背景下开展区域游戏,体验显性、隐性区域创设与主题活动的密切关系。

图 1-10　观摩班级的区域设置

图 1-11　交流经验

区域游戏后,李蕊老师针对主题性区域游戏的环境创设、材料投放、幼儿的活动情况、教师的介入以及游戏调整等方面做了全面反思,观摩老师们认

图 1-12　研讨现场

真聆听,受益匪浅。

　　活动结束后,李艳名师工作室针对"区域游戏活动中教师的观察与指导"问题展开研讨。研讨中工作室成员积极发言,对李蕊老师区域游戏活动的组织与指导给予高度评价,同时结合自身的教育实践提出了一些共性的问题和困惑,碰撞出集体智慧的火花,梳理出有效、适宜的游戏指导策略。此次活动,在工作室共同愿景、共同发展目标、共同实践成长的路径中实现着每一位教师的专业提升。

图 1-13 共学

简报三

2018 年 11 月 2 日

目标引领共谋发展　各展风采蓄力启航

　　为进一步规划和推动工作室的发展,助力教师专业成长,2018 年 11 月 2 日下午,李艳名师工作室全体成员开展了一次以"规划发展路径,设定发展愿

景,团队合力共建"为主题的集中交流和分享活动。此次活动由工作室领衔人负责前期策划,活动紧密围绕工作室阶段工作重点和以每位成员专业提升为核心的目标展开。

图1-14 交流计划现场

图1-15 设计目标现场

图1-16 成员们明确方向

分享计划　引领前行

全体成员交流了自己的年度个人发展规划,进一步明确发展目标和努力方向。

各展优长　相互提升

为了进一步助力工作室成员优势发展、彰显特色,工作室领衔人李艳与全体成员共同分享了每一名成员的"二十条优势"。通过大家的展示、交流与

图1-17　展示优势现场

图1-18　分享现场

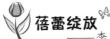

分享,成员间增进了了解,每一名成员的自信和成就感得以增强。积极向上的
工作心态和状态将推动工作室高效持续发展,成员们在工作室的平台上能够
实现个人的自我价值和未来美好的发展愿景。

图 1-19 团建活动现场(一)

图 1-20 团建活动现场(二)

图 1-21 团建活动现场(三)

团队共建 合力共赢

为增强工作室的凝聚力、向心力,工作室开展了富有意义的拓展游戏,大家在丰富多样的拓展游戏中深刻感悟到团队共建的重要性。借助游戏,也汇聚了集体的智慧。

工作室领衔人李艳勉励大家要以名师工作室作为自身发展的动力源和助推器,立足实践,努力实现个人专业成长与工作室整体规划的共同发展。

简报四

2018 年 11 月 27 日

专家引领树立教师科研意识
团队共学提升教师科研素养

图 1-22 专家引领树立教师科研意识

　　为了更高效地发挥名师工作室的引领辐射作用,促进河东区名师工作室团队间的协作交流、共学共赢,着力提升名师工作室成员们的教育科研能力与专业化成长,2018年11月27日下午,由高歌今名师工作室牵头组织开展了以"谈教师为何及如何做教科研"为主题的专题培训活动,李艳名师工作室领衔人与成员共同参与。

　　本次活动荣幸地邀请到天津市河东区天铁教育中心的陈自鹏教授。陈自鹏教授利用近两小时时间为所有名师工作室领衔人及成员开展了一场专业学习的盛宴,为引领河东区学前教育积极开展教科研工作开启了一种全新的思考模式。围绕"教师为何做教研、如何做教研"两个问题,陈自鹏教授从理论高度引领每位工作室成员转变思维方式,探寻教育本质,基于教育现实,聚焦教育实践真问题,找寻适合自己的研究内容,确立自己的研究主题,采用科学研究方法,通过科学规范的研究路径撰写真正有意义、有价值的研究成果,真正实现教育改革创新实践活动落地生根。

图1-23　成员们聆听讲座

图1-24　讲座现场

参加本次活动的每位工作室成员均以谦虚认真的态度聆听学习、用心感悟，现场的学习氛围十分浓厚。接受教育专家陈自鹏教授的指导、启发、对话与互动交流，使工作室每位成员提高了教育研究的专业认知，点燃了大家教育科研的激情。"活到老学到老"，这样才能与时俱进，工作室领衔人鼓励教师们要在工作中不断学习、积极实践、让学、做、研有效融合，树立成为专业化教师的目标，走更宽更广的教育科研之路。

简报五

2018 年 12 月 18 日

学习分享共同成长　提升能力助推发展

为了助力工作室每一位教师的专业成长，提高其专业水平，增长其专业能力，2018 年 12 月 18 日，李艳名师工作室领衔人李艳以专业的背景，结合工作室每位成员实际教育需求，以成员教育实践问题为导向，围绕"学习、融合、实践、创新"主题，开展了"学习分享共同成长提升能力助推发展"活动，李艳首先将自己学习的教育专业感悟与大家进行了互动式分享，然后，引领每一位工作室成员将自身教育实践经验与理论进行对接，碰撞出教育智慧，汲取

图 1-25　主题研讨现场

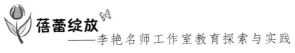

教育养分。有品、有益、有质的教育理念的交流与分享,使每位成员耳目一新、受益良多,拓展了大家的专业视野,拓宽了大家教育创新思维的广度和深度,促进了大家专业理论的更新与提升。

图1-26 工作室成员共研讨

图1-27 工作室成员同思考

图1-28 工作室成员进行分享

  此次工作室领衔人李艳聚焦教师专业需求,进行精准的专业引领,不但进一步提升了大家的专业融通能力,助力大家的专业成长,更为每位教师不断提升教育质量增添了新动能。大家纷纷表示此次学习分享具有很好的操作性和指导意义。在今后的工作中,大家将在常态化教学实践中深入践行新教育理念,挖掘材料教育价值,有效支持幼儿主动建构经验、提升水平,促进幼儿全面发展。

图1-29 工作室成员共同提高

简报六

2018 年 12 月 26 日

专家引领教育科研 名师团队助推成长

教师的教育研究能力是教师专业素质的重要部分,幼儿园重视并抓好教师教育研究力的提升,就等于抓住了关键中的"关键"。为了修炼和提升工作室每位成员的教育科研能力,使每位工作室成员在教育科研道路上学会提出问题、思考问题和研究教育问题,2018 年 12 月 26 日李艳名师工作室全体成员与天津市河东区全区五个名师工作室成员共同参加了天津市教科院刘金明教授围绕"提升教师教育科研能力,助力教师专业发展"为主题展开的教育科研集体培训活动。

培训中刘金明教授立足教师实际,引领大家坚持教育研究自信、突出问题导向、遵守研究伦理,采取"重视学习、滋补教育理论"等路径,以应用研究为主,着力深挖中观、微观问题,并带着问题视角去发现、思考幼儿园教育教学工作中遇到的现实问题,以研究的姿态对待,以研究者的身份投入问题的解决过程,就能发挥教育研究的价值和作用,体验做教育研究的成就感和职业幸福感。

图 1-30 专家指导现场

　　刘金明教授还鼓励大家关注思考教育问题,积极阅读文献、紧跟前沿动态,紧扣学前教育实践,以少积多,日日精进,在不断开展教育研究中逐渐形成问题意识、创新意识,增强实践能力,提升专业水平,走上专业成长良性循环之路,促进自身教育研究力的提升。

图 1-31　工作室成员认真聆听

　　工作室成员如饥似渴地从专家分享的内容中吸收教育科研理论知识,学习教育科研方法,抓住学习提升机会,积极交流求教,为日后立足本园、本班、本身,开展主题多样、形式灵活的微课题研究,在教育研究中开拓教育认识新领域、开创教育认识新成果、产生教育新思想、新观念和新判断提升内动力,为日后在教育研究中创造出更多有益的、具有启发性和实践指导意义的新思路、新方法,夯实教育科研基础,助力自身对所在区域幼儿教育的引领与辐射。

简报七

2019 年 4 月 22 日

专技培训同学习　体验交流共成长

　　著名儿童教育家陈鹤琴曾经说过："身心健康是一个人最大的资本,民族健康是一个国家最大的资本。"所以"强国必先强神,强神必先强身,要强身必先注意幼年的儿童。"幼儿教育中的体育教育是提升幼儿身体各项机能的关键内容,幼儿身体素质也成为其他素质提升的基础。

　　为提高教师体育教育的能力和素质,2019 年 4 月 22 日下午,李艳名师工作室请来原天津市幼儿师范学校体育教授陈冬华对工作室成员组织幼儿园体育活动必备的知识和技能进行培训。

图 1-32　专家培训现场

图 1-33　以理论引领指导工作室成员

培训中,陈冬华教授将自己多年在幼儿体育教育领域积累的可贵经验和专业知识与大家分享,亲自示范讲解动作要领,带领老师们现场体验、感受动作规范。在近三个小时的专题讲座中,陈冬华教授深厚的专业理论修养和亲力亲为的认真态度为大家树立了榜样,老师们收获满满。

图 1-34 悉心传播

图 1-35 成员进行系统有效的学习

图 1-36 教授亲自示范

图 1-37 教授指导操作现场

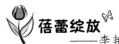
为了将所学知识更好地运用到实际工作中,老师们在陈冬华教授的带领下进行了队列队形的现场练习,老师们通过参与体验的方式获得操作性经验,实现了专业技能的成长。

图1-38 操作完成现场

图1-39 工作室成员
现场练习

此次培训既提高了青年教师组织体育活动的知识与技能,又提升了名师工作室成员在幼儿体育教育方面的专业素养,使教师们对幼儿体育教育教学有了新的认识和思考,大家表示要把陈冬华教授分享的教育理论与方法运用到今后的实际教学中,遵循由易到难、由简到繁、由慢到快的规律和幼儿年龄特点,用科学、规范、安全、高效、有趣的方法组织幼儿开展各项体育活动。

简报八

2019 年 4 月 25 日

专技培训同学习 体验交流共成长

　　提高教育教学质量是教师专业发展的落脚点和价值体现,为了提高工作室每位成员的教育思维能力与教育策略水平, 解决工作中的实际问题与困惑,助力教师突破职业瓶颈期,使自身专业水平再发展,从根本上增强自身专业成长的内生力,2019 年 4 月 25 日,李艳名师工作室开展了"基于实践研修,用专业思考,提升专业性"活动。

图 1-40　活动现场

　　活动前,工作室领衔人李艳引领大家再次重温《3-6 岁儿童学习与发展指南》精神下的数学教育教学理念、教学方法、教学过程、教学评价等。通过探讨,使大家能够提出认知上的矛盾、问题及困惑,以便在观摩实践中学

图 1-41　实践研修现场

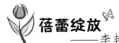

习,在学习中反思,在反思中更新观念。

在问题的引领下,大家观摩了李玉玲老师展示的"挂彩灯"数学活动,并重点深入观察记录了幼儿自主探究过程、师幼互动中的支持性指导策略运用以及同伴分享交流过程。

图1-42 观摩互动现场图

观摩结束后,大家对教学中的细节问题进行梳理和筛选,利用所学的专业知识与专业技能,不唯书本、也不唯前人的经验,合作反思、互相质疑、建言献策,共同探寻解决问题的途径,在解决问题的思辨中生发智慧、释放智慧,形成新追问、产生新思考。

图1-43 工作室成员交流体会　　　图1-44 工作室成员分享自己的感悟与反思

最后,工作室领衔人李艳勉励大家,在教学中不只求"如何做"的技术,更要进行"为什么做"的探究。要在教学实践中不断培养自我的实践理性,践行"教学有法、教无定法、贵在得法"的理念,在不断的内化与建构中逐步完善自我、发展自我、超越自我,实现自我的专业成长与发展。

简报九

2019 年 5 月 10 日

辐射引领　助推提升

随着新时代学前教育改革与发展的不断深化,学前教育逐步转向以质量提升为导向的内涵式发展。为了提高工作室每位成员的教学实践与教学研究能力，助力工作室成员朝着专业化高质量教育的目标发展,2019 年 5 月 10 日，李艳名师工作室开展了以"辐射引领　助推提升"为主题的教学研修活动。

图 1-45　观摩学习现场

大家观摩了艺术、健康、社会、语言活动,从建构式课程实践中领悟建构式课程以建构为核心,以"儿童发展为本"为主旨,强调幼儿兴趣与多领域融合教育,注重学习主体的认知过程,重视学习主体自我建构获取新经验。工作室成员体会在自主建构的学习状态中,师幼交融互动等教育发展策略,体会有效促进幼儿自我建构式学习的意义与价值。

对建构课程教学的研究和探索,也是每位工作室成员进行自我学习的一个过程。大家在工作室领衔人的引领下,对建构式课程内涵以及建构式课程

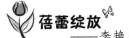

图1-46 建构活动

认知层面有了更深的理解,转变了以往教育理念的固化思维模式。同时,工作室成员理解了找准自身专业发展方向不只是一种外在的驱动任务,而是提高教育质量、努力发挥辐射作用的一种内在需求。

图1-47 师幼交触互动现场

简报十

2019 年 5 月 16 日

促进幼儿思维发展 积极做好入学准备

教师专业发展是一个学习过程,专业发展就意味着教师持续学习。为了引导每位工作室成员对教育教学进行理性思考,积淀教育教学智慧,科学做好小幼衔接工作,2019 年 5 月 16 日,李艳名师工作室特别邀请曾任教育部特派香港首届教学指导、数学名师张建伟,从数学的角度开展了"促进幼儿思维发展 积极做好入学准备"的培训活动。

图 1-48 名师培训现场

培训中,张建伟老师用精深的专业知识,坚实的教育学、心理学、学科教学论知识,扎实的教科研知识,娴熟的教育技巧,旁征博引,从数学的生活篇、思维篇、训练篇引领大家改变幼儿学习数学的方式,提升成员们对数学学习的认知,优化数学学习活动,创新数学教学方式。

图 1-49 认知升华

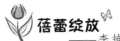

图 1-50 创造方法

大家在领略名师教学风采的同时,也进一步明确了数学教学旨在为幼儿提供发展数学思维转化、学习数学概念和解决数学问题的机会,注重培养数学推理、数学表征、数学建模、数学情感等数学素养的重要意义和价值。

专业名师的科学引导与领衔人以问题为驱动的行动学习,以交流互动为基础的合作学习,引领每位教师将所学运用于教学实践中,将教学与学习融为一体,在运用所学解决教学问题的过程中,不断提高自身教育教学的综合素养,努力实现自身可持续的专业成长与发展。

图 1-51 交流现场

简报十一

2019 年 10 月 23 日

宝剑锋从磨砺出　梅花香自苦寒来

　　为了更好地提高和加强工作室成员的专业化水平和实践能力,充分发挥引领和辐射作用,2019 年 10 月 23 日,李艳名师工作室与高歌今名师工作室等河东学前名师工作室联合活动,邀请专家王麒老师对名师工作室成员进行了幼儿美术教育方面的专题培训。

图 1-52　专家讲座现场

　　王麒老师以生动的美术活动案例为老师们讲述了如何设计一节具有艺术感染力的美术课程,如何用艺术大师的视角分析点评孩子的作品,其新颖的观点令成员们思路开阔,受益匪浅。

　　通过王麒老师深入浅出的讲解,工作室成员对在幼儿教育中如何更好地设计美术游戏有了新的认识和深层次的了解,有效提高了老师们的专业化水平。在今后的工作中,工作室成员们将会用更加专业的眼光,不断学习进步,

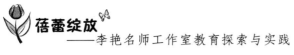

努力成为新时代幼儿教育的专业引路人。

图1-53 成员认真聆听专家讲座

图1-54 河东区学前名师工作室联合活动现场

简报十二

2019 年 11 月 6 日

细微之处见智慧　歌唱活动助提升

　　音乐是幼儿智慧的源泉。幼儿园的歌唱活动是一门教育的艺术,对孩子情感的陶冶、智力的开发、个性的张扬以及创新能力的培养,有着不可低估的作用。2019 年 11 月 6 日下午,由高歌今名师工作室牵头组织开展了一次以"幼儿园音乐教学中歌唱活动设计"为主题的专题培训活动,全区多名名师工作室领衔人与成员共同参与。

　　本次活动荣幸地邀请到邱慧老师。邱慧老师利用近两个小时的时间为大家呈现了一场专业学习的盛宴,培训过程极具互动性、趣味性,问题由浅入深,由表及里。邱慧老师以理论高度引领每位工作室成员转变思维方式,探寻教育本质,基于教育现实,聚焦教育实践真问题。

图 1-55　专题培训活动现场

蓓蕾绽放
——李艳名师工作室教育探索与实践

邱慧老师利用不同歌手演绎的同一首歌曲,揭示出歌唱活动中的丰富内涵,参加本次活动的每位工作室成员以认真的态度聆听学习、用心感悟,积极发表自己的看法、提出工作中的问题,现场气氛十分热烈。通过邱老师的指导、启发,工作室每位成员都增加了对歌唱活动的有效组织经验,工作室领衔人李艳也鼓励教师们要在工作中不断学习、积极实践,让学、做、研有效融合,不断提升教育智慧。

图 1-56 工作室成员们共享共进

简报十三

2019 年 11 月 19 日

把握多元智能理论　促进幼儿思维发展

学无止境。教师专业发展正是一个持续学习的过程。为了引领工作室每位成员对教育教学进行理性思考,积淀教育教学智慧,2019 年 11 月 19 日,高歌今名师工作室和李艳名师工作室共同邀请天津师范大学心理学部唐卫海老师,从教学心理学角度对工作室成员们进行了"多元智能理论与应用"的培训。

培训中唐卫海老师用专业的知识,结合生活中的实例和自身感悟,将本来晦涩难懂的理论知识以最简单、最直接的语言传递给大家,唐卫海老师将每种智能进行详细解读,使大家对多元智能理论有了崭新、直观的认识,有助于幼儿教师解读幼儿的行为、意识、心理。

图 1-57 智能学习

大家在领略名师风采的同时,也进一步明确了多元智能理论对幼儿教育实际工作的重要意义和价值,以及工作中针对幼儿心理调整教师教育方法的必要性。

图 1-58 专家精讲现场

简报十四

2019 年 12 月 18 日

理论实践相结合　教研互动促成长

　　为引领工作室教师转变教育理念、形成专业态度，聚焦高质量教育，在教学研究中改进教育方式方法，不断超越自我，提升自身专业素养及教学能力，2019 年 12 月 18 日上午，由高歌今名师工作室和李艳名师工作室共同牵头组织了"学前儿童数学学习与发展核心经验"检验培训活动。活动邀请了付莹老师及其团队成员与大家分享相关理论和实践经验，从中明确数学学习的核心经验及其特点，特别是对幼儿园数学活动相关内容中核心经验的观点阐述得相当明确直观。

　　成员们观摩了由付莹老师团队成员执教的中班数学课程，其由绘本故事引入相关数学经验，在幼儿参与式的游戏活动中，将数学学习中的核心经验进行了有效落实。

　　在接下来的培训中，各名师工作组成员以小组的形式分享了在自己年龄班中数学学习相关的区域材料，针对付莹老师提出的问题，大家展开激烈的讨论，氛围活跃且热烈。研讨中工作室成员积极发言，总结了推荐材料的优势

图 1-59　专家执教现场　　　　　　图 1-60　观摩学习现场

及调整想法;对于共性的问题和困惑,则碰撞出集体智慧的火花。此次活动,在工作室的共同实践中,每一位教师都得到了专业的提升。

名师的科学启迪和交流,明确解答了教师工作中的疑惑,具有时效性,能够引领每位教师将所学运用于教学实践中,将教学与学习融为一体,不断提高自身教育教学的综合素养,努力实现自身的专业成长与发展。

图 1-61 名师引领工作室成员的专业成长

简报十五

2019 年 12 月 19 日

高屋建瓴引领发展方向 携手并肩共求专业成长

为了促进工作室每一位成员的专业成长,提高其专业水平,2019 年 12 月 19 日,李艳名师工作室与河东区各学前名师工作室一起,特邀天津师范大学教育科学学院韩映红教授为成员进行了以"绘本主题课程教学模式"为主题的相关培训。

图1-62 专家培训现场

　　韩映红教授首先对绘本主题课程及其教学模式的定义、特点等理论知识进行了清晰阐述,之后对"我们的妈妈在哪里"这一课程实例进行了深度解读,不仅帮助老师们打开了绘本教学的新思路,也为老师们在今后工作中的实践提供了翔实的依据。

　　通过韩映红教授专业系统的讲授,工作室成员对于绘本主题教学模式有了深刻的认识,在案例分享中获得了宝贵的经验,这对教师工作专业性的提升起到了很好的促进作用。

简报十六

2020 年 1 月 9 日

盘点收获　梳理提升　汇结硕果

　　在工作室领衔人李艳的组织带领下,李艳名师工作室的所有成员在两年多的共同学习中收获满满。为了帮助工作室的每位成员在不断前行的路上梳理自我专业发展的新思想、新成长和新成果,工作室将成员们在工作中获得的实践经验进行理论提升与总结。2020年1月9日,李艳名师工作室特邀张铁梁老师对工作室成员进行了专业培训,内容为教育论文的书写、课题申请等。培训中,张铁梁老师不仅对各类教育论文的书写格式、行文规范等做了细致阐述,还通过对论文实例的分析帮助成员们理解各类教育论文撰写的关键要素,为成员们下一步总结自己工作中的收获奠定了基础。

图1-63 工作梳理

通过这次培训,老师们对于将自己的实践研究成果整理成文有了清晰的思路,并将尽快地把自己的经验和成果梳理出来,以论文集的形式帮助更多的教师在学前教育的奋斗路上更快地进步。

第一编
风采展示
——李艳名师工作室成员介绍

在教师手里操着幼年人的命运,便是操着民族和人类的命运。

——陶行知

使学生对教师尊敬的唯一源泉在于教师的德和才。

——〔德〕爱因斯坦

🌸 成员一

天津市河东区第一幼儿园教师
——王艺霖

王艺霖,天津市河东区第一幼儿园教师,教师一级职称。在工作中,始终坚持"终身学习"的教育理念和"以人为本"的态度。王艺霖于2016年获得市级幼儿园教师教育教学技能竞赛一等奖,2018年编排的幼儿舞蹈获得市级二等奖,并作为重要参与人参加市级课题"体育游戏对中班幼儿运动能力发展的实践研究"。王艺霖组织的教育活动多次获得园级、市级奖励,多篇论文分别获得国家级、市级、区级奖励。

图2-1 王艺霖

教育感言

孩子就是一棵幼苗,需要我用心浇灌,才能苗壮成长;孩子就是一张白纸,需要我用色彩描绘,才能成画入册。作为一名幼儿园教师,一名热爱幼儿教育事业的工作者,我会用爱心滋润每一个孩子的心田,让他们拥有快乐的童年;我会用耐心浸润每一节课,让孩子们每一天充实愉快!

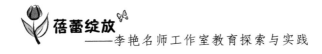

❀ 成员二

天津市河东区第一幼儿园教师
——王芮妍

　　王芮妍,天津市河东区第一幼儿园教师,幼教二级职称。王芮妍于2016年获天津市幼儿园教师教育教学技能竞赛一等奖,2017年获河东区幼儿园教师教育考核活动一等奖,在"五比双创"活动中,荣获"希望之星"光荣称号,并有多篇论文获市级、区级奖项。

教育感言

　　普通教师的一生也许成就不了惊天动地的伟业,但应像山间的小溪,以乐观的心态一路欢歌,奔向海洋;当如馨香的百合,轻展带雨的花瓣,聚合摇曳的身影;当如灿烂的星辰,甘于在静寂里守望天空。只有这样,教师才会在付出青春韶华和心血的同时,收获桃李芬芳,实现自我的人生。

图 2-2　王芮妍

❀ 成员三

天津市河东区第十一幼儿园教师
——刘　恋

刘恋，天津市河东区第十一幼儿园教师，先后获得教育系统德业双馨教师、河东区教育系统师德先进个人、优秀教师、河东区教科研先进个人等荣誉称号，并担任河东区教育学会第八届理事会理事、区级兼职教研员。其撰写的多篇案例和论文分获市区级一、二等奖，所设计的教育活动多次获市级一等奖，执教的教育

图 2-3　刘恋

活动获得全国一等奖并作为代表参加在广州举办的现场观摩活动。刘恋先后参加两个课题、三个专题研究，分获市二、三等奖，并担任两个专题的负责人。

教育感言

用心对待每一个孩子，让他们健康地成长，这是我作为一名幼儿教师的幸福。十几年的幼教生涯，我用心工作，关爱每一个孩子，帮助他们走好人生的第一步，孩子们一点一滴的进步都让我感到欣喜万分、无比欣慰。

❀ 成员四

天津市河东区第一幼儿园教师
——孙 敏

图2-4 孙敏

孙敏,天津市河东区第一幼儿园高级教师。曾荣获天津市河东区教育系统先进教师称号,作为天津市第四周期骨干班成员,孙敏曾荣获天津市学前教育学会"幼儿园优秀教育活动"指导教师二等奖,多篇论文、教育案例、教育活动设计荣获国家、市区级教育学会一、二、三等奖,并被收录于《研究与实践》《教育智慧》《收藏界·名师探索》等书刊,担任园所课题成果《蒙童新读本》和《中国传统文化》丛书编委、编审,撰写的论文荣获天津市学前教育"十一五"课题研究成果一等奖。

教育感言

教师最大的幸福就是看到孩子们成长。教师应坚守教育初心,牢记教育使命,用心用爱铸师德,以德立身,以德立教;用心用行提师能,教书育人,潜心教育,点亮孩子的生命教育,助力孩子的成长,书写自己美丽的教育人生。

❁ 成员五

天津市河东区第二幼儿园副园长
——李 艳

　　李艳，天津市
河东区第二幼儿园
副园长，中共党员，
学前教育本科学
历，高级教师。李艳
从教三十二年，深
爱着学前教育事
业，曾获得天津市
优秀教师、天津市
"三育人"先进个

图2-5　李艳

人、天津市普教系统首届教改积极分子、天津市教育学会先进工作者、"十五"
立功奖章、河东区第十一届党代会代表、河东区第二届名师、河东区"三八"红
旗手、最美河东人、河东区优秀共产党员、河东区学科带头人多项荣誉。曾参
与天津市基础教育"十三五"教育科研规划课题"深化优秀传统文化特色活动
的实践研究"等多项市区级课题研究，撰写多篇论文、教学案例获奖。其中，案
例"一次拉拉花剪纸活动引发的思考"被收录于《行走在园本教研的路上》一
书，论文《小班科学教育研究初探》被收录于《幼儿科学教育》一书，与他人合

作论文《〈3-6岁儿童学习与发展指南〉引领下的幼儿园十二生肖传统文化实践研究》被收录于《德育研究》一书。

教育感言

我是一名从事学前教育32年的幼儿教师。多年来,我不断积累丰富的科学育儿经验和高超的教育教学技法,用妈妈般的关爱呵护每一名幼儿的成长,努力做到"授人以鱼不如授人以渔",为幼儿终身学习及发展奠定坚实基础,立德树人,争做"经师"中的"人师",用师爱筑造真善美的童心世界。

❀ 成员六

天津市河东区第一幼儿园教师
——李玉玲

李玉玲,天津市河东区第一幼儿园教师,幼教高级职称。在十六年的工作中,李玉玲以师德为先、爱岗敬业、潜心钻研、乐教创新。李玉玲于 2012 年获天津师范大学教育管理专业教育硕士学位;2015 年获中国发明协会"教研先进个人"称号。2017 年承担市级课题"主题活动下幼儿科学探究活动的实践研究",多篇论文获国家级、市级、区级奖项,并发表在国家级刊物上。李玉玲于2018 年获河东区教育系统优秀教师和感动河东教育人称号。

教育感言

爱心化雨露,温暖润童心。每一个幼儿都是含苞待放的花朵,我要用自己辛勤的汗水来浇灌,用温暖的爱心来陪伴,让每一个花蕾都开出阳光、自信、睿智的花朵,让世界因我们而美丽!

图2-6 李玉玲

✿ 成员七

天津市河东区第一幼儿园教师
——李媛婷

图2-7 李媛婷

李媛婷,天津市河东区第一幼儿园教师,一级教师。工作期间多次被评为校级优秀教师,曾获校级德业双馨教师荣誉称号。李媛婷多次参加市区级技能竞赛并荣获奖项,多篇论文、案例获市区级奖项。其中《探索幼儿园生肖文化教育的有效策略》获中国发明协会中小学创造教育分会第二十届年会优秀论文评选二等奖;《论杨柳青年画与幼儿园传统文化教育的创新融合》获河东区教育创新论文评选一等奖。李媛婷是园所市级课题"在'天津旅游文化'主题背景下的幼儿园创意剪纸活动的研究与实践"主要参与人之一。

教育感言

"师者,传道授业解惑也。"身为一名幼儿教师,我始终秉持这一理念。虽身为平凡岗位的平凡人,但期望未来能创造出不平凡的乐章。我将用爱和温暖滋润我的株株幼苗,静候时光,陪伴他们快乐成长。

❀ 成员八

天津市河东区第一幼儿园教师
——杜慧婷

杜慧婷,2011 年硕士毕业于上海师范大学学前教育专业,毕业后于天津市河东区第一幼儿园参加工作至今,一级教师。杜慧婷在工作中始终坚持以"立德树人"为己任,敬业乐学,不断进取,荣获多项奖励。其论

图 2-8 杜慧婷

文《传古承今 育德施教注爱——在中华优秀传统文化教育中践行立德树人》获得"红杉杯"2018 天津市第九届青年教师学术论坛二等奖。杜慧婷利用专业特长参与园所课题研究任务,承担国家级课题并顺利结题。2018 年杜慧婷荣获"河东区教育系统德业双馨教师"及"河东区教育科研先进个人"称号。

教育感言

"我们的公平与善良、真挚与光芒,会在孩子清澈的眼睛里留下这个世界最初的模样,也会在孩子幼小的心灵里播种下未来人生的第一个梦想。"这就是我想成为的教师的模样! 心中有爱,眼中有光。我将用心培育每一株幼苗,守望成长,静候芬芳!

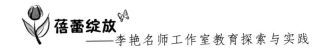

❀ 成员九

天津市河东区第三幼儿园教师
——崔 倩

图2-9 崔倩

崔倩,天津市河东区第三幼儿园教师,2017年7月在"天津市河东区2017年幼儿园教师教育考核活动"中获一等奖,《会测量的鼠小弟》获《3-6岁儿童学习与发展指南》引领下的幼儿园优秀课评选市级一等奖,《浅谈以绘本为媒介缓解小班幼儿分离焦虑情绪》获天津市学前教育教学优秀论文评选一等奖,案例"被扔掉的小鱼"和"咚咚的房子"在天津市学前教育优秀案例评选中获一等奖,《"最丑"的房子》在天津市幼儿教师"我的教育故事"征文评选中荣获二等奖。

教育感言

感谢你,孩子,让我们彼此遇见了更好的自己。一个人至少应有一份梦想,才会收获一份感动,即使遇到荆棘,也要相信,最好的你,将会在未来等你。在教育这份事业上,有你有我,愿我们都会遇见更好的自己。

❀ 成员十

天津市河东区第六幼儿园教师
——韩 迪

　　韩迪，天津市河东区第六幼儿园教师，曾被评为河东区教育系统校级优秀教师、德业双馨教师，河东区教育系统孝老爱亲好榜样等；撰写的论文多次荣获市区级奖项，指导的幼儿美术作品在"第十七届全国少年儿童美术作品大赛"中荣获"少年儿童美术教育成果"一等奖，论文《幼儿

图 2-10　韩迪

园创意美术活动探究》被录入于《第十七届全国少年儿童美术作品大赛获奖作品集》中；自制玩教具荣获"张謇杯"全国幼儿园优秀自制玩教具展评活动二等奖。

教育感言

　　我爱春天的小雨悄悄地下，我爱池塘里的小鸭慢慢地游，我爱花园里的小蜜蜂嗡嗡地叫，我更爱幼儿园的小朋友甜甜地唱！我庆幸自己踏上了幼教这块神奇的沃土。我的追求、我的梦想、我的欢乐与痛苦都化作了春霖秋霜，深深地融进了这片沃土中。我将在其中辛勤耕耘、欣慰收获。

第二编
成长感悟
——教育叙事篇

教师的人格就是教育工作者的一切,只有健康的心灵才有健康的行为。

——〔俄〕乌申斯基

教师的威信首先建立在责任心上。

——〔苏〕马卡连柯

❀ 教育叙事一

我会跳绳了

王艺霖

升入大班后，为了加强孩子们的身体素质，提高幼儿身体协调性及跳跃能力，我们班从开学初就计划在 12 月中旬举行一次跳绳比赛。为了让孩子们更快、更好地学会跳绳，我们事先就与家长进行了沟通，请家长为孩子购买两根跳绳，一根放在家中练习，一根带到幼儿园进行练习。在户外活动中，跳绳便成了孩子们在幼儿园中最常见的运动项目了。

悠悠是个小男孩，今天他在自选活动选择了皮球。玩了一会儿，他的好朋友洋洋跑过来，拿着跳绳跟他说："悠悠，我们一起玩跳绳吧！"悠悠看着洋洋摇了摇头。"跳绳多好玩啊，我们一起比一比谁跳得多吧？""我不会跳绳。"悠悠回答。洋洋听闻后停顿了两秒说："那你怎么参加跳绳比赛？"悠悠没有回答，又开始继续玩他的皮球。洋洋见状又去玩他的跳绳了。

我看见后，走到悠悠的身边说："悠悠去拿自己的跳绳来练习一下吧？老师好久都没看见你练习跳绳啦。"悠悠很不情愿地去拿来自己的跳绳，然后拿着绳子左揉揉、右捏捏，就是没有跳起来。我便问他："你为什么不跳绳呢？"他嘟着嘴巴说："妈妈太忙了，没有教我跳。"听完他说的话，我便告诉他："妈妈没有教，你可以自己学，老师也可以教你。""来，先把绳子甩到自己的脚前方，双脚再并齐，一起向上跳。"我跟悠悠一起开始跳绳。十分钟过去了，悠悠虽然还没有完全学会，但是看到他认真地一甩一跳，我便鼓励他再多练习几下，并

告诉他:"明天早点来,多练习,老师相信你很快就会学会的。"他笑着点了点头。

"过于依赖"的家庭教育模式,造成了悠悠不够主动的状态。悠悠不愿意面对困难,过度依赖别人。在家里,父母对他过于保护,孩子的日常生活事务都由家长包办代理,使悠悠有了一种依赖思想:妈妈没教我,我就不用学了。这是一种缺乏自主性、不会主动学习的态度。

对于悠悠的表现我们应给予更多的信任,帮助他战胜过于依赖妈妈的思想,让孩子了解不是什么事情都一定要在妈妈的帮助下才能完成,要学会相信自己,相信自己是可以做到的。我采取了一同练习和耐心帮助相结合的方法,促使悠悠克服依赖思想,以勇敢、无畏的精神去锻炼自己。我也和悠悠的妈妈以电话的方式进行了沟通交流,他的妈妈听我这么一说也很着急,说在家中不是没有教孩子跳绳而是悠悠不肯好好练习跳绳,就是不肯自己动起来。为此我和他的妈妈共施良策,促其转变,共同研究探索一套科学的、适合悠悠的教育方案:如让悠悠每天早点来幼儿园,多参加户外运动;关注和支持悠悠的兴趣和爱好,并为之提供方便,培养他的主动性和参与意识;多以积极肯定的态度来帮助悠悠树立自强、自立、自信的信念。在我与悠悠妈妈的共同努力下,悠悠终于学会了跳绳。

❀ 教育叙事二

奇妙的读书之旅

王芮妍

这天豌豆和三润两位小朋友早早来到自己喜欢的图书区准备选图书,他们都想看《疯狂星期二》,但是书只有一本。动作灵敏的豌豆先拿到了这本书,三润的脸上露出了为难的表情,这时豌豆建议两个人一起看,三润也微微一笑表示同意,就这样,两个人开始了奇妙的读书之旅。

刚开始,两个人各看各的,并没有交流,可是过了一会儿,一向自信的豌豆面露难色,皱起了眉,原来从翻开书时,第一页就一直摆在豌豆的面前,而旁边的三润则看得兴奋起来,一边手舞足蹈一边小声地说:"好神奇呀,青蛙带着它的荷叶使者飞起来了!"紧接着三润期盼着能翻到下一页,豌豆则失落地摇摇头说:"这种书跟我之前看过的不一样,根本没有文字,只有奇幻的图案,有些看不懂呢。"说着有些不耐烦地想放弃阅读。豌豆小朋友面对自己没看过的书,有些气馁,对于自己没有接触过的事物总是缺乏思考的耐心,作为老师看到孩子们马上就要放弃合看一本书,我便悄悄地对孩子们说:"豌豆,你快看三润,他在和书里的小动物说悄悄话呢。"听到这句话,三润则兴奋地说:"让我来告诉你吧。你快看,肯定是风婆婆护送青蛙,带着它的荷叶去旅行,我们赶紧看看它们去哪儿吧!"听了三润的话,豌豆迅速竖起耳朵,放弃了换书的念头。老师利用简短的话语,儿童的语言,激发幼儿好奇心,将幼儿迅速拉回故事当中。听完三润精彩的讲述,豌豆露出了笑容,向三润竖起了大拇

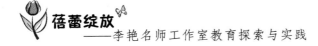

指,说:"你太厉害了,听得我都兴奋了,快告诉我下面会发生什么!"三润自信地讲述书中的奇幻世界,嘴角也随之露出了自信的笑容。就这样,两个人一起讨论着每页的内容,想象着这个奇幻的世界,手舞足蹈地比画着,就好像他们俩已经开启了奇幻的旅程。豌豆平时表现突出,能够安静独立地看书,经常能得到老师的表扬,但有时候豌豆做事情总是过于自信,容易急躁,而三润平时则喜欢将看到的事情与小朋友交流讨论,喜欢幻想,但是又很胆小。通过今天的这次读书活动,两个人合作完成读书的同时,在一次分享交流中,三润通过同伴对他的鼓励找到了自信心。

在活动中,我们作为老师应该为孩子们创造各种合作交流的机会,给予他们更多合作的机会,鼓励他们主动交流,分享自己的见解,在活动中协商合作,在与同伴交流中认识自己,了解自己,在合作中树立自己的信心,同时通过与同伴交流认识到自己的不足,比如通过教育活动、区角游戏等,丰富幼儿学习经验和生活经验,使幼儿养成谦虚请教他人的好习惯,进而促进幼儿全面发展。

❀ 教育叙事三

"我愿意和他坐在一起"

刘　恋

老师不经意的一句话,可能会创造一个奇迹;老师不经意的一个眼神,也许会扼杀一个人才。

那天,我依然像往常一样在教室里组织孩子们开展绘画活动,带领孩子们准备好绘画工具,转身拿教具的工夫,下面传来了叽叽喳喳的说话声,紧接着就是哈哈的大笑声,不用问,肯定是浩浩。我正要转过身去喊他的名字,这时突然传来了哭声。我心里一惊,回过头,发现大杨杨哭得很伤心,没等我开口问,旁边的小朋友都喊了起来:"浩浩和宁宁说话,大杨杨让他们坐好,浩浩就用手打大杨杨了。""浩浩和宁宁不光说话,还逗大家笑。""浩浩动手打人是不对的。""他们总不听老师的话。""对,浩浩是坏孩子,我们不喜欢他。""我们不喜欢和浩浩坐在一起。"其他小朋友你一言我一语地说起来。

我本来就对浩浩在底下私自说笑很生气,加上他把小朋友打哭,于是我狠狠地瞪了浩浩一眼,可他竟然对我置之不理,还朝旁边的小朋友做了个鬼脸,偷偷地笑了起来。我抑制住心中的怒火,问道:"浩浩,为什么要打小朋友?"谁知浩浩听了之后,露出更加不在乎的神情,连看都不看我,和他那几个"好朋友"相视一笑,然后竟然笑出声来。我说:"浩浩,你打小朋友,谁还想跟你坐在一起呢?""我不想。""我也不想。"……我想小朋友谁都不希望被别人讨厌,于是趁势问道:"那你们喜欢和谁坐在一起?""我喜欢和大杨杨坐在一起。""我喜欢和依依坐在一起"……孩子们这次说的都是平时表现不错的小

朋友的名字,我本想借此来警告一下浩浩,喜欢打人的小朋友是没有人喜欢的,谁知,浩浩搬起他的小椅子,满不在乎地坐在了一边。班里安静极了,孩子们目不转睛地盯着我,等待着我们的"对决"。看到他的这种反应,我更生气了,刚要"爆发",但头脑中一个声音告诉我:"对浩浩而言用老师的'权威'压制是丝毫不管用的。"于是我努力定了定神,说道:"你先回去好好想一想自己的错误吧。"接着勉强将绘画活动进行完。

接下来就是绘画作品的讲评,我努力让自己认真去听讲评,但是浩浩的动作、声音一直萦绕在我的脑海中。突然间,我听到班里的一位很有绘画天赋的小朋友说:"妈妈说我身上的闪光点就是画画。"闪光点?这不是一个很好的话题吗?我带着孩子们坐在了自己的周围,讲道:"我相信每个小朋友身上都有闪光点,大家来说一说自己身上或者其他小朋友身上的闪光点吧?"轮到浩浩的时候,他慢吞吞地站了起来,自己什么都说不出来。其他小朋友纷纷说道:"浩浩没有闪光点,他不听老师的话。"看得出来,浩浩听了很不自在。

我想,平时浩浩经常犯错误,不听老师的话,就不可避免地会受到老师的批评,久而久之,浩浩小小的心灵已经和老师产生了隔阂,因此,老师的批评越来越不起作用,浩浩在班里也显得越来越顽劣。今天不正是一个改善浩浩和老师关系的好机会吗?于是我说:"其实浩浩和我们大家一样,也有闪光点的。"浩浩将目光投向我,有些激动,我继续说道:"小朋友们想一想,每天帮大家拉小床的是谁?""是浩浩。"大家异口同声地说。我不动声色地观察浩浩,想不到这位平时对谁都满不在乎的孩子眼里竟然有一丝亮光在闪动,我顺势说道:"对呀,虽然浩浩平时有做得不太好的地方,但是他依然有自己的闪光点,老师觉得浩浩的闪光点还是一个大大的闪光点呢。"

正当我想继续说下去时,我突然发现大杨杨举起了小手,认认真真地说:"我愿意和他坐在一起。"她又说:"浩浩虽然很调皮,但我相信我可以帮助他。再说,浩浩也不是特别坏,每次有好吃的,他总会和我们一起分享。"浩浩听后低下了头。于是我问道:"浩浩,你是不是应该说点儿什么?"浩浩走到我跟前说:"老师,我知道错了。"我说:"那你赶快和大杨杨说说吧!"浩浩看着大杨杨,坚定而诚恳地说道:"大杨杨,对不起,我也喜欢和你坐在一起。"我听完点了点头,蹲下身子,亲切地对浩浩说:"浩浩,难得大杨杨这么相信你,你可要努力呐。"没想到此时的浩浩这么诚恳,他默默地点点头,眼中含着一份从未有过的坚定。

顽皮好动的孩子在无所谓的外表下也有一颗敏感的心。尽管孩子们个性差异很大,还是各有各的长处的。老师要有一双"火眼金睛",要善于发现孩子的"闪光点",充分发挥孩子的潜能。浩浩尽管很调皮,但他喜欢帮助别人,喜欢和小朋友一起分享,这就是他的长处。更为可贵的是,大杨杨小小年纪,在"挨打"之后还能看到浩浩的闪光点,还想和浩浩坐在一起。无论如何,我都受到了一次深刻的教育,这件事让我深深地感受到了信任的力量。

(本文获天津市幼儿教师"我的教育故事"征文评选一等奖)

❀ 教育叙事四

妈妈爱我

孙　敏

　　在区域游戏快要结束时，在美工区活动的亮亮边画边说："妈妈爱我，她每天陪我睡觉……老师，我不会画床。"于是我引导他观察孩子们带来的家庭生活照片中床的形状特征，但他依旧不停地说："老师，我还是不会画。"我看了看时间，区域游戏该结束了，于是我不假思索地和他一起画了一张床。

　　看着画上的床，我立刻对自己的行为后悔不已，因为我知道，教师在区域游戏中应该是幼儿游戏的观察者、倾听者。教师应观察孩子的行为表现，给孩子充分的自我空间，让孩子不受外界干扰；倾听孩子的想法，了解孩子的需求，始终不渝地相信孩子是有自己"特殊的"才能的。教师的支持与帮助关键要使幼儿获得自信和绘画兴趣。教师要更多地给予赞赏，树立孩子的自信，敏锐地捕捉幼儿的绘画思路，形成共鸣，使师幼互动生发出对话双方意想不到的新东西。

　　我思绪万千，就在这时，我忽然发现浩浩瞪着大眼睛听着我们的谈话，用笔画了一个长方形，同时在长方形中画了一条长长的折线，接着在下面画了一个大长方形，最后又在大长方形内画了三个蝌蚪人，然后说："孙老师，我妈妈也陪我睡觉。她还带我坐火车去蓟州区，孙老师，那可是绿色的火车呀！"我听了笑了笑说："浩浩画的床和妈妈真好！妈妈不仅陪你睡觉还陪你玩，是不是很爱你呀？"听了我的话，浩浩点点头继续画了起来。只见他又在蝌蚪人上画了几个连续的长方形，然后在长方形下面画了几个圆形，最后发出"呜呜"

的声音。

　　亮亮听到声音赶快说:"孙老师,浩浩把火车画到人身上了,那会把人压死的。""浩浩画的这列火车是妈妈被子上的图案吗?"我问。"不是。""是浩浩被子上的图案吗?""不是,是我和我妈妈去蓟州区坐的火车。"我听了用手指着长方形问:"那你画的这是什么呀?""是床,我和妈妈还有爸爸正在睡觉呢。""妈妈身上是什么呀?""火车。"亮亮看了说:"浩浩,火车不是这样的!""我知道,可是我不会画。"因为有刚才没有"等待"的懊悔,我告诉自己要梳理头绪、积极应对。于是,我问:"火车压在身上难受吗?""难受。"我听了赶快递过一张纸说:"把火车画在这张纸上好吗?"浩浩眼睛瞪得更大了,坐在那任凭我递给他的纸悬在半空,没有回应。看着他一动不动地坐在那里,我意识到自己又忽略了小班幼儿现实和想象相混淆的思维特点以及游戏情境学习特点,因此没能调动孩子已有的生活经验和自身体验,导致师生互动失败,没有产生情感共鸣。我赶快调整自己的行为,快速从大脑中挖掘想法,然后转换成游戏情境的口吻接着说:"火车车厢是什么形状的?""长方形。""火车有几节车厢?""好多节。""火车要想开起来需要什么?""轮子。""轮子是什么形状的?""圆形。""轮子在什么地方?""在车厢下面。""火车开动会发出什么声音?""呜呜的声音。""浩浩睡觉时听到火车声有什么感觉?""很烦,吵得我睡不着觉。""妈妈睡觉时也会有火车呜呜声,她会怎么样?""那我妈妈也会被吵得睡不着觉,还会生病去医院输液。""我们把火车开到哪儿就不会影响妈妈睡觉呢?"我继续问。"开到前面去。""那我们把火车开到前面去,让妈妈安静休息好吗?""好。"听了他的话,我连忙将手中的画纸用双面胶粘在浩浩画纸的左侧,边粘边说:"浩浩,火车现在可以开车了吗?""可以,呜呜……开到这里就行了。"说着浩浩在新画纸上又画了一列长长的火车,满载着母爱前行。

　　开火车情境让我明白小班幼儿绘画活动中师幼互动时,教师应在为幼儿创设游戏情境的基础上,明确帮助幼儿解决问题的关键是使幼儿获得绘画自信和绘画兴趣。同时,教师还要充分利用和发挥积极情感的支持作用,建立尊重、宽松、和谐的情感氛围,与幼儿进行充分的情感交流,引导小班幼儿敢于、乐于与教师交往,这样幼儿才会愿意大胆进行绘画,教师才能充分调动幼儿

蓓蕾绽放
——李艳名师工作室教育探索与实践

的绘画积极性,使幼儿与生俱来的对美的追求与创作热情得以表达,这应该
是我们每位幼儿教师的追求。

(本文获中国发明协会中小学创造教育分会"学校文化创新"优秀案例评
选二等奖)

🌸 教育叙事五

孩子,老师愿给你最需要的……

李 艳

中国有一句老话:"无规矩不成方圆。"哪里有人,哪里就有规则。幼儿园作为一个为社会培养人的教育机构,总要有规矩来支持幼儿园正常的生活秩序,保证孩子安全健康地生活。那么在幼儿园的一日生活中,幼儿规则意识的培养就显得格外重要,幼儿园阶段是培养幼儿良好的规则意识和遵守规则的行为习惯的关键期。可是最近,总有一个问题萦绕在我的脑海,那就是在班级的常规工作和孩子纯真的内在需要之间,我该如何权衡,找到最适宜的切入点。

孩子社会性发展中的同伴交往,在孩子升入大班后表现得看似有些"突如其来",对于环境的熟悉程度外加语言能力的运用,让教室里的任何时间、地点、人物都成了拉近孩子们的距离和进行交往的契机。教室里每天都有孩子们"热闹"的交往情境……

开始,我还为孩子愿意与同伴"畅聊"的情形暗自欣喜,认为这是一群积极向上、主动乐观、愿意交朋友的孩子,这样的教室亦如家一般宽松温馨,岂不是很好?一段时间后,班级里不仅是欢乐和谐,当孩子们开始在喝水时聊天,在盥洗室嬉闹,在教室"打逗",聊天已经需要换位置选择对象时,我猛然间认识到这样的"自由"已经变为一种不谙世事的放纵,班级纪律有些过度松散了。

渐渐地，我收起以往平和的笑脸，严肃地说："喝水时间不能说话，盥洗时嘴巴闭上、保持安静。"起初这种方式很有效，摆在孩子面前的一张严肃的脸，让教室静得有些可怕，搞不懂状况的孩子们，压抑着没有了一点孩子的模样。为了珍惜和孩子们那一份亲密，我开始思考，借鉴了应彩云老师"说说心里话"中的方法，让孩子的交流在规定下自由进行，利用环节转换的时间玩"说说心里话"的游戏，主题包括方方面面，只要是孩子感兴趣的，如"男孩女孩""这一周的愿望""幼儿园好还是家里好""春天的脚步近了""我要上学了"等，几次活动后，班里慢慢恢复了秩序。尽管有了"说说心里话"的时间让孩子想说就说，可是老师的进入、时间话题的选择仍使孩子们有一种因不完全自主选择而生的"不自由"。孩子们还是有说不完、道不尽的趣事要说给他们的同伴听，这种说不完的话，让我这个大人很是好奇。

我坐下来问："孩子们，你们每天都在说什么？为什么一整天总是有说不完的话？"晨晨说："我说的就是我最喜欢的动画片，我想表演给小朋友看。"毛毛说："我觉得我和好朋友说话时很快乐。""李老师，我每天到家后爸爸就坐在那儿玩电脑，没有人和我说话，我就想到幼儿园把想说的话和小朋友说说。"孩子的话，真诚得让我心酸，独生子女，没有玩伴，唯有幼儿园里的伙伴才是他们小小心灵的寄托，他们有共同的需要，才会有共鸣，才会有老师眼里"从早到晚一天都说不完的话"……想到这儿，还有什么理由不满足孩子真正的需要呢？

感情，总会触动心底最柔软的地方，更何况孩子们那一份份纯真的感情。所以，还是在孩子发展时的特殊时刻，给予孩子最需要的最温暖的关怀吧！

❀ 教育叙事六

消失的巧克力

李玉玲

记得一次玩游戏的时候，芳芳告诉我她肚子不舒服，于是我让她去睡眠室躺一会儿。游戏结束后，当我去睡眠室拿东西时，看到芳芳正在桌子旁吃东西，她看到我进来吓了一跳，赶紧把手里的东西藏起来，嘴里好像还在嚼着什么。我若无其事地走到桌子旁，发现自己包里的巧克力盒子被打开了，里面少了两块巧克力，而且巧克力的纸还扔在桌子上。瞬间我就明白了发生了什么事，但我没有直接问芳芳，而是边找东西边问："你的肚子好些了吗？不用再躺会儿啦？"芳芳连忙说："好点了，但还是有点疼，我再躺会儿。""那好吧，你再休息一会儿，一会儿出去做操时我喊你。"就这样，我又若无其事地走出了睡眠室。

在走出睡眠室的路上，我心里一直在想，芳芳是一个乖巧懂事的孩子，平时无论上课、做手工、做游戏，她都表现得很棒，也愿意帮老师做事情，在大家眼里芳芳就是一个好孩子。可是为什么她会偷偷地吃别人的东西呢？为了保护她的自尊心，我没有当场揭穿她，但我想我应该找一个适当的时间和她聊聊，了解一下她的想法。

午睡起床后，我单独找到了芳芳，轻轻地问她："你是特别喜欢吃巧克力吗？"芳芳点了点头。"李老师这里有好多巧克力，我可以送给你，可是我发现我的巧克力少了两块，你知道吗？"她不好意思地低着头，红着脸，轻轻地说：

"是我拿的……"她能承认自己的错误,我很欣慰,我鼓励她说:"你能主动承认是你拿的,我很高兴,这说明你是个诚实的孩子。你喜欢吃巧克力也没有错,但你知道你错在哪儿了吗?"她犹豫了一下小声说:"我不能偷着吃东西。""对啦,如果你看到别人的东西,特别想吃,你可以先征求别人的意见,别人同意了才可以吃。如果不告诉别人偷偷地吃那是不对的。"芳芳努力地点了点头。最后,我和她拉钩:"这件事只有咱们两个人知道,我会替你保密,不会告诉别人。我相信你以后也不会再这样做了!"她愉快地和我拉钩。

每个人都是有尊严的,孩子也一样,他们不希望自己的错误被很多人知道。他们需要被尊重,需要私密的空间去成长!我很庆幸自己的处理方法,如果不是这样"秘密"地解决问题,而是当时马上指出芳芳的错误,再在全班小朋友面前公开这件事,我想这会在孩子幼小的心灵中产生莫大的伤害。我会一直记着这件事,我相信芳芳小朋友也会永远记住这件事,这将是我们俩心中永远的小秘密,也是她成长道路上的一个小插曲……

❀ 教育叙事七

一块独特的饼干

李媛婷

　　本学期,创意剪纸是我们班的主题内容,我们创设了"饼干城堡"的主题墙,在看、画、剪三个阶段中鼓励幼儿探索创意剪纸。

　　在活动区的材料投放上,结合小班剪纸水平和年龄特点,我为幼儿准备了简单的饼干轮廓图,鼓励幼儿进行多种饼干的规则图形沿线剪的练习,帮助幼儿巩固经验。但活动中不乏"小插曲"的发生:

　　一天,在活动区游戏时间,辰辰选择了剪纸活动,他兴高采烈地对我说:"我今天想剪纸,剪各种饼干,我要送您一大盒'辰辰牌'饼干。"但在过程中,我隐约觉得那一大盒"辰辰牌"饼干要落空,因为我发现只有孤零零的几个小饼干躺在那里,而辰辰百无聊赖地趴在桌上,一脸不开心。于是我走到他身边,问他:"咦,你怎么了?饼干盒里的饼干是不是有点少?到时候咱们班三位老师可是不够分的呀!"辰辰一脸纠结对我说:"老师,这个剪饼干一点也不好玩,他们跟我剪的饼干都一样,混在一起,不是我的牌子了。"我仔细看了看盒子里的饼干,确实,除了圆的就是方的,要不就是三角形的,都是有轮廓的沿线剪,饼干相似度百分之百。

　　所谓创意剪纸,其实就是将创新融入传统之中。对小班幼儿来说,何为创意?简单说就是他想的和别人不一样,而我提供的材料拘泥于锻炼幼儿剪纸水平,忽略了幼儿自行创作获得满足感的过程,难怪辰辰会不开心。

于是我拿过一张白纸,裁成小块递给辰辰,说道:"你看墙上的照片,每块饼干都很有趣,那些都是大厨自由创作的。咱们也来当回大厨师,用画和剪的方法,制作真正的'辰辰牌'饼干,怎么样?"辰辰仍旧不开心地嘟囔:"我不会画。"我拿起笔,说:"我喜欢草莓饼干,那我就画个草莓饼干送给你,希望你开心。"我在小纸上快速地画了个草莓,然后涂色,剪了下来,送给辰辰。孩子一下子来了精神,认真画起自己喜欢的"鸭子"饼干。其实创意的生成,就是通过绘画反映孩子对周围事物的理解,并迁移到制作饼干的活动中。

辰辰为什么不开心?是什么局限了作品的呈现?其实就是带有轮廓图的饼干样子。幼儿需要自由、宽松、自主的环境。活动中要重视幼儿的主体地位,利用有效的师幼互动,引导幼儿释放内心所想,才能达到创新的目的。

我趁热打铁,在活动结束点评时,请辰辰详细介绍了自己的作品,其他幼儿认真地欣赏着辰辰的饼干,脸上充满了笑容。

小班幼儿进行创意剪纸要依托绘画的过程,创作上带有一些涂鸦色彩,辰辰的"鸭子"虽缺乏美感,但他能够创作出来就是成功,教师应从幼儿视角来感受作品,引导幼儿大胆展示作品,进行交流,适时地对幼儿作品做积极、肯定的评价,增强幼儿创作热情和自信。

通过辰辰的介绍,很多幼儿看到这样独特的饼干都来了兴趣,想要尝试自己设计饼干。于是我立刻对区域材料进行了调整,把轮廓图放到次要位置,准备了各种饼干照片投放进区域,提供了不同大小的白纸。我觉得环境材料既要循序渐进,也应因材施教、因势利导。活动中,辰辰的表现已经说明,高结构材料已不能满足活动需要,应抓住时机引导幼儿向更高水平发展。教师不能用"一把尺子"衡量所有幼儿,应尊重幼儿学习与发展的个体差异,材料的投放要秉承"低结构、高自主"的原则,适应幼儿不同水平的需求。

后来我的饼干盒子中诞生了千奇百怪的饼干:彩虹饼干、毛毛虫饼干、闹钟饼干……独一无二的饼干洋溢的不仅仅是乐趣,更折射出孩子无尽的创意。

在小班开展创意剪纸是一个学习、探索的过程。虽然小班幼儿的小肌肉处于发展阶段,但这并不是制约其发展的绊脚石,反而是优势。没有思维上的约束,孩子们想象会更自由,创作会更大胆。我们要关注的不仅是孩子的剪纸能力能提升到哪个高度,开展活动是否达到理想效果,而更应关注孩子们独特的想法有没有得到最大限度的呈现,只有这样,才能让创意带领幼儿采撷更多的剪纸乐趣。

(本文荣获天津市幼儿教师"我的教育故事"征文评选二等奖)

❀ 教育叙事八

为孩子播下一颗"善良"的种子

杜慧婷

这是在活动中发生的故事：

《三个咕噜噜》是分级阅读中的一册，讲的是狐狸爸爸带回来一直装着"猎物"的筐子，请小狐狸看守，结果好奇而天真的小狐狸让三个聪明的"咕噜噜"逃走的故事。故事中的三个"咕噜噜"分别是一条大鱼、一只小鸟和一只灰兔。本来这次课程按计划进行得很顺利，可是突然有孩子提问："为什么狐狸爸爸不把小鸟的翅膀折断、不事先把兔子打晕？那样它们就逃不掉了呀！"孩子们很快七嘴八舌地议论起来："我妈妈买鱼的时候都是请人家先把鱼杀了。""如果把小鸟的翅膀折断了它不就飞不了了嘛。"……孩子们讲的虽然和这个故事的主旨毫不相关，但都是生活中真实存在的事情，我一时真不知怎么解释，突然间我看到一个女孩子在听到旁边的男孩子说打晕兔子的时候露出了害怕的表情，我心中有了主意。

"小朋友们想知道为什么狐狸爸爸没有像你们说的那样做吗？因为狐狸爸爸很爱自己的孩子，如果他先把鱼杀了，把兔子打晕或是折断小鸟的翅膀，那一定会有很多血流出来，多可怕。你们看到那样的情景会不会也觉得害怕？所以，狐狸爸爸是因为不想让自己的孩子感到害怕，不想吓着小狐狸，才把三个健康、完整的小动物装进筐子让小狐狸看守。"孩子们似乎对这样的解释很满意，因为他们有同感。

感悟与反思：让爱与宽容滋润幼小心灵的成长。

在一切道德品质之中，善良的本性是世界上最需要的。善良让人学会用爱感受生命，善良让人懂得用宽容换得幸福。法国作家雨果曾说，人世间最宝贵的便是善良。中国传统文化历来追求一个"善"字：待人处事，强调心存善良、向善之美；与人交往，讲究与人为善、乐善好施；对己要求，主张独善其身、善心常驻。对众人而言，唯一的权利是法律；对个人而言，唯一的权利是善良。

中华民族崇尚善良，直至今日善良的思想依然深刻影响着中国人的伦理道德观念。然而，我国当前对儿童的善良教育还不够。作为一名幼儿教师，我深刻地反思了工作中那些被忽视和错过的善良教育契机：当孩子们捉到一只小昆虫，因好奇而伤害小昆虫时，我没能及时地教导他们应该善待每一个生命，而仅仅是警告他们别让自己受伤或是自欺欺人地将其行为看作是"科学探索"；当他们随手乱扔垃圾或是丢弃杂物的时候，我仅仅是简单地批评训斥，却从未想过用"善良"来解释：年迈的清洁工人可能因为需要清理你丢的垃圾而多弯一次腰，从而腰痛加重，小猫小狗也许会被你乱丢的杂物扎伤脚掌……

马克·吐温称善良是一种世界通用的语言，它可以使盲人"看到"，使聋人"听到"。心存善良之人，他们的心是滚烫的，可以驱赶寒冷，横扫阴霾。善意产生善行，同善良的人接触，播种善良，才能收获希望。一个人可以没有让旁人惊艳的姿态，但离开了善良，却会让人生搁浅和褪色。多一些善良，多一些谦让，多一些宽容，多一些理解，在生活中感受美好和幸福，这是善良的人们向往和追求的，也是我们中华民族所提倡和弘扬的。

人之初，性本善。而今我们也常常用"天真""纯洁"来形容孩子，因为他们的心灵是一方净土，倘若我们能早早播下一颗善良的种子，让爱和宽容来滋养他们幼小的心灵，日后，善良的品德就会在他们身上生长、蔓延、传播。作为幼教工作者，我们身兼重任，时刻不能忘记传承中华民族"善良"之美德，为孩子上好人生"爱的教育"第一课！

（本文获得 2013 年天津市学前教育优秀案例评选一等奖）

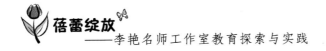

❀ 教育叙事九

“最丑”的房子

崔 倩

创意绘画是一种艺术表现形式，能够培养儿童的创造能力和高尚情操，使儿童身心得到全面发展。孩子们乐于用画画来表现自己的感受和内心意愿，在创作中发挥潜能、建立自信、感受成功。

最近，结合我们大班的主题活动，我们开展了一系列创意美术活动。这天，是以“晚上”为主题的创意美术活动，我为孩子们提供了各色丙烯颜料、蜡笔、彩笔、板刷、纸张等，让幼儿充分自主地选择自己想用的材料，画出自己想画的“晚上”。在幼儿创作的过程中，我看到洋洋画了晚上一家人吃饭的场景，美美画了晚上的星空，浩浩画了晚上的小猫在睡觉，孩子们的画生动、充满童真，令我着迷。

就在这个时候，不远处的小瑞引起了我的注意，只见他在纸上涂了两个黑黑的方块，手上也全都是黑黑的颜料。小瑞一直都在绘画班学绘画，我想他一定有自己的想法，于是我走过去问：“小瑞，你画的是什么呢？给老师讲一讲好吗？”令我没想到的是，小瑞用手挡着自己的画，眼睛里含着泪花。“小瑞，你怎么了？”我蹲下身去。“老师，我不会画，我真的不会。”“你想画什么呢？”“我想画房子。”“是晚上的房子吗？”小瑞点点头。“可是，我怎么都画不出来，别的小朋友都比我画得好，我画的一定是最丑的房子。”说着他低下了头，落下了豆大的泪珠。“老师你能画一个给我，我照着画吗？”我知道了，小瑞在绘画班一直都是通过模仿进行绘画的，所以没有教师示范的时候，小瑞就会没有信心,进而不知所措了。我轻声说:"这样吧,老师留给你一个小小的任务,今天放学天黑的时候,你站在外面认真地看一看,看看天空、看看街道、看看远处你的家,明天咱们再一起来画,你肯定能画出属于你自己的'最美的房子',好吗?"小瑞欣然答应了。

转天,我们进行了"晚上"主题创意美术活动的第二课时活动,旨在丰富幼儿创作经验、引导幼儿丰富画面内容,让幼儿在彼此的分享交流中收获新经验。这天的小瑞,脸上也多了一些笑容。我走过去问他:"昨天晚上你和爸爸妈妈看到了什么?""天黑了,是深蓝色的天空,天上有月亮和星星。"说着小瑞用板刷刷上了深蓝色的背景,用手指点画上了黄色的星星。"那么路边有什么呢?""路边有灯和树,树都变成黑色的了,灯光是橘色的。"接着,小瑞又画上了橘色的点点,仿佛灯光,昏暗、温暖。"真棒,你看到房子了吗?""房子就是黑黑的……""那你觉得黑黑的房子里有人吗?""有人啊!""你怎么知道有人呢?""因为有灯啊,有白色的、黄色的、粉色的光……老师!我知道了!"小瑞兴奋地在原来黑黑的方块房子上画出了带有白色灯光、黄色灯光的窗户。"小瑞,你昨天站在外面观察,你的心情怎么样?""我很开心,因为妈妈正在家等着我呢!"说着他又在天空中画出了红色的点点。顿时,整个画面变得静谧、温馨。

分享环节,我特意请小瑞和小朋友们分享了自己的画,讲出了自己的感受,看着小瑞自信的笑脸,我又感动又欣慰,轻轻地问小瑞:"这下,你还觉得自己的房子是最丑的房子吗?"他摇摇头:"我觉得我的房子是最温馨、最美的房子。""是的,孩子!"我朝小瑞竖起了大拇指。

作为青年教师,我们还有很多需要探索。在日常的教育教学中,我们要创造条件,鼓励引导幼儿有所见、有所思、有所表达,我们要让孩子的画会"说话",让绘画成为表达孩子所思所想的载体,而不是让所谓画得像成为衡量标准,也不应刻意去达到某种效果,好的作品一定是孩子们通过观察讲述的动人故事。最重要的是,教师的肯定能让孩子充满自信,勇于表达。

(本文获天津市幼儿教师"我的教育故事"征文评选二等奖)

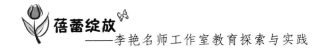

教育叙事十

请多一点耐心

韩 迪

　　"耐心"是幼儿教师的基础，无论是"支持者""合作者""引导者"，还是"关怀""接纳""尊重"，都必须建立在耐心的基础上。因为我们面对的孩子就像刚出土的嫩苗，像初春的点点新绿，需要我们精心呵护、细心照料、耐心培养，让他们在"摇篮"中茁壮成长，让爱和蓓蕾精彩绽放。

　　小班幼儿第一次离开朝夕相处的家长进入集体生活，由于生活环境的改变，不少孩子会产生入园焦虑和恐惧等情绪。我们班的小杰刚来幼儿园的时候哭得特别厉害，但是他不像别的孩子那样又哭又闹又打，无论老师和他谈什么，小杰都不理老师，只是闷头继续哭，有的时候哭累了就一个人静静地坐着，不理老师，也不和其他的小朋友交流，也不愿意玩玩具。老师和他聊天，他就看着老师不说话，表现出非常内向倔强的性格。

　　转眼间小朋友入园都两个星期了，大部分小朋友都比较适应了，基本上都能和老师打招呼问好。可是，小杰还是不愿意与同伴交往，喜欢独处，在他人和集体面前不愿意表达自己的想法，碰到困难容易产生紧张焦虑情绪，喜欢哭泣。不管老师如何绞尽脑汁地主动和他交流，他就是不说话，也没有任何表情。偶尔情绪好一点的时候小杰也会和其他的小朋友玩上一会儿，但是不会很投入，持续的时间也很短，很少能听到他的笑声，有时小杰只是不好意思的笑一笑。他在情绪稳定的时候，也能和我聊上几句，但是眼神里充满了担心和不信任,总是想把自己保护起来。对于小杰的表现,我看在眼里急在心里,于是我和小杰的爸爸妈妈进行了一次长谈。

　　长谈之后我得知:小杰出生四个月后妈妈就上班了,由于父母平时工作都很忙,所以小杰出生后大部分时间都是和奶奶生活在一起,只有节假日才能回到爸爸妈妈家和父母小聚。小杰的奶奶性格比较内向,不善言辞,因为腿脚不好也不怎么带小杰外出,总是担心孩子外出和其它小朋友玩会受欺负,所以小杰一般都是和奶奶在家玩。虽然家人了解小杰内向倔强的性格,对小杰是否能融入集体也充满着担忧,却束手无策。

　　小杰的情况对我触动很大,作为幼儿教师的我同时也是一个四岁孩子的母亲,我能深切地体会到孩子对每个家庭的意义,也能明白老师的耐心可能会给孩子和家庭带来不一样的生机,于是我更加细心地关注他,观察他。

　　我特意在班里开展了"请你认识我"的活动,请每位小朋友在全班小朋友面前大声说出自己的名字。第一次轮到小杰的时候,我轻轻地摸摸他的头,用鼓励的眼神看着他,小杰不好意思地站起来,但他并没有像其他小朋友一样大声地说出自己的名字。但是我觉得小杰能够站起来已经是一个很好的开始了,所以我并没有催促他,而是耐心地鼓励他,给他时间。

　　第二天我们又继续开展了"请大家认识我"的活动,这一次小杰还是老样子。但这一次我撒了一个善意的谎。当小杰不好意思地站起来的时候,我告诉小朋友们:"韩老师能听到小杰的声音呢,因为韩老师离他近,所以韩老师听见了,小杰的声音可好听了,小朋友们是不是也想听到小杰的声音啊?那小朋友们送给小杰掌声,鼓励小杰下次把他好听的声音带给我们好吗?"小杰不好意思地点了点头。

　　为了鼓励小杰,第三天我们继续玩这个游戏,我特意邀请了几个很自信的小朋友来激励小杰,然后又让这几个小朋友亲自邀请小杰带给我们他那"好听的声音"。当我点到小杰的时候,我牵着他的手,先跟他讲了句悄悄话:"小杰,咱们是不是和小朋友约定好了?要让大家都听到你好听的声音哟!老师相信你,你一定会大声说出自己的名字的!"他张了几次嘴巴之后,终于大声说出了自己的名字,然后立马害羞地转过了身。这对于小杰来说已经是一个很大的突破了。这时我大声地问："小朋友们,小杰的声音是不是非常好听啊?"我带头给小杰鼓掌,小朋友们也跟着一起鼓掌。小杰转过身子开心地看着我,我走过去抱着他悄悄地说:"我们大家都喜欢你的声音!"

为了加强效果,我们又开展了"找朋友"活动,鼓励小杰带给大家"好听的声音",增强他的自信心。小杰的朋友越来越多,他对自己的声音也越来越自信,在班上总能听到他清脆的声音。最近他都能大声地和老师打招呼问好,甚至跟小朋友也有了很多话题。看到孩子的变化,小杰的爸爸妈妈也变得热情开朗起来,为了巩固小杰的改变,我决定和小杰的爸爸妈妈进行第二次长谈,将小杰的变化说给他们听,告诉他们对待小杰这样内向的孩子,要循循善诱地启发、引导,多一点耐心。之后,我们又开展了亲子活动——谈谈我心中的好宝宝,请小杰父母向小朋友们介绍孩子的优点,帮助小杰增强信心。

每个孩子的性格、生长环境都不相同,所以行为表现也千差万别,我们并不能用统一的方法来引导他们尽快适应。我们要做的就是用充满爱心和耐心的眼睛去观察每一个幼儿,发现他们的不同之处,再运用适宜的方法和策略引导和鼓励他们,帮他们平稳而快速地度过适应期,在此期间老师要付出更多的耐心才会收获孩子的成长。小杰的成长进步让我理解了幼儿发展的可能性与可塑性的真正含义,同时体会到在孩子成长过程中,自信心的培养是多么重要。催促根本感化不了孩子,只能让孩子关闭心门,失去自信。老师应该成为孩子适应新环境、接受新事物的催化剂,帮助幼儿找到自己的主体地位,放慢速度,耐心尝试。

著名作家冰心说过:"有了爱,就有了一切;有了爱,才有教育的先机。"幼儿教师与其他教师不同,除了要有教育技能之外,更重要的是要有爱孩子的心。作为一名幼儿教师要把幼儿当成自己的孩子,和风细雨地使孩子感动,用"爱生如命"的思想感情去教育孩子、感染孩子。我们要用一颗永驻的童心走进孩子们的世界,发现、了解、帮助、教育他们,用心呵护每一个独特、宝贵的生命。

(本文荣获天津市幼儿教师"我的教育故事"征文评选活动三等奖)

第三编
反思升华
——教育案例篇

　　培养教育人和种花木一样，首先要认识花木的特点，区别不同情况给以施肥、浇水和培养教育，这叫"因材施教"。

——陶行知

　　从我手里经过的学生成千上万，奇怪的是，留给我印象最深的并不是无可挑剔的模范生，而是别具特点，与众不同的孩子。

——〔苏〕苏霍姆林斯基

❀ 教育案例一

特别的洋洋

王艺霖

个案描述

　　洋洋是一个特别的孩子,非常调皮、好动。在班里经常能听到这样的话:"老师,洋洋碰到我了!""老师,洋洋抢我的玩具了!"每天都会有很多小朋友来向我"告状"。在与小朋友玩耍时,洋洋会用手抓别人的衣服,想和谁说话就抱住别人不放。今天,又有孩子跑来说洋洋把他的玩具抢走了。已经上中班的洋洋,似乎依然不会与其他小朋友相处。我觉得洋洋很想融入这个温馨的大家庭,只是采取的方式不是很恰当,所以我对洋洋说:"如果你有礼貌一点,其他小朋友都会愿意和你做朋友、和你一起玩的,老师和他们都会很喜欢你的。"他对着我点了点头。但是,只要一回到小朋友中间,他又开始变得活跃与兴奋。有的时候洋洋喜欢耍小脾气,稍微有点不顺他心意,他就会不高兴,甚至会坐在地上大哭。如果老师语气稍微严厉些,他的情绪就会波动得更大。针对这些问题,单纯的说教是不管用的,要让他有所改变,还需要教师用一段较长的时间去用心观察和引导他。

原因分析

　　针对这种情况,我需要找出是什么原因让洋洋做出这种不好的行为,产

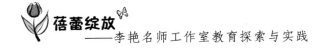

生这样不好的想法。洋洋是想引起别人对他的注意吗?还是因为他调皮,经常听到别人对他的评价是否定的、消极的,难道这就是他每天调皮捣蛋的理由吗?

于是我利用几天接送孩子的时间,积极地和他的家长进行沟通,在沟通过程中对洋洋的家庭环境有了深入的了解。洋洋从小是由奶奶带大的,父母每天大部分时间都是在忙工作,没有时间陪伴孩子,对于家庭教育很少能顾及,对孩子的心灵需求关心甚少。而奶奶过于宠溺孩子,什么都满足他,也很少让洋洋与其他小朋友玩耍,生怕孩子被欺负,所以洋洋小时候很少接触同龄孩子。

了解了家庭情况后,我找到了洋洋存在问题的一些原因。接下来,我又开始仔细观察洋洋。我发现洋洋控制不住自己、很少能静下来的原因——很多时候洋洋不能被限制,如果被批评,就有逆反心理。有时洋洋会对某一事情或事物具有强烈的好奇心,我们让他去做的时候他很快就会采取行动,但方式比较莽撞。另一方面,洋洋非常缺乏与人交往的技能技巧,明明想跟别人玩,但常常不经过别人的允许就去动别人的玩具,于是就会产生小朋友告状等现象。如果被拒绝了,洋洋就会生气,动手打人,这是他在家庭与幼儿园之间产生了情感落差而引发的情绪发泄。

实施策略与效果

发现问题后,我尝试从多方面帮助洋洋,让他能顺利地融入我们的大家庭。首先,应帮他的家长树立科学的儿童观。针对他的家长在幼儿教育中存在的问题,我们采取间接、委婉的办法,努力改变家长的儿童观和教育方法。在与家长的交谈中,我改变了以往只是一味告状的做法,而是向家长说明孩子的进步,哪怕是一点点,例如今天吃饭没有掉饭粒、上课积极回答老师的问题、帮助小朋友做事情等,让家长感觉到老师是真正关心孩子、能够发现孩子身上的优点的,然后我再及时地向家长提出配合教育的具体要求,如增加家长陪伴时间,以及一些在日常生活中应该注意的问题。

针对洋洋总是和小朋友抢玩具和动手这一问题，我让他先观察小朋友是怎么样向别人借玩具的或者怎么邀请别人与自己玩耍的，同时引导洋洋，让他知道他的行为会给别人带来不快，然后再鼓励他用所学的方法与同伴交往。我帮助洋洋重新建立自我认识，增强"我是好孩子"的自信，利用"皮格马利翁效应"给他施加正面影响，给予他更多的关注、鼓励、理解和信任，同时帮助他学习正确解决问题的方法。在一次又一次的尝试后，洋洋逐步学会了用语言来表达自己的意愿，每次当他用合适的语言表达自己的意思时，我都会及时地鼓励他。面对洋洋的攻击行为，我尝试给予他适当合理的宣泄途径。经过一段时间的训练，幼儿告状的情况明显减少了。通过多方面的努力和家园配合，洋洋对自己的评价越来越积极，自信心也越来越强。

启示与感悟

面对那些"惹事生非"的孩子，教师应以一颗宽容之心接受他们，并仔细分析他们行为背后的原因，以适当的方法触动孩子的内心，引导他们逐步改变自己。对于他们身上的优点，我们应予以鼓励、引导、发扬；对于他们的不足，应相信他们会改正，并创设条件，帮助他们一起克服，以促进幼儿健康、和谐、快乐地发展。

❀ 教育案例二

"木头人"的奇妙之旅

王芮妍

作为青年教师的我是"多米诺骨牌"的忠实粉丝。升入大班后,我惊喜地发现"他们"就安静地躺在我们班的活动区,孩子们会在游戏中与"木头人"有怎样的火花呢? 我期待着孩子们带给我的惊喜。

一、小试牛刀——木头人排排队

个案描述 ◕

在前几次的活动中, 乐乐总是第一个跑去将木头人玩具放在自己面前。这天乐乐又开启了他的"木头人之旅",只见他将木头人排好队,随着指令落下,手指头轻轻一推,可惜木头人只倒了四个,这样的结果并没有打败他的积极性,他又鼓起嘴巴:"我就不信我不行。"从他的话语中,我感受到乐乐那股克服困难、不怕失败的劲头。此时我轻轻地走过去,说:"你瞧,倒了的木头人之间的距离和没倒的有什么不一样?"他努力地观察着这四个木头人之间的距离,又看看剩下站着的木头人,表情变得严肃了起来:"没倒的木头人之间的距离太远了,根本碰不到对方,老师是这样吗?"我微笑地回应着:"你试一试就知道了。"随后他不停地调整着每个木头人之间的位置,还拿来尺子测量,不一会儿,只听见"哗啦"一声,十个小木头人在他面前一下子全倒下来,他高兴得手舞足蹈。

原因分析

幼儿游戏分析:幼儿升入大班后,具有一定挑战心理和强烈的探究欲望。在游戏过程中,幼儿自己能够学会观察、比较、思考,用自己的方法揭开问题的真相。

教师指导策略:通过巧妙的问题回应与陪伴,引导幼儿发现木头人排列的方式和间距特点,提高幼儿独立思考和动手解决问题的能力。

实施策略与效果

下一步,我决定继续关注幼儿探索游戏的过程,通过评价、情境创设与间接式提问引导,找到新问题的切入点,鼓励幼儿实现一次次的成功。

二、跃跃欲试——弯道之旅

个案描述

今天乐乐挑战"木头人弯道超车",他将小木头人按设计好的曲线图摆了几次,每次都是到拐弯的时候木头人就停下了。乐乐着急地用他们敲桌子,看我走了过来,赶紧解释说:"老师,我不是故意敲打他们的,可是他们总是不一齐倒,请帮帮我吧!"他边说边拽着我的手,我真想帮他摆,但转念一想,这样做就剥夺了孩子独立动手解决问题的机会,于是我加入他的游戏中。

我故意把拐弯处留给乐乐,没想到这一次真的成功了,乐乐还大声喊:"成功了!成功了!"但是他并不知道木头人全部倒下的真正原因。游戏结束后,我把乐乐成功的视频分享给所有孩子,并提出问题:如何让所有小木头人

都顺利倒下？孩子们的想法很多,有的说:"我知道,让每个小木头人都离得近一些就好了。"有的说:"他们站队要像我们一样,站整齐了就会成功。"我鼓励大家在明天的游戏中找到答案。

第二天,大家边议论边尝试,很快孩子们兴奋地告诉我:"老师我们知道了！在拐弯处要多放几个小木头人;他们的距离要一样;斜着摆,不能离得太远,这样就可以了。"就这样,孩子们享受着游戏带来的快乐。

忽然一只小手拽住我,原来是乐乐。"老师,你来当裁判吧？我要和高高进行比赛,看谁的木头人跑得快。"随后我加入了他们的游戏中。

原因分析

幼儿游戏分析:孩子们发现,不管是同等数量的木头人,还是在同等的长度条件下,直线倒的速度更快。通过集体谈话,孩子们设计了圆形、U型、Z型、方形等弯道。最后通过共同讨论,孩子们提议将问题和解决方法以活动墙的方式呈现出来。班级中也形成了浓厚的探究氛围,大家尝试大胆设计,通过比赛的形式去解答自己的疑惑。

教师指导策略:教育学家蒙台梭利曾指出:"给孩子提供的每一个不必要的帮助是对他们发展的一次阻碍。"因此,教育要适当地"留白",要给孩子自由尝试的机会。作为老师要懂得抢与等、帮与放的策略。

实施策略与效果

回想比赛的过程,我思考着如何鼓励幼儿与同伴之间进行更完美的合作。如何为幼儿创设一次有主题情节、较为复杂的游戏呢？为此我与幼儿进一步讨论,了解他们的想法并提供了简单的图示记录表格,和多米诺骨牌大赛视频,帮助幼儿积累学习经验,学会合作与分工。

三、最后时刻——爱的城堡

个案描述

随着活动的开展,孩子们开始尝试合作拼摆,可是过程并不是一帆风顺的,由于每个人的拼摆方法不一样,孩子们开始商量解决办法:"你摆一个我摆一个。"可是这样太慢了,于是大家从中间开始拼摆,这样的方法得到了所有人的认同。伴随着一次次的成功,他们已经不满足于"两两合作",孩子们提议摆一个大型的城堡。

第二天,我为孩子们播放了令人震撼的多米诺骨牌大赛视频。他们立刻摩拳擦掌,通过团队讨论,设计了爱心城堡的造型,想法虽好,但是搭建过程却困难重重,孩子开始互相埋怨。这时我跑到他们中间问:"发生了什么事情?"有的孩子觉得好不容易搭起来的木头人因为别人全碰倒了。有的发现彼此之间的距离根本连接不上。我微笑着回应:"那我们应该想什么办法避免因为碰倒导致游戏失败呢?"有的小朋友说:"确定每个人负责的区域,分段拼摆。"也有的小朋友说:"可以请一个人进行分段连接。"就这样,他们小心翼翼地进行围合、连接,每个木头人之间的距离慢慢变得紧凑了许多,爱心城堡也初具规模。

原因分析

幼儿游戏分析:孩子们在游戏中对于问题的求证能力有了明显提高,常常会边探究边交流讨论,甚至还会出现争论与协商。他们会想办法与同伴分工合作,遇到困难能够一起克服,通过协商解决。

教师指导策略:当幼儿在游戏过程中发生矛盾时,教师可以通过对话提问引导幼儿试着用协商、讨论、合作等方式解决问题冲突,保证游戏能够持续深入进行。

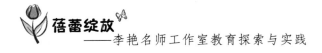
蓓蕾绽放
——李艳名师工作室教育探索与实践

实施策略与效果

　　随着孩子们对于多米诺骨牌游戏的热情越来越高，老师们在之后的教育活动中开展了"轮抽多米诺骨牌""多米诺骨牌接龙"等活动，继续帮助幼儿探究新的未知领域，以及通过家园合作的方式，与家长们一起寻找低结构材料来玩转多米诺骨牌游戏。

启示与感悟

　　老师在游戏的过程中可以运用观察法、情境法、谈话法，激发幼儿探究兴趣、体验探究过程，发展初步的探究能力并学会寻找解决问题的方法。同时随着游戏的持续深入进行，不断增强幼儿在游戏中的合作意识，掌握合作技巧，为幼儿身心全面发展及幼小衔接做了铺垫。

　　（本文荣获天津市河东区教育案例三等奖）

❀ 教育案例三

这不关我的事……

刘 恋

个案描述

现象一：

"请小朋友们把回家画好的作品放到老师这里来。"随着一声令下，孩子们利落地把画纸放到了我的面前。这时传来了几个孩子的声音："老师，我妈妈忘了给我带了。""老师，爸爸没有让我画……"幼儿园大班正处于"幼小衔接"阶段，老师每天会布置一些需要回家后完成的小任务，很多小朋友第二天天忘带或是没有完成，说起理由来总是"不关我的事"。更有些家长还没等老师问、孩子说，自己就先找到老师"承认错误"，好像孩子的任务没有按时完成完全是家长的"罪过"。

现象二：

区域活动过后，活动室时常会有一些小朋友没有收拾干净的图书、玩具等物品，大多数幼儿都视而不见，绕道而行，甚至趁老师不注意将这些物品踢来踢去，仅有几个小朋友在看到这些物品的时候能主动放好。老师问他们："为什么不捡起来？"多数孩子的回答是"不是我弄下来的。""我不知道是谁掉的。""我今天没有玩这个玩具。"

现象三：

我们班在中班就开始实施了"值日生"制度，当时孩子们都会抢着去干。可是到了大班，随着年龄的增长，一些孩子变得对自己是哪天值日、选择的是什么值日项目特别计较，如果老师叫某位孩子去干不是他负责的劳动项目时，常会听到孩子说"今天不是我值日。""我不是干这的。""我昨天已经干过了。"

原因分析

以前，孩子的责任心可在兄弟姐妹之间的活动中得到培养，在兄弟姐妹构成的"小社会"中，每个人都有自己的责任和义务，哥哥姐姐有保护弟弟妹妹的责任，弟弟妹妹有尊重哥哥姐姐的义务，这种多子女的家庭结构使孩子们逐渐建立起一定的责任感。而如今的孩子们则渐渐失去了这种责任和义务，这也是近些年来社会各界一直关注的话题。

实施策略与效果

针对我们班孩子们出现的这些现象，我试着开展以下活动：

（一）"大带小"活动，体验哥哥姐姐的乐趣

大班幼儿在幼儿园中逐步有了大哥哥、大姐姐的意识，我经常会带着孩子们到小班，为小班的弟弟、妹妹送出自己制作的礼物，教弟弟妹妹们穿衣服、穿鞋子，讲自己学到的知识，周五大扫除时帮弟弟妹妹擦擦小椅子，上下楼梯时先让比自己小的小朋友走。

（二）"我当值日生"活动，深化幼儿的责任意识

为了进一步培养孩子们关心集体的责任心以及为大家服务的热情，我们继续开展"值日生"活动。由于在中班孩子们已经经历了一年的"值日生"锻炼，升入大班后，我让他们自己讨论"值日生"的职责，进而自行分工合作，增强他们的主动性。

(三)开展社会实践活动,为孩子们责任意识的养成提供保障

1.集体参观社区,让幼儿接触社会

适当地带领幼儿走出幼儿园,让幼儿多接触社会,可以到社区中参观、到公园游览、观察公共设施,增进幼儿对社会的了解,满足他们的好奇心,让幼儿从所见所闻中培养责任意识。

2.邻里交往,让幼儿感受家庭中的责任

在保障安全的前提下,安排幼儿从事一些力所能及的社会工作,比如帮邻居送信、照看邻居的小弟弟小妹妹、陪爷爷奶奶说说话等。这些工作一方面可以使幼儿在帮助他人的同时,获得他人及社会的肯定,另一方面也可以使孩子感受到自己所做工作的价值和意义,并从中得到乐趣,从而逐步建立起对社会的责任心。

(四)结合一日生活中的点滴小事,加深幼儿对责任心的理解

1.在讨论中培养幼儿的自觉性

在一日生活中,我们常常会遇到这类问题,例如:当自己在区域活动中正玩儿得高兴时,老师突然说要收拾玩具,这时应该怎么办呢?教师可以让幼儿进行自由讨论,在争论、辨析中经历冲突,从而寻找到所有小朋友都认同的做法,在经历讨论之后,通过老师的总结、概括,幼儿能够形成一个较统一的认识,进而加深对责任的理解。

2.让幼儿对自己的过错行为负责

受年龄以及心理等因素的影响,孩子对许多事或出于好奇,或出于顽皮的天性,或出于缺乏社会生活知识和经验,往往会因自己的不恰当行为造成一定的不良后果,这完全是可以理解和原谅的。但是,过度的宽容对孩子有害无益,只会让孩子的责任意识变淡。当孩子因自己的行为造成过错时,家长的正确做法是和孩子一起分析造成不良后果的原因,在此事件中孩子本身的过错和应承担的责任,以及以后应如何避免类似情况的发生等,从而使过错行为成为强化孩子责任心的契机。

(五)适当让孩子做一些家务

我们开展了"我当家"活动,在家长的支持下,多给孩子一些处理事情的

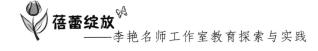

机会。例如:适当让孩子做一些家务活,例如一些简单的卫生清理工作,自己洗漱,自己收拾玩具、作业本、图书,帮家长存取衣物,接待小客人等,让孩子意识到他在家庭中的身份,在做家务的过程中形成自己对家庭的责任意识。

启示与感悟

对幼儿而言,幼儿园和家庭是他们实践活动环境的重要组成部分。让幼儿在实践活动中形成责任心,培养他们的自觉性、任务感、集体感,将会为他们今后的人际交往及社会性发展打下良好的基础。

幼儿责任感的培养不是一朝一夕的事情,需要我们成年人的榜样示范、耐心细致地引导和教育,并将之贯穿于幼儿一日生活的各个方面。通过适时的渗透性教育,能够使大班幼儿的责任意识得到有效提升。

(本文获天津市学前教育优秀案例评选一等奖)

❀ 教育案例四

小羊站起来了

孙 敏

个案描述

在美工区活动中,畅畅对亮亮说:"我的小羊脚怎么站不起来呢?"亮亮说:"你使劲粘就行了。"她试了试还是不行,便说:"还是站不起来。"亮亮说:"你问问老师吧?"于是畅畅走过来问我:"老师,您能帮我让小羊站起来吗?"我反问:"小羊为什么站不起来?"她想了想说:"小羊的脚太软了,一点力气都没有。""怎么能让小羊的脚变得有力量呢?如果哪个小朋友能帮我们想个办法就好了!"我自言自语道。我的"求助"立刻引来了许多志愿者,大家经过共同讨论、实践操作找到了以小牙签作为支撑的方法。

原因分析

首先,塑造游戏作为一种操作性很强的艺术活动需要操作技能支持,没有一定的技能技巧,儿童的艺术创造就无从依托,成了空中楼阁。我们不能一味地强调技能技巧,但此时幼儿的已有技能已不能满足自身需要,幼儿想获得成功体验受到了阻碍。

其次,活动中幼儿在面对问题时缺乏多角度解决问题的策略,尤其是采

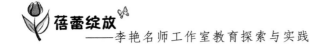

取借助同伴力量的交往策略时,出现了过多以教师作为解决问题的权威者的倾向。

幼儿开始能够进行初步的尝试探究,但感受到失败结果的挫折后,消极的情感体验影响了幼儿继续探究的主动性、积极性。

最后,幼儿总是探究自己感兴趣、能激发自己快乐情感的内容,游戏中当幼儿遇到同伴出现困难无从下手并需要帮助时,则会表现出漠不关心、敷衍了事、推卸责任的回应行为。

实施策略与效果

首先,教师在整个游戏过程中应注意观察幼儿随时出现的问题,挖掘有价值的教育契机,以角色身份参与游戏,找出幼儿当前最需要的关键经验,注意观察记录幼儿活动过程中探究行为的过程、表现、反映,在幼儿进行探究过程时留给幼儿尝试错误的时间与空间,耐心等待,鼓励、支持、帮助幼儿解决困难,获得成功。

其次,教师应根据当前问题引导幼儿找出多种解决问题的途径方法,如借鉴同伴经验、家园互动、通过收集与技能技巧有关的书籍、模型、资料等,借助自身及各领域操作经验,获得自己探究解决技能技巧困难的方法与途径等。当幼儿再次面对困难或出现对所表现事物认识模糊等问题时,幼儿就会借助"怎样能获得相关形象信息"的方法进行自我探究解决,获得自我学习发展。

我们深知孩子在探究过程中的合作不仅仅限于操作的合作,更需要头脑智慧的合作。再有由于幼儿喜欢模仿,在游戏中易受同伴感染,因此教师应注重引导幼儿在塑造游戏中进行分享合作,提出可供同伴协商讨论的问题,为孩子共同学习提供机会。将个别幼儿的兴趣转化为小组幼儿的兴趣或使多数幼儿的兴趣感染个别幼儿,能够为幼儿探究合作提供前提。鼓励幼儿在探究出错时,观察同伴活动,看看同伴是怎样做的,为什么自己做的与别人不一样?幼儿从中得出启示或提出质疑,进行讨论,自由发表自己的见解,形成经验共享的合作,共享集体智慧的成功乐趣。

最后,教师可利用幼儿共同喜爱的故事、动画片情节,如喜羊羊、恐龙世界、数码宝贝、托马斯的朋友等作为幼儿合作互助的桥梁,引导幼儿进行思考,促使幼儿在共同兴趣及游戏目标的驱使下讨论合作分工,提高合作频率,提升合作探究欲望,与同伴相互讨论、相互交流、相互学习,最终在与同伴的互动过程中学会解决问题的方法,积累解决问题的经验,获得成功的体验。

启示与感悟

教师要明确"孩子的作品是为谁而作",它不是为了迎合成人的鉴赏,而是"为自己"的游戏去探究。他们的作品往往追求创作立意的独具特色和富于个性,追求的是为提高技艺而进行的探究过程,在进行"怎样使小羊站起来"的探究中发展自己解决问题的能力,这才是我们所追求的"绝技"。

教师在日常活动中只有勤于反思、勤于实践才能真正成为幼儿游戏的合作者、支持者、引导者,才能真正做到观察先行,敏锐地发现有价值的教育契机,及时找出适宜的指导策略,调整自身的教育行为,才能真正促使幼儿在原有水平上得到发展。

(本文获天津市学前教育优秀案例评选一等奖)

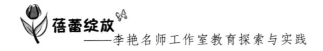

❀ 教育案例五

《3-6岁儿童学习与发展指南》
引领下对幼儿园故事教学的新思考
——以《萝卜回来了》为例
李 艳

个案描述

　　今天,我来到中(三)班,和孩子们一起听老师讲《萝卜回来了》的故事。今天的故事教学和平时的不一样,老师将故事的画面都拍了下来,制作成课件(也可以理解为一本电子图书),结合现在的季节,引入主题,让幼儿想一想,冬天的天气怎么样?没有食物的小动物们会是什么样?然后,让幼儿一页一页看图片,说一说图片中的小动物在干什么?它想了些什么?它拿的是什么?它会给谁送去呢?孩子们在老师问完一个一个问题后来回答。活动中,幼儿表现得很安静,老师叫到自己就回答,举手的幼儿占一半。其中有一个环节是教师让幼儿设想在寒冷的冬季,小兔子在雪地里发现了两个萝卜,小兔子会怎样做?教师让幼儿看了看自己带来的两个道具,就转入下一个环节。最后,老师利用图片帮助幼儿记住情节发生的顺序,还让幼儿为故事起名字。一个非常有意思的故事就这样讲完了,孩子们没有任何惊喜和参与性的表达。

原因分析

《萝卜回来了》是一个非常好听的故事,情节完整,十分贴近幼儿的现实生活,语言浅显易懂,符合中班幼儿年龄特点和接受水平,同时,结合当前冬季时令的季节特征,为幼儿讲述这样一个温暖的故事,对幼儿来说应该是一次特别愉快的学习体验。我是怀着这样一种心情去欣赏教师的教学活动,并期待着通过教师的生动讲述给幼儿带来愉快而深刻的情感体验及语言学习体验,进而实现语言活动的教育目标和教育价值。转眼间半个小时的活动结束了,让我有点不舍,期待的幼儿参与活动后积极情感体验和发自内心的自主表达不见了踪影,幼儿的表情有些茫然,我过了许久才离开了中(三)班,深思出现如此教学效果的原因:

第一是教师对于故事教学关键经验的把握要准确。故事教学不应仅仅停留在让幼儿了解故事本身,而是要将幼儿带进故事描述的情境,帮助幼儿理解和表达,这才是语言领域教育活动的核心价值。

第二是教师备课要充分有效。要上好一节活动课,前期的准备包括物质和幼儿经验的准备都是必不可少的,熟悉故事内容并声情并茂地讲述给幼儿听,是帮助幼儿理解故事内容的重要策略和手段,是引发幼儿活动兴趣的关键。

第三是教师驾驭教学活动的教育技巧与灵活教学方法的应用。在这个故事中,有很多小动物间的对话,而且,小动物的语言富于变化,会增加故事情节的起伏,使故事变得很有趣,很吸引人,为幼儿带来愉快的活动体验。

实施策略与效果

针对这次活动,我及时和教师沟通,听取了教师的设计意图与反思,并围绕教育目标和语言领域关键经验、核心价值共同进行了活动过程的梳理与思考,确定了三个教育策略,并通过"一课三研"的方式再次施教,收到了非常好的教学效果:

通过情景表演的教学方式,帮助幼儿熟悉故事内容,动作化的肢体语言符合幼儿的接受能力和认知水平,更容易吸引幼儿,所以,故事表演一遍后,幼儿很快掌握了故事内容、人物、事件,并能用简单的语言进行描述。这样就实现了第一个教育目标。

通过有效提问、猜想的方法链接故事情节,增强幼儿语言理解能力。提问是语言教学中最常用且最有效的教学手段,在这个故事中,我们设计了递进开放式的提问,引导幼儿进行分析和思考。如"小兔子找到食物后,心里是怎么想的?""小动物们找到了好吃的东西,它们是怎么做的?"……层层递进的问题不仅让幼儿理解了故事,更让幼儿懂得了同伴间的互相帮助、与人分享。这样便完成了语言活动的隐性目标,通过故事教学培养了幼儿积极良好的态度和情感。

通过幼儿的扮演体验,加深记忆与理解。幼儿的学习是通过亲身体验和动手操作实现的,在这个活动的最后环节,我们调整为幼儿的参与和表演,将整个活动推向了高潮,幼儿由不熟悉故事情节到活动后期能在理解的基础上充分地表达,较为完美地获得了语言领域的关键经验。

启示与感悟

(一)正视教育理念与教育行为之间的差距,努力缩小二者之间的距离

《萝卜回来了》是一部非常经典的童话,它讲述了小动物之间相互关心的故事。故事以"萝卜"为线索,将小动物们把萝卜送给朋友分享的一个个情节,串联成一篇充满爱心和喜剧特点的故事。故事采用反复的结构展开,类似情节重复出现,其中描述小动物心理活动的语句既有重复,又有区别,既易于幼儿掌握复述,又使他们有一定的新鲜感,这种方式给幼儿清楚明了的记忆和想象因素,符合中班幼儿思维发展的特点,因而可以很好地被幼儿接受。同时故事中所反映的"关心他人""与人分享"的情感主题,正是当今社会孩子们可能缺失的一种美好情感。在与教师的交谈中,我能感受到教师的教育目标和教育意图都是正确的,而且定位非常准确。教师力图改变传统的故事教学模

式,通过图片和有目的的提问,帮助幼儿理解故事内容,了解故事发展线索,提高幼儿语言理解能力和表达能力。但是,在活动中,教师的教育行为还不能实现自己的教育理念,整个过程中,教师始终是主导,提出一个又一个的问题,没有为幼儿提供思考、分析、想象的时间和机会,孩子们在教师的问题引领下,机械地回答,有趣的故事情节没有表现出应有的光彩。通过这个活动,我想到,在践行先进教育理念的过程中,教育行为的转变是变革性的,作为业务园长,要努力为教师创造条件,通过优秀案例或亲身带教,不断使教师内化认识,从一个个小的教育行为做起,深刻理解并促进行为转变。

(二)理解并践行《3-6岁儿童学习与发展指南》精神,提升教师教育行为的自觉

在学习、贯彻、落实《3-6岁儿童学习与发展指南》的过程中,我深刻地感到《3-6岁儿童学习与发展指南》中各领域目标的教育建议为教师们指明了行动的方向,每一点都是具体可操作的。教育行为的自觉是促进教学质量提升的关键要素,在这次故事教学中,很多环节教师的设计意图是非常好的,最为典型的是:在冰天雪地里兔子惊喜的心情和表情,小兔子发现了两个大萝卜,教师的意图是让幼儿通过兔子惊喜的心情和表情充分感受到这份喜悦和这个意外的收获,因此设计了让幼儿通过肢体动作和表情来表演的环节,加深幼儿的感受和理解。这是一个非常好的设计,但是在实际教学中,教师只是拿来萝卜,让全体幼儿看一看,并说:“小兔子在这么冷的雪天里,找到大萝卜得多高兴啊,是不是?”然后就结束了,马上转换到下一张图片,我当时感到很遗憾,这是多么好的教育时机,多么好的幼儿体验角色心理活动的机会,多么好的幼儿表达表现的机会……我深刻地感到,教师的教育意识决定着教育行为的自觉,而这是需要锻炼的,需要点拨内化的。

(三)教师专业技能提升的关键是有效教育策略的自如运用

每一个成功的教育活动都离不开有效教育策略的运用,成功的教育案例让我们学有所获,能正确自如地运用好教育策略的教师一定是一位好教师。在《萝卜回来了》这个故事中,根据故事内容,我觉得一个特别有效的策略就是猜想。猜想能促进幼儿创造性思维的发展,是实现语言领域教育内容即幼

儿的口头语言和书面语言发展的重要途径。猜想是幼儿要通过对画面、故事的理解,借助自己原有的生活经验、认知水平、思维发展等,将猜想内容用语言表达出来,对于幼儿来说,每一次猜想都是思维碰撞的过程,是幼儿语言发展和建构的过程,是践行《3-6岁儿童学习与发展指南》精神的有效策略。在这个故事中,使用猜想的方法特别适宜,在引导幼儿观察画面后,教师可以有目的地运用猜想的方法,一步步加深幼儿对故事情节的了解和认识,如:小兔子发现了萝卜会怎么做呢? 是谁把萝卜放在了床边? 它为什么这么做? 一系列问题的猜想,引导着幼儿的思维,让幼儿的逻辑思维能力、语言表达能力得到充分锻炼。如果教师能够运用好有效的教育策略, 教育目标的实现将事半功倍。

(四)学科领域教学的重心应是关键经验的把握

语言领域的关键经验就是以日常叙述性的表达和交流,体验童话等作品的文学性与思想性,感受诗化语言的韵律感和美感,促进幼儿语言能力的发展。《3-6岁儿童学习与发展指南》语言领域的教育建议告诉我们,教师要为幼儿创设想说、敢说、喜欢说的教育环境,为幼儿提供倾听和交谈的机会,让幼儿的语言能力在运用和交流的过程中得到发展。在这次的故事教学中,营造宽松愉悦的精神环境是非常重要的,它会产生积极的互动,会调动幼儿积极而愉快的情绪,使幼儿思维活跃。同时,为幼儿提供更多的表达机会也是语言领域活动的关键,教师的对话问答方式应该且必须改变,可以采取灵活多样的自由交谈、小组交流、个别发言、集体前发言等方法,满足幼儿表达表现的愿望,从而促进能力水平不同的幼儿的语言表达运用和能力的提高。

(本文获天津市学前教育优秀案例评选一等奖)

❀ **教育案例六**

扬长避短让彪彪重获自信

李玉玲

个案描述

彪彪,男,3岁,幼儿园小班插班生。彪彪平时在班里比较淘气,总是有小朋友向老师告状说彪彪打人,或者犯这样那样的错误。所以很少有小朋友和他玩,彪彪显得很孤单。

原因分析

彪彪的父母是个体户,平时生意忙,没时间陪伴彪彪,一直是由爷爷奶奶照看。爷爷奶奶对彪彪极其宠爱,衣来伸手,饭来张口。爸爸妈妈觉得愧对孩子,经常买各种礼物来弥补,对孩子有求必应。

实施策略与效果

一次离园活动,我让孩子们说说自己今天表现好的地方,并奖励一朵小红花。孩子们积极踊跃地发言,乐乐说:"早晨来幼儿园时,我和老师打了招呼。"欣欣说:"我中午睡了一大觉。"壮壮说:"我今天吃了两碗饭。"佳佳说:"今天我律动跳得好,老师表扬我了。"孩子们纷纷说着自己今天表现好的地

方,并依次获得了小红花,每个人脸上都笑开了花。

　　我环顾一下四周,发现只有一个小朋友没有得到小红花,那就是坐在角落里的彪彪,他低着头沉默不语。这时我对他说:"彪彪,请你说一说自己今天哪些地方表现好?"听到我的提问,他抬起头,但还没等他开口,凯伦便大声地说:"他今天表现得不好,我看见他打人了!"浩浩说:"我看见他洗手时玩水,弄得镜子上都是水!"辰辰说:"他吃饭时把饭撒了一地,他表现得不好,不能给他小红花!""对,他总淘气,不能给他小红花!"其他小朋友也纷纷表示反对。听到小朋友们都批评自己,彪彪的头垂得更低了,恨不得找个地洞钻进去。看到这种情形,我赶紧说:"彪彪今天虽然犯了许多错误,但他知道错了,下回会改,对吗彪彪?"听到我这样说,彪彪微微抬起头,努力地点了点头。此时我的脑海里快速地回想着彪彪今天一天的表现,突然间想到了他帮我抬桌子的事情,于是我高兴地问他:"彪彪,你记得吃完午饭后帮老师抬桌子的事吗?""记得。"虽然他的声音很小,但我已经感受到了他激动的心情,于是我鼓励他说:"快和小朋友说一说,你今天做了什么好事?"只见彪彪站起来大声地说:"我今天帮李老师抬桌子了!""快给彪彪鼓鼓掌吧,李老师也给他发一朵小红花,希望彪彪以后多帮老师和小朋友做事情。"彪彪看着自己手中这朵来之不易的小红花,心里别提多高兴了。

　　第二天一大早,彪彪第一个来到幼儿园,帮助我搬桌子、擦桌子、擦椅子,然后帮小朋友把椅子都摆好。在这一天的活动中,彪彪明显懂事了很多,很少有小朋友告状了。在我的一次次表扬和肯定中,他的脸上挂满了微笑。

启示与感悟

　　我们要善于发现孩子身上的闪光点,扬长避短。我相信每个孩子身上都有闪光点,只是我们缺少发现的眼睛。所以在小朋友都说彪彪不好的时候,我想到了彪彪帮老师抬桌子的事情,并鼓励他在集体面前大胆地表达,说出自己表现好的地方,使这个沉默的孩子重新获得了自信,脸上露出了灿烂的笑容。

《幼儿园教育指导纲要(试行)》中指出:"尊重幼儿在发展水平、能力、经验、学习方式等方面的个体差异,因材施教,努力使每一位幼儿都获得满足和成功。"正如本案例中,每个小朋友都说出了自己表现好的地方并得到了小红花,只有彪彪一个人没有小红花,这对他幼小的心灵是个打击。作为教师,我们要想方设法使每一位幼儿都获得满足和成功。我相信,这一朵来之不易的小红花会激励彪彪在今后表现得更好!

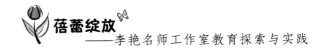

🏵 教育案例七

"宁静"的早晨

李媛婷

🌀 个案描述 🌀

又是一个晴朗的星期一,我们迎来了新的一周。升入中班以来,由于我们班有一部分孩子在小班阶段不经常出勤,加之长假的休息,使孩子们对集体生活有了一点陌生感、不适感。最近一段时间的早晨,总是有很多孩子哭着说:"妈妈,你一定要早来接我!"班里其他孩子也受到影响,红了眼睛。大雄每天哭得最为激烈,他使劲拽着妈妈的衣服不撒手,哭喊着:"妈妈,别走。"虽然家长把他推进教室,但还是阻止不了大雄的哭闹。其实每天早餐后,教师要为孩子们进活动区进行准备,孩子们的哭闹现象是最影响班级秩序的。

🌀 原因分析 🌀

大雄的这种哭闹行为其实就是分离焦虑的表现。虽然小班是幼儿分离焦虑的典型表现时期,但是升入中班后,幼儿在较长时间不接触集体,突然一下进入到集体生活时,由于发展上存在个体差异性,出现情绪上的波动是很正常的。倘若在一段时间内这种现象未被改善,就需要教师予以重视。如何能更好地改善这种现状?这就需要教师从幼儿情绪管理上下功夫。

实施策略与效果

我想同孩子们一起讨论"早接"的问题,于是找到了一本绘本。故事的内容是一个孩子在放学时,妈妈由于堵车没能及时接他。我对结尾进行了一点改编,原来故事的结尾是:妈妈稍晚接到了宝宝,母子俩高兴地回家了。我改成了妈妈在来的途中磕破了腿,但还是一瘸一拐地来接宝宝。故事讲完,班里一些平日较依恋父母的孩子听了之后流下了眼泪,我趁机围绕故事展开了一次谈话。"你们想想,如果你们早上都哭着闹着要'妈妈第一个来接我',妈妈会不会像故事里那样受伤啊?""我们每天早上应该怎么做才是最好的表现?"孩子们的回答很理想,能够从积极的角度来说自己的想法。与此同时,我将故事与家长们共享,并且围绕入园问题,搜集了相关教育文章供家长学习,此外同部分家长进行了沟通,提出了一些我的建议。在接下来的晨间入园中,我看到了一些孩子的转变,譬如快速地和父母道别,进入教室。哭鼻子的孩子能在教师的安抚下较快地恢复平静,有几个孩子还能像"小大人"似地说:"妈妈,您慢点开车啊,别着急啊。"以往家长与孩子脸上的阴郁渐渐被笑颜代替……我们班的清晨原来也可以这样"宁静"。

启示与感悟

《幼儿园教育指导纲要(试行)》以及《3-6岁儿童学习与发展指南》中,均在幼儿情绪方面明确提出了相应的目标。在此目标之下,我们要为幼儿营造出温暖、轻松的心理环境,让孩子们形成安全感和信赖感,进而帮助幼儿学会恰当地表达和调控情绪。随着年龄的增长,孩子们的适应能力也在逐渐发展,但"龙生九子,各有不同",我们的孩子也是一样,有的孩子适应力强,能较快适应,有的孩子适应力弱,就需要我们予以正确的指导关注。所以在《幼儿园教育指导纲要(试行)》以及《3-6岁儿童学习与发展指南》的指引下,我们还应一如既往地加强家园合作,积极地同个别情绪波动较大的幼儿家长沟通,充分了解原因,并提供有效的建议,尝试新的应对方法,做到双管齐下,促进孩

子健康成长。

其次,3~6岁儿童已经具有关心尊重他人的意识,《幼儿园教育指导纲要(试行)》中指出,中班的孩子,能够注意到别人的情绪,并有关心、体贴的表现。对于孩子们争抢着要求家长早接他们的愿望,作为成人,应该理解他们这种分离焦虑的心理,进而进行正确引导,尝试通过故事来展开谈话。以这种谈话角度,充分利用孩子爱听故事的特点,让他们设身处地地感受故事中的事情,通过问题想一想如果这件事发生在自己身上会怎样,引导孩子挖掘出自己关心体贴他人的好品质,借此让孩子们自己找出应该怎么做的正确方法,这将更有助于孩子正确的行为意识自主自觉的形成与习得。

其实在日常的工作中,最令我们头疼的就是这种日常发生的小问题,有时候正面说服教育的效果往往不甚理想,结合对《幼儿园教育指导纲要(试行)》《3-6岁儿童学习与发展指南》的学习,我发现,将一些尖锐问题融入教育活动中,往往会有润物细无声的效果。

(本文获天津市优秀案例评选一等奖)

❀ 教育案例八

逆商教育

——让孩子经得起成长的风雨

杜慧婷

个案描述

片段一：

上课时,帅龙的手一次次地举起,他自信的笑容以及一直以来良好的表现让我知道,这个问题他一定能够正确答出,于是我便把机会给了那些平时不大举手发言或是注意力不太集中的孩子。可是没想到,几次之后,帅龙噘起了嘴巴,低下头玩自己的手,再请他起来回答问题时帅龙已然不知老师所云,更严重的是,此后在课堂上,尽管帅龙能够认真听讲,却再也看不见他主动举手发言了……

片段二：

晨间玩音乐游戏"给爷爷奶奶敲敲背、捶捶腿"时,我请孩子们自己找到好朋友并商量各自扮演什么角色。甜甜走到阳阳身边,有点胆怯地问阳阳:"你能当我的好朋友吗?"没想到阳阳很坚定地说:"不行,因为我的好朋友是馨馨!"于是,甜甜失落地回到自己的位置坐下,后来有小朋友主动来找甜甜做好朋友,可是甜甜却不愿再参与游戏……

原因分析

此类片段在我的班级里时常发生,面对冷落、误解、批评、失败或是有分歧的时候,总有那么一些孩子会因挫败而渐渐地失了勇气,丢了自信,没了笑容,变得越来越冷漠,越来越偏执。为了改变这种现象,我不断反思并查找资料,一次偶然的机会,"逆商教育"这个词进入了我的视线。

"逆商"是指人们面对逆境时的反应方式,即面对挫折、摆脱困境和超越困难的能力。心理学家认为,一个人事业成功必须具备高智商、高情商和高逆商这三个因素。在智商都跟别人相差不大的情况下,逆商对一个人事业的成功起着决定性的作用。研究表明,人脑的发育在 6 岁以前已完成 90%,因此有识之士提出,应当从小就对孩子进行逆商教育,培养其良好的挫折耐受力,以防长大后不幸事件的发生。现如今,许多孩子都是在家长人为铺制的阳光大道上顺风顺水地成长起来,过度的保护和照顾让他们失去了宝贵的逆境体验。一旦进入幼儿园,当孩子们初次踏入属于自己的小社会,面对种种从未有过的受挫经历,如何帮助他们强大自己的内心,提升与伙伴相处和解决问题的能力?这就迫切要求我们在幼儿园时对孩子实施逆商教育。

实施策略与效果

结合《幼儿园教育指导纲要(试行)》要求与本班幼儿年龄特点,我在班级里采取了一系列措施开展"逆商教育"。首先,借助故事情境,帮助幼儿理解逆境,了解对待逆境的正确方法。"歪歪兔系列"有一套很好的针对幼儿的逆商教育丛书,借助书中歪歪兔的故事,孩子们初步理解了面对错误应当勇于承认并积极改正,受到冷落、忽视也要时刻保持自我,遭遇拒绝不轻易放弃,分歧来了要学会换位思考和积极沟通……将正确的种子埋在孩子内心深处,接着就要浇水、施肥、慢慢滋养。接着,我们开展了"帮帮超人"情境表演游戏,由教师选取幼儿在日常生活中遇到的逆境片段,课间游戏时请幼儿分角色表演,其余幼儿争当"帮帮超人",帮助他们解决问题,每周班级里还会评选"帮帮超人奖"。随着战胜逆境的正确方法不断渗透,孩子们幼小的内心正在慢慢变得强大,他们体验着、感悟着。下一步,需要他们走入生活,让自己的内心在一次次逆境的历练下最终强大起来。于是在日常的生活、活动中,针对部分典型幼儿各自的特点,我为他们创设各种机会接受逆境考验。例如让胆小怕生的孩子去邻班借一盒水彩笔,让强势霸道的孩子尝试合作游戏,上课时把回答简单问题的机会多留给自信心不足的孩子,让其获得成功的体验……作为教育者,在孩子接受考验时我并非冷眼旁观,而是时刻关注着他们的言行,适时给予引导、支持和鼓励,让他们在探索、尝试中真正成长。

启示与感悟

教会幼儿面对挫折、战胜逆境,关键是遵循幼儿的发展规律,在生活中潜移默化地培养幼儿。作为幼儿教师,应当充分发挥引导者、支持者以及合作者的智慧和力量,让幼儿的内心逐渐强大,经得起成长路上的风雨!

(本文获 2012 年天津市学前教育优秀案例评选一等奖)

✿ 教育案例九

咚咚的房子

崔 倩

个案描述 ꡳ

爱因斯坦曾经说过:"想象力比知识更重要,因为知识是有限的,而想象力概括着世界上的一切,推动着进步,并且是知识进化的源泉。"想象力是人类独有的才能, 是人类智慧的生命线。在电子信息化充分发展,"电视保姆""电脑机器人"充斥着孩子们生活的今天,孩子们富有童趣、天马行空的想象力显得弥足珍贵。

这天上午,我组织孩子们开展了一次绘画活动,绘画主题是画房子,画孩子们心中最喜欢、最想要的房子。我先和孩子们讨论了房子的外观构成,有门、窗户、屋顶等,在和孩子们讨论和欣赏各种各样房子的同时,我也给孩子们展示了我画了的房子。"下面,小朋友们可以开始画了。"我的话音未落,孩子们就迫不及待地画了起来。我在活动室观察着,发现很多孩子都是按照我画的样子来画的,并将屋顶和墙壁换成了他们喜欢的颜色。

"咚咚,你这黑乎乎的房子真难看呀!""老师,咚咚的房子和你的不一样,他画错了!"不远处的一组传来了这样的声音。我赶快走过去看看发生了什么,只见几个孩子正在围着咚咚的画指指点点,五岁的咚咚红着眼圈,咬着嘴唇,似乎想要争辩着什么。的确,咚咚画的是一幢黑乎乎的房子,尤其是房顶上面还画着一个又粗又长的"烟囱","烟囱"正冒着烟,烟的顶端还连着一团黑云。整幅画几乎全是黑色的,怪不得其他小朋友会这样说。看着咚咚欲言又止的样子,我觉得这个孩子一定想说什么。我微笑着问:"咚咚,你能给老师讲讲你的画吗?"咚咚红着眼睛,却始终没有说出话来。"那我们等咚咚想说的时候再让他讲给我们听好吗?"我让咚咚回座位了。

下午,我分析孩子们的作品的时候,发现孩子们基本都会根据生活经验和教师提供的图片画出自己见过的、好看的、中规中矩的房子,而咚咚的房子与其他孩子画的漂亮的房子放在一起,却显得格格不入。我觉得我不能忽略咚咚的"房子",我相信孩子一定有自己的想法,于是,我又把咚咚叫过来:"愿意给老师讲讲你的房子吗?"咚咚低着头说:"他们笑话我。""可是老师觉得你的房子很棒呢,你想不想试试讲一讲?"咚咚露出了惊喜的表情:"老师觉得我画得很棒吗?"我点点头。"老师,最近的天都是灰蒙蒙的,班里也有好多小朋友生病了。妈妈说这叫雾霾天气,这种天气小朋友容易生病。妈妈还说空气里都是灰尘,我可以用雾霾里的灰尘做成砖来盖房子。如果有这样一个房子就好了,它能把天上的雾霾吸走,那些生病的小伙伴们就能早点回到幼儿园来了。"咚咚滔滔不绝地讲起来。

原来"烟囱"是"吸霾器"啊,咚咚竟然能把听到的事情通过自己的想象创作成这样一副让人惊讶的画来。在惊讶的同时还有深深的震撼,是孩子的想象震撼了我,多么棒的想象,说不定今后人类真的会造出这样的房子!这想象的背后透露出孩子那颗美丽的心灵,是那么耀眼,那么纯洁。然而,我也很庆幸,我没有因为第一次咚咚没有说就忽略了咚咚的想法,也没有因为房子的样貌就否定孩子。

我让咚咚带着自己的画走到前面来,鼓励他给所有小朋友讲讲这个特别棒的房子,看着咚咚红红的小脸,看着他激动而又开心的样子,我的眼睛竟然湿润了。我走到咚咚面前,拥抱了他,我告诉咚咚:"你的房子是世界上最棒的房子!让我们为咚咚鼓鼓掌吧,老师也希望所有的小朋友都画出这么棒的房子!"这个时候,活动室里响起了掌声。

原因分析

中班幼儿的想象,常常是在游戏、制作、观察活动中有所发现而产生的"突发奇想",咚咚就是这样,他听妈妈说过雾霾天气,于是就想象出来带有"吸霾器"的房子,真的很棒。可是,咚咚却受到了小朋友的质疑:"你画的房子是什么呀?""你的房子和我们见过的房子不一样,你画错了!"类似的话语不绝于耳,咚咚红了眼圈,让咚咚引以为傲的作品在这个时候受到了挑战,导致孩子不想说、不愿说。

实施策略与效果

作为教师,我们要保护好孩子的想象力,第一时间发现、第一时间肯定、第一时间鼓励,第一时间引导。我充分利用艺术教育,使艺术活动成为孩子们自由创作的乐园,发展孩子的想象。我又运用绘本教学,结合班级主题活动,在绘本绘画"各种各样的房子"中,我精心挑选、裁剪、制作课件,丰富孩子们的经验,引导孩子们想象,孩子们画出了各种各样的房子,有长满绿色藤蔓的房子,有鸟巢一样的房子,有城堡一样的房子,有建造在天空的房子。当然,咚咚的"吸雾霾"房子又升级了,它变得更高了,高过了云彩,能住下很多很多的人。

启示与感悟

作为一名青年教师,我们要为孩子创造一个敢说、愿意说的宽松的环境。我们需要不断去学习、去探索、去深入了解幼儿的世界。培养幼儿的想象力不是一朝一夕的事情,我相信通过社会、家庭、幼儿园和教师的努力,这颗"想象"的种子定会在孩子心中生根、发芽,并长成参天大树。

(本文获天津市学前教育优秀案例评选一等奖)

❀ 教育案例十

有温度的画布

韩　迪

个案描述 ◎

　　"收玩具啊,收玩具,小朋友们,快快来啊,快把玩具送回家……"伴随着欢快的音乐,这些刚来幼儿园两个多月的小宝贝们学着老师的样子把玩具收拾起来,然后围坐在老师的周围,兴奋地欣赏着大屏幕中自己和小伙伴们游戏的照片。

　　"看,大象的新衣服!""真好看!""好多颜色!""那是我画的!"分享中,孩子们的兴趣点定格在美工区的拓印游戏"给大象穿新衣"上。于是,我和孩子们就美工区大象的新衣服讨论起来:

　　"哇!艾玛今天的衣服可真漂亮啊!"我一边说一边把这幅作品展示在孩子们面前,孩子们你一言我一语地表达着自己对这幅作品的喜爱,这时,这幅作品的小作者汉汉按捺不住创作后的喜悦,几次站起来想说些什么,可我却示意他坐下,汉汉只好安静地回到位置等待。

　　接下来,为了引导幼儿从颜色和花纹两方面欣赏作品,帮助幼儿建立花纹与拓印工具之间的联系,我通过问题一"请你说一说今天的艾玛哪里最漂亮"引导幼儿关注画面的花纹,猜想作者使用了哪种拓印工具,丰富幼儿游戏经验,提升幼儿拓印技能,可是孩子们并没在意花纹的变化,讨论的兴趣点依

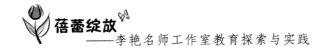
然是画面上的颜色。于是,我继续追问:"这是什么花纹?你们觉得哪个花纹好看?"可是孩子们依然讨论着画面的颜色,不停地说着"那是红色""还有蓝色"……于是,顺着孩子的兴趣点,我引导孩子们识别画面上"红、黄、蓝、绿"四种颜色,孩子们开心地和我互动着,汉汉的解说淹没在孩子们的讨论之中,他显得有些失落。

为了激发幼儿继续创作的兴趣,我又通过问题二"老师因为身上穿的白衬衫没有漂亮的花纹和颜色而感到不开心"进一步激发幼儿的创作欲望。孩子们簇拥着我,很想帮我装饰白衬衫,当我以"下次游戏的时候再帮助老师"结束分享环节的时候,孩子们显得有些失望。

原因分析

从分享环节的效果来看,当我和孩子们在讨论汉汉的作品时,汉汉因为我的忽视而闷闷不乐,孩子们分享的兴趣点一直停留在画面的色彩上,由"老师的白衬衫"引发的创作热情也没有得到尊重。究其原因,我认为有以下几点。

首先,由于我们班幼儿刚入园不久,很多孩子不敢尝试拓印游戏。但在观察幼儿游戏的过程中我发现,汉汉始终非常专注,一直沉浸在创作的快乐中,我希望通过分享环节在集体中分享汉汉的成功体验,感染更多的幼儿,使其愿意尝试拓印游戏。当我把他的作品在集体中进行展示时,活泼的、爱表达的汉汉一直想和大家分享自己的作品,而我只是和全体幼儿简单欣赏了画面的整体效果,给予汉汉表达的空间太少,使得汉汉有些失望。

其次,在以往的拓印作品中,画面的颜色和孩子们使用的拓印工具都比较单一,而今天汉汉的作品的画面颜色和花纹都非常丰富,我希望通过汉汉的作品帮助幼儿建立花纹和拓印工具的联系,从而使幼儿得到技能的提升。可是分享环节中孩子们的兴趣点一直在画面丰富的色彩上,对于我关于花纹的引导并没有产生共鸣。

最后,为了激发幼儿的创作热情,我希望通过"老师的白衬衫"点燃孩子们的创作热情,让更多的孩子愿意加入拓印游戏,体验游戏的快乐。可是我并没有真的让幼儿进行现场尝试,孩子们显得有些失望。

实施策略与效果

活动后,我认真地进行了反思和调整:

首先,在今后的分享环节中,我应把表达的机会更多地留给孩子,让孩子有充分的机会进行表达,并引导幼儿互相介绍、互相欣赏、互相评价、互相建议,促使幼儿在展示中体验成功,在相互交流和学习中进一步提升操作经验。

其次,老师要善于识别幼儿的兴趣点,结合幼儿的兴趣点和年龄特点对活动区的材料进行调整,更好地支持幼儿探究表现的欲望。分享环节中,我发现孩子们现阶段的兴趣点是颜色,而不是花纹与拓印工具的联系。因此,我对美工区的材料进行了进一步调整:第一,减少拓印工具的数量,避免拓印材料过多对幼儿产生干扰,支持幼儿现阶段对颜色的探究。第二,小班幼儿还不能自主调换颜色,但教师投放的拓印工具和颜料没有相互对应,影响了幼儿在美工活动中良好规律的建立。接下来我会将拓印颜料和工具进行套餐式组合,将拓印工具和颜料相对应,帮助幼儿建立良好的规律。

再次,教师要善于抓住幼儿的兴趣点,点燃幼儿创作的火花。在分享环节的后期,老师把创作的主题由大象转移到教师身穿的白衬衫上,点燃了孩子游戏的欲望和创作的火花,这个时候老师可以让孩子进行简单的尝试,激发幼儿下一次游戏的欲望。然后,根据幼儿的兴趣点,挖掘材料的情境性、应用性和趣味性,在游戏材料中增添一些贴近幼儿生活的衣服、鞋子等常见物品,增强游戏的趣味性,激发小班幼儿获得成功感,进一步培养幼儿感受美、发现美、创造美的能力。

启示与感悟

经过反复的思考和调整,我收获很多。在美工区游戏中,幼儿喜欢创作、

敢于表现的态度是美工区游戏的根本目标。在游戏过程中,老师应对幼儿游戏持开放的态度，要善于发现幼儿的兴趣点并给予积极的鼓励与适宜的回应。分享环节中,教师应围绕着幼儿已有的经验进行讨论,这样才能和幼儿产生共鸣。

第四编

精彩华章

——活动设计篇

活的人才教育不是灌输知识，而是将开发文化宝库的钥匙，尽我们知道地交给学生。

——陶行知

不能把小孩子的精神世界变成单纯学习知识。他不仅应该是一个学生，而且首先应该是一个有多方面兴趣、要求和愿望的人。

——〔苏〕苏霍姆林斯基

✿ 活动设计一

小班艺术领域活动"小鸡吃虫"

王艺霖

一、设计教师

王艺霖

二、活动名称

小班艺术领域活动"小鸡吃虫"

三、活动目标

(一)能用小碎步模仿母鸡找虫的动作

(二)表演中体会母鸡带着小鸡找虫的愉快情绪

(三)知道小鸡的食物是虫子

四、活动准备

(一)经验准备:了解小鸡的生活习性;熟悉音乐旋律

(二)物质准备:小鸡头饰;音乐《小小鸡蛋儿把门开》《咯咯咯》

五、活动过程

(一)活动导入

引导幼儿在草地上观察小鸡找食物的动作特点。

教师提问:"小鸡是从哪里来的?"幼儿随音乐《小小鸡蛋儿把门开》入场。

(二)活动开始

1.学习基本动作

师:"今天鸡妈妈要带着鸡宝宝们去捉虫子吃,大家先看看鸡妈妈是怎么捉虫子的。"(教师完整示范一遍律动)

师:"鸡妈妈刚才捉了许多虫子,那你们是否看见了鸡妈妈是怎样捉虫子的?"(脚有力气,翅膀有力气)

师:"怎么才能看见更多、更远的虫子呢?"(踮起脚尖,脚后跟离开地面)

2.重点引导幼儿学习舞蹈步伐:小碎步

师:"宝宝们来跟鸡妈妈学习捉虫的本领吧!"

师:"小脚跟抬起来,踮着脚尖向前走。"(双手叉腰,学习脚的步伐)

师:"我们再来练习让翅膀有力气!"教师边教边指导。(手的动作)

师:"我们手和脚一起动起来去捉虫子,这边找一找,那边找一找。"

3.在老师的带领下,幼儿进行完整模仿

第一遍结束后,请小朋友们都回到自己的家。教师针对重点的舞蹈步伐进行规范指导。请一名做得规范的幼儿进行示范。

师:"这只鸡宝宝捉到了一只又大又好吃的虫子,我们看看他是怎么捉到虫子的。"(教师一边讲解一边跟幼儿一起做动作)

师:"有谁想跟他一起去捉大虫子?"(请一部分幼儿进行模仿)

师:"剩下的鸡宝宝们也一起来吧。"(集体一起做这个动作)

师:"捉到虫子高不高兴?让我们高高兴兴地再去捉一个虫子吧。"(播放音乐,鼓励幼儿再次进行舞蹈游戏并和其他同伴分享捉虫)

(三)活动结束

总结经验,舒展运动。

1.引导幼儿回忆动作要领

2.情景引入

"今天小鸡们都学习了很多本领,让我们跟着鸡妈妈回家吧!"教师一边做放松舒展的运动,一边带着幼儿们离开教室。

六、活动延伸

1.饲养小鸡

2.绘画:小鸡吃虫

3.故事:《快乐的鸡宝宝》

　　（本活动设计于 2015 年获天津市幼儿教育教学研究室"回归生活与自然——幼儿园优秀教育活动设计"评选活动二等奖）

✿ 活动设计二

中班科学领域活动"动物聚会"

王芮妍

一、设计教师

王芮妍

二、活动名称

中班科学领域活动"动物聚会"

三、活动目标

(一)仔细观察排列模式中的规律,按照 ABB、AABB 排列模式进行排序

(二)幼儿能用语言表达自己的排列模式

四、活动准备

(一)经验准备:幼儿有根据物体某一特征规律进行排序的经验,如按照物体的大小规律、长短规律、颜色规律、高矮规律排序等

(二)物质准备:白板课件,各类颜色彩旗排序卡若干,多种图形卡纸若干,大象家(薯片桶)六个,胶棒

五、活动过程

(一)听一听、做一做,寻找规律

1.引导幼儿观察老师的动作规律并进行模仿

老师:"请小朋友跟我做一做。刚才老师做的什么动作？谁来试一试？请说一说老师都做了什么动作？老师先做的什么动作？做了几次？之后老师做了什么动作？做了几次？让我们一起做一次。"

2.引导幼儿仔细聆听声音的规律并进行模仿

老师:"喵喵汪汪、喵喵汪汪。谁来说一说你刚才都听到了什么?小猫怎么叫的?叫了几次?小狗怎么叫的?叫了几次?让我们一起来说一说。"

(二)铺小路游戏导入

1.教师出示小路的图片

老师:"森林里要开动物联欢会了,小动物们正忙着打扮大森林呢!还有一段路没有铺完,请小朋友帮助他们一起把路铺好。"教师出示白板:"小猴子正在铺这段小路,我们仔细观察这条小路是什么形状、用什么颜色铺的?先用什么颜色、用了几块?后面用了什么颜色?如果接下去,该怎么排?"

教师出示白板第二页,请幼儿按规律拖拽图片,根据幼儿的回答,教师在后面接着按 ABB 模式排列。

2.小猴铺小路

(1)老师:"请猜想小猴是怎么铺的呢?"

请幼儿观察表述,按上述方法观察、排列(按 AABB 模式),全体幼儿分成六组,分组按照一定规律将小路铺好。教师巡视指导,提醒幼儿边摆边检查。

(2)老师:"小动物们都按照一定的规律来排,这样一打扮,大森林看起来特别漂亮。"

教师出示白板第三页,请幼儿按 AABB 规律进行游戏。

3.幼儿操作,进一步感受排列规律

(1)老师:"大家都帮小动物们完成了任务,大森林可真漂亮,小动物们非常感谢我们小朋友,瞧,它们给我们送彩旗来了!"

教师出示白板课件,引导幼儿观察彩旗颜色排列顺序,请幼儿将剩下的彩旗按照一定规律进行粘贴填补。教师巡视指导,请做完的幼儿与同伴分享。

出示白板第四页,请幼儿拖拽彩旗。

(2)将做好的彩旗进行作品展示,与幼儿一起讨论彩旗排列的顺序。

4.结束整理

老师:"终于将彩旗挂好了,真不容易,我们每人都可以参加森林大聚会了,让我们一起来庆祝成功吧。"

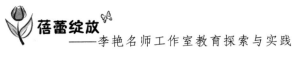

教师边播放音乐,边带领幼儿做动作,离开活动室。

教师出示白板第五页,播放音乐。

六、活动延伸

家园合作,鼓励家长与幼儿共同进行多维排序方式练习。

❀ 活动设计三

中班语言领域活动"逃家小兔"

刘　恋

一、设计教师

刘恋

二、活动名称

中班语言领域活动"逃家小兔"

三、活动目标

(一)理解故事主题,通过故事的情节与对话,感受兔妈妈和小兔子之间的情感

(二)依据画面和故事中的重复句式等线索,尝试进行复述、仿编,表达自己对故事的理解

(三)能用比较完整的语言向同伴讲述故事

四、活动准备

(一)经验准备:幼儿听过故事《逃家小兔》,有初步仿编的经验

(二)物质准备:故事图片、书包、蚂蚁、书本、小房子图片

五、活动过程

(一)教师以谈话形式营造温馨的氛围,引出故事内容

1."我们每个人都有自己的妈妈,你觉得自己是一个什么样的宝宝?妈妈是一个什么样的妈妈?"

(引导幼儿运用自己理解的形容词表达自己的想法与感受。)

总结:每一个妈妈都爱自己的孩子,愿意陪着孩子一起玩。

2."老师请来了一只小兔子,他也喜欢和妈妈在一起玩,我们一起来听听他们之间发生了什么吧!"

(二)幼儿分段欣赏故事,通过故事的情节与对话,感受兔妈妈和小兔子之间的情感

1.教师出示课件(图片),带领幼儿欣赏故事第一、二段。调动幼儿的原有经验,发现小鱼和捕鱼人、大石头和爬山人之间的关系

"兔妈妈为什么变成捕鱼的人?如果你是兔妈妈,你还会变成什么?兔妈妈用什么当诱饵?为什么?爬山很累的,兔妈妈为什么变成爬山的人?"

2.欣赏故事第三、四、五段

教师依据画面线索,引导幼儿说出小兔子和兔妈妈的变化,体验故事中的重复句式等。老师与幼儿分别扮演小兔子和兔妈妈,练习用"如果你变成……我就变成……"的句式,进行对话游戏。

3.欣赏故事结尾

"为什么小兔子变成空中飞人,兔妈妈不去把他抓回来,反而去走钢索呢?马戏团里除了空中飞人,还有什么?你会变成马戏团里的什么?"

(三)依据画面线索,尝试复述小兔子和兔妈妈之间的对话,表达自己对故事的理解

两个幼儿选择一张图片,练习用不同的语气复述小兔子和兔妈妈之间的对话,理解不同角色之间的关系,感受母爱。

(四)对话仿编,体验、表达母子不分离的情感

老师当小兔子,幼儿当兔妈妈,准备相关图片(书包、蚂蚁、书本、小房子),利用幼儿对动植物关系的原有经验,发散思维,运用"如果……我就……"进行仿编练习。

六、活动延伸

幼儿回到家里和妈妈一起玩捉迷藏的游戏。

(本活动设计获首届天津市"幼儿园教育活动设计"评选一等奖)

❀ 活动设计四

大班艺术领域色彩活动"春天幼儿园的围墙"

孙 敏

一、设计教师

孙敏

二、活动名称

大班色彩活动"春天幼儿园的围墙"

三、活动目标

(一)感受初春时节幼儿园围墙上蔷薇叶子与蔷薇花的色彩变化

(二)幼儿大胆运用色彩画的方式,表现幼儿园围墙上蔷薇花及蔷薇叶子在生长过程中的颜色深浅变化,体验色彩活动的乐趣

(三)感受春天幼儿园里植物的色彩美

四、活动准备

(一)经验准备

1.对不同绿色水粉颜料的调色过程

2.利用线条装饰,感知线条的变化

3.观察幼儿园围墙上蔷薇叶子、蔷薇花的生长变化,引导幼儿从远近不同角度感知观察枝叶与花的不同颜色、形态,特别是观察阳光下、阴暗处颜色深浅的不同

(二)物质准备

美工区各种型号水粉笔、颜料、画架、立体围墙、线绳、皱纹纸、春天幼儿园的围墙环境

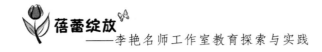

五、活动过程

(一)组织幼儿到户外观察幼儿园围墙上的蔷薇叶子及蔷薇花,结合观察进行谈话

"说一说今天你发现幼儿园围墙上的蔷薇叶子和花有什么变化? 它们的叶子(花)是什么颜色? 它们的叶子都是同一种绿色吗? 你发现有哪种绿色(如深绿色和浅绿色等)。浅绿色叶子长在什么地方? 新长出来的叶子除了颜色还有什么地方和其他叶子不一样? 你画的时候选什么样的笔? 深绿色叶子长在什么地方? 它和新长出来的叶子有什么地方不一样? 你画的时候选用什么样的笔?"(引导幼儿发现枝叶虽然都是绿色,但从近处仔细观察,就会发现颜色深浅不同,新叶是黄绿色,长了一段时间叶子深一些,阳光下叶子颜色浅一些,阴暗处颜色深一些,树叶颜色深浅相间。引导幼儿用不同型号的笔画出不同大小、不同深浅的叶子。)幼儿边讨论边观看课件。

(二)幼儿进行色彩绘画,教师鼓励幼儿选择自己喜欢的方式表现幼儿园春天的围墙

重点指导色彩绘画组,观察幼儿绘画过程,给予幼儿适宜的指导与支持。引导幼儿充分尝试,配出深浅不同的颜色,配色时注意观察颜色混合所产生的变化,再引导幼儿用配好的颜色在画面中表现自己观察到的幼儿园围墙上植物叶子的生长变化。如引导幼儿尝试多加一点黄色或蓝色,看一看配出的颜色会有什么不同,使幼儿了解不同颜色水粉量的多少与配出的色彩深浅的关系,并用自己配出的色彩表现不同生长时期的叶子及阳光下、阴暗处深浅不同的树叶,引导幼儿用深浅不同的绿色色块表现春天幼儿园围墙上的植物。

(三)引导幼儿相互欣赏作品

鼓励幼儿大胆表达对作品的感受,说一说围墙是什么颜色、是怎么变的、看上去有什么感觉:"你在围墙中找到了几种绿色? 今天你调出了几种绿色,还能调出更多的绿色吗?"引导幼儿进一步感知画面颜色深浅的过渡变化,体会用近似色作画产生的效果,体验画面的美感,共同感受多种表现形式产生的效果。

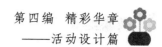

(四)共同欣赏歌曲《春天的色彩》

六、活动延伸

继续在活动区投放渐进色彩颜料,引导幼儿观察生活中各种事物的色彩变化,如春天的花草、常见的水果等。

(本活动设计获天津市幼儿教育教学研究室天津市首届幼儿园优秀教育活动设计网络征文一等奖、天津市幼儿教育教学研究室"回归生活与自然——幼儿园优秀教育活动设计"评选活动一等奖)

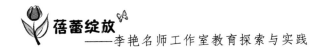
❀ 活动设计五

中班科学领域数学活动"整点与半点"

李 艳

一、设计教师

李艳

二、活动名称

中班数学活动"整点与半点"

三、活动目标

(一)结合日常生活,初步认识整点和半点,初步理解时间的含义

(二)对数学活动感兴趣,在操作体验活动中感受时间

(三)乐于参与活动,在游戏中感受数学的有趣和有用

四、活动准备

(一)物质准备

1.实物钟表一个

2.活动前每个幼儿利用硬纸板做一个时针、分针、秒针都能活动的钟表操作玩具

3.帮助幼儿感知认识时间的操作课件

(二)经验准备

幼儿已认识钟表的时针、分针,数字1—12。

五、活动过程

(一)开始部分

经验分享,引发幼儿兴趣。

从日常生活入手,教师提问:"请小朋友们说一说自己每天几点钟做哪些

事情？"教师通过幼儿园的活动安排帮助幼儿回忆已有生活经验,如:"早上7点做什么事？上午9点做什么事？"引导幼儿对整点时间进行认识,鼓励幼儿大胆表达自己的认知。

(二)重点部分

创设情境,激发活动愿望。

重点:能正确认识时间的整点和半点。

难点:分辨整点和半点,能根据时针、分针的位置说出时间。

1.教师播放"在钟表店里"的音乐课件,请幼儿观察

教师提问:"这里有几块钟表？钟表时针指到数字几？你能说出现在是几点吗？"鼓励幼儿认真看,积极说,帮助幼儿认识整点。

2.增加难度,播放一个可以活动分针的课件,请幼儿仔细看,说出时间,帮助幼儿认识半点

请幼儿表述半点时时针、分针的位置,教师和幼儿可以分别使用课件变化时间,帮助幼儿反复体验半点时指针的变化。

(三)结束部分

游戏体验,提升幼儿经验。

教师和幼儿一起玩游戏"我的闹钟走得准",利用钟表操作玩具,幼儿体验学习拨时间,并与数字表示的时间对应,幼儿能按教师说出的时间将自己钟表玩具的指针拨到正确位置上,可以让教师和幼儿,也可以让幼儿之间互相说时间、拨时间,再相互检查结果,拨出时间后,请幼儿自己说一说是几点,并将拨好的钟表玩具展示给大家。教师为幼儿梳理经验,即整点和半点时,指针的变化规律,帮助幼儿获得经验的提升。

游戏中教师要巡回指导,关注不同发展水平的幼儿,给予有针对性的帮助和指导,让幼儿有愉快的游戏体验,同时表扬和肯定幼儿的不同表现,如认真听要求、做事有始有终、遇到困难想办法等,激发幼儿对数学活动的兴趣,感受数学活动的快乐。

六、活动延伸

将钟表操作玩具投放到活动区,给幼儿更多的体验和学习的机会。也可

为幼儿提供表示时间的数字卡片,让幼儿进一步感知时间。

在日常生活中注重引导幼儿认识时间,使其能够感知整点、半点的含义,培养幼儿珍惜时间的良好习惯。

(本教育活动设计在天津市首届"幼儿园优秀数学教学设计"评选活动中获三等奖)

❀ 活动设计六

小班语言领域活动"亲亲小动物"

李玉玲

一、设计教师

李玉玲

二、活动名称

小班语言领域活动"亲亲小动物"

三、活动目标

(一)幼儿结合情景理解诗歌内容,学习有表情地朗诵

(二)培养幼儿热爱小动物、喜欢小动物的情感

四、活动准备

(一)经验准备

幼儿会唱歌曲《我爱我的小动物》,熟悉各种小动物的叫声。

(二)物质准备

请大班幼儿配合老师情景表演(小鸡、小猫、小狗头饰),小羊、公鸡、青蛙、小鸭图片,钢琴。

五、活动过程

1.情景导入:小动物来做客

(1)电话铃响,教师接电话:"喂,你好! 小动物要来做客? 太好了!"

(2)放下电话,教师提问:"孩子们,小动物打来电话要来我们班做客,你们欢迎吗? 那你们猜猜有哪些小动物会来呢?"(幼儿自由回答)

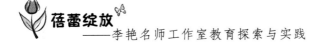

2.情景表演,帮助幼儿理解诗歌,并在此基础上学念诗歌

(1)情景表演:

(敲门声)师:"有人敲门,看看谁来了?"(开门)"小动物们来了,欢迎你们。"

小动物介绍自己:"叽叽叽,我是小鸡(小猫、小狗),大家好!"(引导幼儿跟小动物打招呼)

教师逐一亲亲小鸡、小猫、小狗并说:"亲亲小鸡,欢迎你!"小动物笑一笑,并发出相应的声音。

(2)教师提问:

"哪些小动物来到了我们班?"("小鸡、小猫、小狗。")

"老师怎样欢迎他们的?"("亲亲。")

"他们的表情怎样?"("笑了。")

"他们还发出什么声音?"("叽叽叽、喵喵喵、汪汪汪。")

(3)学习诗歌:

师:"我们可以编成一首好听的儿歌。你们想听吗?"(激发幼儿兴趣)

教师声情并茂地朗诵诗歌,边朗诵边做动作。

师:"小朋友一起跟老师来朗诵好吗?"(幼儿跟念诗歌)

请小朋友自由朗诵,教师聆听并个别指导。(能力强的幼儿鼓励其进行有表情、有动作的朗诵;能力弱的幼儿教师给予提示,如语言提示:亲亲小鸡;动作提示:模仿小动物的动作。教师引导幼儿来说)

男女生分组朗诵。(教师对幼儿的声音、表情、动作给予评价)

表演诗歌:请几个小朋友到前面来表演。(用小粘贴做奖励,鼓励其他幼儿大胆地朗诵诗歌,表演动作)

3.仿编诗歌

(1)师:"小朋友们,除了小鸡、小猫、小狗,还有别的小动物到我们班来做客,你们看看都有谁?"(调动幼儿的兴趣和好奇心)

(2)教师依次出示头饰提问:"这是谁?它怎么叫?"(为仿编做铺垫)

(3)仿编诗歌:"我们把这些小动物也编进诗歌好吗?"教师边出示头饰

边引导幼儿仿编诗歌,如:亲亲小鸭,小鸭笑了,嘎嘎嘎。

4.结束部分

(1)师:"我们今天和小动物朗诵诗歌、做游戏,你们喜欢它们吗?你最喜欢谁?请你来亲亲它。"

(2)唱歌曲《我爱我的小动物》。

六、活动延伸

游戏:亲亲小动物

请小朋友在音乐声中找一个玩具小动物做朋友,亲亲小动物,自由做各种动作。

附诗歌:

亲亲小动物

亲亲小鸡,小鸡笑了,叽叽叽。

亲亲小猫,小猫笑了,喵喵喵。

亲亲小狗,小狗笑了,汪汪汪。

(本教育活动设计于 2010 年 12 月获得河东区幼儿园青年教师说课活动二等奖)

❀ 活动设计七

中班健康领域活动"勇敢小士兵"

李媛婷

一、设计教师

李媛婷

二、活动名称

中班健康领域活动"勇敢小士兵"

三、活动目标

(一)幼儿掌握巩固肩上挥臂投掷动作,增加上肢大肌肉动作的力量

(二)幼儿结合情境能身体灵活且协调地通过障碍,在投掷时注意动作要领

(三)幼儿体验投掷活动的乐趣,喜欢参加体育活动

四、活动准备

(一)经验准备

幼儿肢体运动基本协调。

(二)物质准备

场地准备、活动音乐、沙包、地垫、拱门、圈、跨栏、地墩、愤怒的小鸟、捣蛋猪背景图。

五、活动过程

(一)准备活动:动感热身操

幼儿进行队列练习,在行进中完成各种口令,如:齐步走、跑步走、便步

走、高人走、矮人走、脚尖走、脚跟走,活动腿部肌肉。重点活动头、颈、肩、双臂、腰腿,为下一活动做好准备。

(二)幼儿及教师示范,熟悉掌握肩上挥臂投掷动作

师:"小士兵们,你们会不会投沙包?怎么投?"(请几名幼儿来做一做,重点观察幼儿投掷的姿势)

师:"我这里有一种方法,能帮助小士兵们投得更远。你们看,我和他的动作有什么不一样?"

重点引导幼儿观察正确投掷动作,两脚前后站,后腿要微微弯曲,投掷的同时带有身体的转向,挥臂投出。(组织幼儿在原地空手挥臂投掷两次)

(三)幼儿分散练习,教师巡回指导

师:"小士兵们,现在我们就来实际练习一下,用刚才学的姿势投'炸弹',看谁投得远!"(男女分队投掷两次)

重点观察幼儿的动作,请幼儿到前面做一做,通过对比和幼儿讨论怎么样能投得远。即幼儿在投的时候注意要有一个转体,肩上挥臂动作要大,甩腕时要斜向上,不能压腕。

增设小河情景,请幼儿练习一定距离的远投。对个别幼儿予以关注指导。

(四)以情境游戏带入,在游戏中调整难度,巩固投掷动作

以执行帮助愤怒小鸟打败捣蛋猪的任务为游戏情境,组织幼儿游戏。教师讲述游戏规则:需要小士兵们每人携带一枚"小鸟炸弹"爬过草地、钻过山洞、跳过泥潭,到达指定位置,向捣蛋猪投掷"小鸟炸弹",再回到大本营集合。(分男女两队进行)

师:"小士兵们你们太厉害了,捣蛋猪都害怕得直往后躲,这次他们离我们远了,怎么办啊?"

重点引导幼儿讨论要注意的投掷姿势和力度,结合幼儿的讨论结果进行二次游戏。

教师再次调整距离,分三个距离目标增加难度,请幼儿们挑战。可以自由选择目标,利用不同难度水平,增加挑战性。进一步巩固动作,练习远投,尽可

能让每个幼儿都能获得成功体验。

(五)放松整理

完成任务的小士兵们非常辛苦,请幼儿跟着轻音乐放松身体,收拾材料。

六、活动延伸

在巩固幼儿肩上挥臂投掷动作,练习远投的基础上,设置面积较大的静态靶,引导幼儿初步练习投准。

(本教育活动设计获 2015 年河东区青年教师综合教学能力考核一等奖)

✿ 活动设计八

大班科学领域活动"好玩儿的泡泡——神秘配方"

杜慧婷

一、设计教师

杜慧婷

二、活动名称

大班科学领域活动"好玩儿的泡泡——神秘配方"

三、活动目标

(一) 幼儿能够按计划在小组合作下配制泡泡液，体验成功吹出泡泡的喜悦

(二)幼儿通过观察对比发现配料的种类和比例对泡泡液效果的影响,感受科学探究活动的乐趣

(三)幼儿能够将自己的发现记录下来并主动与他人进行分享,掌握初步的科学探究方法

四、活动准备

(一)物质准备

水、淀粉、洗洁精、白糖、记录纸、容器及小勺、搅拌棒、吹泡泡工具。

(二)经验准备

幼儿知道吹泡泡的过程和方法,对实验材料的特性有所了解。

五、活动过程

(一)教师利用泡泡秀激发幼儿兴趣,引出自制泡泡水的话题

"小朋友们,我吹的泡泡厉不厉害? 告诉你们,我用的可是神秘配方的泡泡水。你们想不想也来制作一份这样神奇的泡泡水?"

交流小组计划,帮助幼儿梳理实验思路和方法。

"刚才我们小朋友都已经分好了组,并且商量好了自己的配方,请每组派一个小朋友来分享一下你们组的计划。"

关键提问:

1."你们小组四个人是怎么分工的? 每个人负责干什么?"

2."你们打算怎么做? 是一次把配料都加好,还是一种一种加,每加一种都试一下? 为什么?"

3."你们的配方好像很不一样,能说说为什么这样设计吗?"

(二)幼儿分组按计划制作泡泡水,交流分享配制过程中自己的发现

指导重点:鼓励小组间分工合作自主配制泡泡水,反复验证直至成功。

引导幼儿观察变化,及时记录自己的发现。鼓励幼儿大胆分享实验过程中的发现以及成功或失败的经验。

关键提问:"你们的泡泡水能成功吹出泡泡吗? 在配制过程中你们有什么发现?"

户外验证,引导幼儿小组间互相观察,不同配比的泡泡液吹出的泡泡是否有区别?

关键提问:"请大家分别试一试各个组的泡泡液,吹出的泡泡有不同吗? 你更喜欢哪一组的泡泡液?"

(三)分享交流,鼓励幼儿分享自己在探究中的发现

六、活动延伸

幼儿继续探索如何配制泡泡液能吹出连续的、不破的泡泡。

(本活动为 2019 年天津市"乡村幼儿师资培训工程"乡村幼儿骨干教师的实践观摩公开课)

❀ 活动设计九

大班科学领域活动"会测量的鼠小弟"

崔 倩

一、设计教师

崔倩

二、活动名称

大班科学领域活动"会测量的鼠小弟"

三、活动目标

(一)幼儿初步学习运用自然物测量长度的方法

(二)幼儿愿意思考问题,在观察、记录、比较、类推的过程中发现事物的因果关系。幼儿能够感知量具的长短与测量结果有关,量具越长,测量次数越少;量具越短,测量次数越多

(三)在活动中能和小朋友分享、交流,体验数学活动的乐趣

四、活动准备

(一)经验准备

幼儿已有相关经验。

(二)物质准备

不同长度的测量工具(鼠小弟、猫尾巴、猴子脚印)、等长等宽的衣服图样(小坎肩)、记录纸、笔。

五、活动过程

(一)创设情境,激发幼儿兴趣

1.教师出示图片,介绍鼠小弟的本领

提示幼儿,鼠小弟会用身高来测量,教师指导幼儿讨论什么是"身高",使幼儿说出"身高"是从头到脚的距离(长度)。(有起点,有终点)

2.教师提出鼠小弟要做衣服的任务

师幼共同讨论做衣服需要测量衣服的地方,找出测量衣服宽度的起始点。

(二)幼儿第一次尝试测量,初步了解测量的方法

1.幼儿用一只鼠小弟测量衣服宽度,并填好记录表格。在幼儿操作过程中,教师适时指导幼儿。

2.教师与幼儿一起总结分享测量结果。

教师引导幼儿发现如何能使测量结果更准确,提示幼儿测量的时候应首尾相接。

(三)幼儿第二次操作,巩固已有的测量经验

教师引导幼儿再次用一只鼠小弟去测量衣服的长度,并做好记录,掌握测量方法。

(四)幼儿第三次操作,在观察、记录、比较、类推的过程中发现事物的因果关系

1.创设情境

"有太多小动物需要鼠小弟帮忙做衣服了,它实在忙不过来了,请来了两个小伙伴帮忙:猫和猴子。"教师提示幼儿猫和猴子的测量本领——猫会用尾巴测量,猴子会用脚去测量。

2.鼓励幼儿自己看记录表,进行正确记录

幼儿分工合作,八位幼儿测量衣服的宽度,八位幼儿测量衣服的长度。

3.分组展示、比较

(五)提升幼儿已有经验,引导幼儿发现一定的长度下,用越长的工具测量,测量次数越少,用越短的工具测量,测量的次数越多

教师提问:"为什么三个小动物都去测量了,而得到的结果不一样呢? 我们应该选择怎样的工具?"

六、活动延伸

"孩子们,小蛇和小蟋蟀也来帮忙了,你觉得需要的小蛇是多还是少呢?需要的小蟋蟀是多还是少呢? 你们想不想试一试呢? 下次活动我们再一起玩一玩吧!"

(本教育活动设计获《3—6岁儿童学习与发展指南》引领下的幼儿园优秀课评选市级一等奖)

❀ 活动设计十

中班艺术领域活动"有趣的圆形"

韩迪

一、设计教师

韩迪

二、活动名称

中班艺术领域活动"有趣的圆形"

三、活动目标

(一)知识目标

幼儿喜欢观察,知道日常生活中有许多物品是圆形的。

(二)技能目标

幼儿能利用一个圆形或者多个圆形想象出各种物品,并适当进行添画,发展幼儿想象力和创造力。

(三)情感目标

幼儿喜欢美术活动,能感受纸趣活动的乐趣。

四、活动准备

(一)经验准备

幼儿对生活中圆形事物的了解。

(二)物质准备

1.手偶一个、圆形的钟表一个、葫芦一个

2.各种颜色、各种大小的圆形硬纸卡或瓶盖若干,彩色水笔人手一份

3.在活动室展示幼儿从生活中找到的圆形物品的图片、照片和教师用圆形制作的粘贴画

4.舒缓的背景音乐

五、活动过程

(一)情境导入环节:教师出示玩具手偶,激发幼儿对活动的兴趣

教师分别出示道具钟表和葫芦,并通过递进性的提问引导幼儿仔细观察,分析这些圆形的物品是如何由圆形变化而来的。

教师1:"孩子们,今天我们班里来了一位小客人,他的名字叫圆圆,圆圆特别喜欢圆形的东西,今天他给大家带来了圆圆的礼物。"

教师2:"这是什么?他的身上哪里是圆圆的?他是怎么用圆形变出来的呢?"

教师总结:"孩子们!除了钟表和葫芦,我们的生活中有很多物品都是由圆形变来的,有的用了一个圆形,有的用了两个圆形,还有的用了很多大小不同的圆形。"

(二)通过讨论发散幼儿思维,引导幼儿初步尝试圆形添画

1.教师通过发散性的提问发散幼儿思维,并分别向幼儿展示不同大小的圆形卡片,引导幼儿发挥想象力,鼓励幼儿尝试用不同的圆形变出生活中的物品。

教师:"小朋友们,你们还想用圆形变出什么来呢?你需要几个圆形呢?老师这里为你们准备了很多大小不同的圆形,谁来试一试呢?"

2.教师邀请2~3位幼儿上前尝试拼摆并添画。在幼儿创作过程中,教师鼓励幼儿大胆拼摆、组合、添画,引导幼儿尝试创造出与别人不一样的作品。

3.教师总结:"小朋友们好棒!变出了这么多的东西,用一个圆形变出了……用两个圆形变出了……用三个圆形(很多圆形)变出了……这些圆形真是太有趣了!"

(三)幼儿进行创作,教师巡回指导

教师:"孩子们,新年快到了,你们想不想送给圆圆一件圆圆的礼物呢?"

1.教师讲述创作要点

(1)"想一想,你要送圆圆一件什么样的圆圆的礼物呢？找到你需要的圆形宝宝,用胶水贴牢,再请水彩笔来帮忙！"

(2)"试一试,你的礼物要和别人的不一样呦！"

2.在幼儿创作过程中,鼓励幼儿大胆想象

(四)作品展示欣赏,经验提升

1.教师邀请幼儿讲述自己的作品,并通过递进性的提问,提升幼儿经验

教师:"孩子们,你们为圆圆准备的礼物真漂亮啊!谁来给大家讲一讲你的礼物呢？你用了几个圆形？变成了什么？"

2.教师分别出示两幅由多个圆形添画成的作品:摩天轮和葡萄,发散幼儿思维,进一步提升幼儿经验,引发幼儿下一次创作的兴趣

教师:"孩子们,老师也为圆圆准备了一份新年礼物,你们看看和你们准备的有什么不一样吗？这里面有几个圆形？大家猜猜,老师是怎么变的呢？"

六、活动延伸

教师将作品和相关材料投放在班级美工区区角活动中,鼓励幼儿进行观察、尝试创作,拓展幼儿想象力。

(本教育活动设计获天津市《3-6岁儿童学习与发展指南》引领下幼儿园优秀课评选活动二等奖)

第五编
践行创新
——经验论文篇

知道事物应该是什么样,说明你是聪明的人;知道事物实际是什么样,说明你是有经验的人;知道怎样使事物变得更好,说明你是有才能的人。

——〔法〕狄德罗

教是为了不需要教。……就是说咱们当教师的人要引导学生,使他们能够自己学,自己学一辈子,学到老。

——叶圣陶

❀ 论文一

巧用歌谣游戏培养小班幼儿规则意识初探

王艺霖

【摘要】规则意识是幼儿成长为社会人必须具备的意识之一。规则是保证幼儿愉快生活、交往、学习的前提,幼儿期是幼儿规则意识与规则行为形成和发展的重要时期。小班幼儿规则意识的培养并非一朝一夕的事,需要教师、幼儿、家长、社会同心协力。外因是变化的条件,内因是变化的根据,规则意识培养的内在动因是幼儿本身。小班时期,幼儿的个体社会化开始发展,是否能够充分理解规则,将对个人和社会都产生深远影响。

【关键词】规则意识 小班 歌谣游戏 培养

一、关于规则的理解

规则是全体社会成员共同制定或者一致认可的,由代表者或机构发布,要求所有成员共同遵从的内容。郑三元认为规则是人们在日常生活、学习、工作中必须遵守的,科学的、合理的、合法的行为规范和准则。对于幼儿园来说,规则是幼儿在幼儿园活动中必须遵守的行为规范和准则,相对来说更加具体、细化。

小班幼儿刚刚进入幼儿园,对一切都很陌生,许多事情都需要用规则来培养。比如,小班幼儿需遵守的规则有:能按要求搬椅子,摆整齐,能根据指令做相应的事情;知道什么事情该做,什么事情不该做,能够做到自我控制,等

等。对于新进幼儿园的幼儿来说,树立规则意识,保证执行力是尤为重要的。这不仅为了幼儿更好地适应幼儿园的生活,更是为其今后的人生建立良好的习惯。

二、小班幼儿对规则理解的现状分析

幼儿在小班阶段,仍处在以无意注意为主,有意注意逐步增加的阶段,常常以自我为中心。小班幼儿记忆主要以无意识记忆、机械性记忆为主,凡是感兴趣的、印象深刻的事情就容易记住。小班幼儿的记忆具有直观、形象的性质。而小班幼儿的思维则是由直觉行动思维向具体形象思维发展。新小班幼儿日常生活的行为多以想象和模仿周围成人活动居多,因而规则意识较模糊,不易理解规则且易忘。

对于小班幼儿来说,幼儿园是一个全新的环境。生活中每个环节都不熟悉,然而一日生活的诸多环节无不渗透着规则。比如打水要排队,吃饭要安静,上课要坐好,做游戏要听要求……这些规则的建立对于幼儿来说并不是一件简单容易的事情。

比如,幼儿玩捉迷藏处于藏不好、找不着的初级阶段,只会进行简单的躲藏和寻找。这一年龄段的幼儿思维没有"去自我中心",不会从他人的角度思考问题,对游戏的规则思考并不多,只从自己的角度出发,认为"我看不到的,别人也看不到"。因此这个年龄或年龄更小的幼儿在玩捉迷藏游戏时,常常是在寻找者的目光注视下,把眼睛一闭,把脸一捂,大喊着"我藏好了",然后让别人来找,结果可想而知。这充分体现了游戏规则对年龄较小的幼儿来说,实际上并未构成任何"意义",他们更多的是享受游戏中躲藏与被找到所带来的乐趣与快感,并未意识到游戏的规则及是否执行规则。所以教师应采用更巧妙的办法,帮助幼儿树立规则意识。

三、巧用歌谣游戏培养小班幼儿规则意识的策略

(一)考虑幼儿心理特点,融规则于游戏中

教育家维果茨基认为:"规则是游戏本质特征所在。"游戏的规则性极强,游戏规则是小班幼儿开展游戏活动的前提与保障,教师应着力在游戏中培养小班幼儿的规则意识,在游戏中引导中班幼儿建立规则意识。

小班幼儿身心发展有其特殊性,思维的"自我中心"特征明显,意志力明显加强,小班幼儿的行为具备了初步的目的性、组织性,能够在游戏中较好地遵守规则。以歌谣游戏的方式,让孩子们在活动中自我发现、自我学习、主动探索,这一形式受到了孩子们的喜爱,也获得了良好的练习效果。

(二)增强游戏规则的灵活性,变他律为自律

教师需要让幼儿从被动接受到主动建构。事实上,当我们忽视幼儿的内在动机,不让幼儿体验到内在需要得到满足的快乐时,对幼儿的任何外部规则要求都难以内化为幼儿的品质。这就需要教师将自己的教育行为由简单的限制转变为积极的期望、鼓励和指引,支持幼儿主动建构规则,这些限制性的规则就能变为建构性的了。

在幼儿园班级生活中,随时都能听见教师说的诸如"不能乱丢玩具""不许大声说话"等限制性话语,这些话中包含着"不行""不要""不许""不能"等指令性字眼。教师的这些限制性的言语行为,让规则变成了限制,从而失去了对幼儿行为的指引作用,使幼儿因实践缺乏目标感而显得无所适从,尤其是新小班幼儿会产生反感、挫败感,因为每个幼儿都有着强烈的被鼓励、被肯定的需要。如果运用歌谣,老师说着歌谣将幼儿带入情境,幼儿的注意力不仅集中在老师的身上,情绪也会变得主动积极。

每次上课前组织纪律都是必不可少的事情。我会请幼儿们和我对唱儿歌,我说"一二三",幼儿说"请安静";我说"四五六",幼儿说"快坐好"。这样,幼儿熟读成诵,牢记心间,慢慢就懂得了上课前的规则要求。在平时的学习生活中时时刻刻提醒自己要有正确的读书姿势和上课坐姿。现在,我们班绝大

部分幼儿已逐步养成良好的上课习惯。

再如,班上有几位幼儿特别喜欢在班里追追打打。于是有一次,我在课前进行了一次模仿性的"小动物走路"歌谣游戏。"小兔子走路跳呀跳呀跳,小鸭子走路摇呀摇呀摇,小乌龟走路爬呀爬呀爬,小花猫走路静悄悄。"我从小动物走路最后说到小朋友走路一步一步来,慢慢让他们明白在教室里不可以跑,像一步一步走,像小动物一样遵守游戏规则,培养好习惯。

(三)注重交流与合作,提升规则执行力

幼儿生活在集体中,需要与同伴进行交往,遵守集体的规则,懂得自己是集体中的一员,知道自己对集体的作用。为此我们特意设计了一些让孩子之间有交流、有合作的歌谣游戏,尽可能避免以个人为单位的个体活动。通过游戏,幼儿知道胜利也需要通过合作的努力,知道游戏的快乐是由大家创造的,要想快乐游戏就必须遵守规则。幼儿通过游戏与他人交往,学会合作所必须遵守的规则,还培养了相互配合的能力。

如,在进行"马兰谣"的歌谣游戏中,当我说"请你马上就开花,开两朵花"时,需要两名幼儿手牵手或拥抱在一起;当我说"开三朵花"时,需要三名幼儿手牵手或拥抱在一起。然后我会进行检验,如果多一名或少一名幼儿就说明幼儿没有遵守游戏规则,需要停止一次游戏。在这个游戏中,孩子们学会了倾听与合作,学会了使用规则来增加参加歌谣游戏的机会。作为教师,就是要善于创设满足幼儿交往需要的活动空间,鼓励幼儿在游戏中主动与同伴和成人交往,提升规则的执行力。

(四)注重游戏的评价,培养幼儿的规则意识

幼儿由于年龄小,自我评价能力低,教师应作为幼儿活动的支持者、合作者、引导者,平等地参与幼儿的评价活动,并给予适时的指导和帮助,这对于培养幼儿规则意识有很大的促进作用。这里所说的评价主要是指对幼儿参与歌谣游戏活动遵守规则的表现及成果的评价。

因此,教师发现幼儿在游戏中产生意见分歧时不能袖手旁观,不能不闻不问,也不能横加干涉、阻挠游戏的开展,而应引导小班幼儿分析产生分歧的原因,并引导、点拨、指导幼儿理解游戏规则、讨论游戏规则,并鼓励、引导小

班幼儿学会遵守游戏规则,培养幼儿的自律行为与强烈的责任感,保证游戏顺利开展,让小班幼儿初步体验到团结、合作的愉悦。

幼儿一日生活的诸多环节无不渗透着规则,规则与幼儿歌谣游戏活动的开展,游戏活动的进程以及游戏活动的成效紧紧联系在一起。教师对幼儿在游戏过程中表现出的创意和进步要予以肯定的评价,使幼儿感受到成功喜悦的同时,更加努力向上。但同时教师也要注意评价的时机是否适宜,如幼儿正在大胆尝试时,尽量不给予评价,以免打断幼儿创新的思路。这时需要教师不断支持、鼓励幼儿之间相互交流、合作。教师评价幼儿时,要有论据,论据要清楚、具体、明确,使幼儿能够理解。

四、总结

小班幼儿规则意识的培养并非一朝一夕之事,需要教师、幼儿、家长、社会齐心协力。但外因是变化的条件,内因是变化的根据,规则意识培养的内在动因是幼儿本身。我们可以巧妙运用歌谣小游戏让幼儿主动去接受参与,让规则不再只有多方协调作用。我们应充分利用幼儿的游戏活动,让小班幼儿在游戏活动中逐渐形成规则意识和遵守规则的良好行为习惯。小班幼儿规则意识和良好行为习惯的培养是一个长期的反复的过程,教师应努力构建良好的环境氛围,从歌谣游戏活动入手,运用多种多样的策略,着力规范小班幼儿的行为,让幼儿在理解规则、掌握规则和自觉遵守规则的前提下获得更自由、更全面、更和谐、更富有个性的发展。

参考文献:

[1]华爱华.新《纲要》与幼儿发展[A].教育部基础教育司.

[2]莫源秋,韦凌云.幼儿教师实用教育教学技能[M].北京:中国轻工业出版社,2012.

[3]武建芬,强清.从捉迷藏游戏看儿童心理理论能力的发展[J].上海教育科研,2011(10).

[4]郑三元.幼儿园班级制度化生活[M].北京:北京师范大学出版社,2004.

（本文于 2017 年获天津市教育学会"教育创新"论文评选三等奖）

❀ 论文二

浅论幼儿在角色区域游戏中的自主性

——以"十二生肖"主题为例

王芮妍

【摘要】十二生肖是中华民族的传统经典。通过理解和认识十二生肖,孩子们可以进一步了解家庭成员以及同伴,同时在角色区域游戏中自由发挥他们的想象力和创造力,进而实现自我价值。角色区域游戏为他们提供模仿和再现人际关系的机会,并为他们形成良好的社交互动能力奠定基础。以十二生肖故事为载体,以角色区域游戏为形式,能够充分发挥和利用十二生肖的主题教育功能,满足儿童听、演、表达以及故事续编的需要和兴趣。十二生肖的故事能促进儿童综合素质的发展。

【关键词】十二生肖　角色区域游戏　自主性

一、通过十二生肖主题背景下的主题来源体现幼儿的自主性

近年来,幼儿园在主题背景下积累了很多关于十二生肖的内容,但也存在缺点和不足:首先,生肖故事的来源太单一,都是复制或改编传统故事,脱离了儿童的实际生活经历;其次,主题内容反映不够全面,相对单一,角色扮演游戏单调、乏味,缺乏可扩展性,过于依赖特定的故事情节,无法调动孩子的

积极性和主观能动性,儿童的主体地位无法保证。

鉴于此,我们应该在十二生肖的背景下,大力发展创新。在角色扮演的早期阶段,我们可以收集和扩展关于儿童喜欢的生肖动物的故事资源,并使其从适合他们的多种渠道学习,突出儿童的自主性。例如《老鼠嫁女儿》《小马过河》《狼和小羊》等。此外,还可以了解家庭成员的生肖,鼓励孩子积极参与游戏,挑战感兴趣的角色扮演等。在充分理解十二生肖的主题背景下,引导孩子通过听、说、表演,来参与表达,促进语言表达和角色游戏的配合,孩子们可以自由发挥他们的想象力和创造力,创造性地模仿现实生活中的角色,为儿童提供模仿和再现人与人之间关系的机会,这为他们形成良好的社交沟通能力奠定了强有力的基础。

通过构建儿童自身体验的主题,为儿童提供适合自己个性特征的综合教育,使每个孩子都能找到自己的兴趣点和参与角色游戏的信心,并成为“小艺术家”。

二、通过十二生肖主题背景下的角色区域游戏体现幼儿的自主性

自主,反映儿童在游戏中的地位,是对儿童的充分尊重。陈鹤琴曾指出,孩子们很容易接受教育。在主题背景下角色区域游戏的实施过程中,孩子们可以在进入角色区之前通过准备工作来“玩游戏”。通过参与创作十二个生肖故事剧本,音乐选择,设计和制作十二生肖动物的舞蹈道具,来展现每个孩子的个性特征。在动物角色的分配过程中,对话和行动的表现等能够展现幼儿的个体差异。

(一)游戏角色的自我选择

对于小班的孩子,我们应该专注于提高他们的角色意识。小班的孩子经常忘记自己在游戏中的角色。教师应该以游戏的语调提醒他们。对于中班的孩子来说,应注意发展儿童在游戏中的交往能力。中班的孩子有强烈的角色

带入感,经常争夺同样的角色。教师应指导儿童学习如何处理与同伴的矛盾,并通过自我推荐,同伴推选,班内选拔和轮换来确定他们的角色。在大班教学中,应鼓励儿童与同伴讨论,以确定角色的分配。此外,我们还应该加强游戏材料的使用频率,让孩子们用替代物,通过多用途的材料来发展孩子们的想象力和创造力。

(二)自我管理

自我管理体现在游戏的每个环节,教师应鼓励孩子独立发现问题,避免问题和解决问题。几乎每个角色游戏区域中,都有游戏惯例,例如时间、地点、角色、演员数量和故事选择。例如,在《狼和小羊》的故事中,孩子们可以有效地分配他们的角色以确保他们有足够的时间进行游戏,当角色的数量不能满足要求时,"导演"可以独立地改变角色,调动孩子的积极性,使孩子能够在角色扮演中实现"自我指导""自我表演"和"自我改编",丰富自己的人生经历和社交互动能力。

三、通过十二生肖主题背景下的师幼关系体现幼儿的自主性

教师应该是学前教育中的"观察者"和"助手",而儿童则是学习中的"发现者""探索者"和"研究者",教师和儿童在平等合作中相互促进和发展。然而,在主题背景下角色区域游戏的实施过程中,我们发现教师与儿童之间缺乏互助与合作,教师高度控制的情况仍然存在。因此,我们应该通过各种形式使儿童在主题背景下更加自主。

(一)"前七后八"时间观察方法

在角色游戏开始时,前七分钟,教师观察孩子是否根据他们的角色进行有效分配;在接下来的八分钟内,教师观察孩子们是否有关于动物喜好和性格特征的争议,舞蹈的道具是否安全和充足,并简单记录。然后在全天候的儿童的活动和游戏中,教师应该注意孩子们玩什么,说什么,新发现了什么,出现了什么新的纠纷等。例如:单一情节不限制儿童的思维和想象力,儿童可以

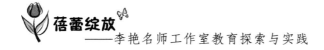

相互学习经验和故事内容,使情节更加丰富,这是儿童游戏的微妙发展。

(二)学习故事的延伸

基于观察的儿童发展评估是教师最重要的基本技能之一。作为观察和评估的一种方式,学习故事是幼儿园一线教师提升业务和反思成长的最佳方法之一。教师要在了解十二生肖故事的基础上给孩子们提供重要的指导和观察。

走进孩子,找到更多"哇"的时刻,在角色区域游戏中,找到他们自发的积极行为,当他们的想象力和创造力绽放的时刻,给予合理的支持。例如,在《老鼠嫁女儿》的故事中,孩子们知道《灯台上的小老鼠》这首歌。游戏时,其中一个孩子在故事情节中独立地演唱了歌曲,其他孩子也受到启发。教师可以与孩子一起在灯台上做小老鼠的动作,激发孩子们参加活动的热情。这时,孩子的心理环境一定要温暖,他们的情绪必须放松和快乐。在学习故事中,教师退回到"二线",这也为儿童提供了自我发展的广阔空间。孩子们很活跃,敢于探索,并且愿意创造新的学习经验,得到更多的锻炼。

四、主题背景下重视角色区域游戏与其他区域游戏之间的互动

游戏是孩子们最喜欢的活动,角色区域游戏是幼儿园的主要活动之一。通过角色扮演,孩子们可以创造性地反映他们的真实生活,这个过程使孩子的兴趣和需求得到满足。然而,面对角色游戏活动内容不变和角色不足的问题,教师应积极使角色区域游戏与其他游戏互动,最大限度地发挥区角游戏的作用,让孩子们快乐地玩耍。

在十二生肖主题的背景下,我们分别将间接或直接材料放入艺术和图书馆领域,这些材料在儿童角色扮演中发挥着重要作用。例如:在艺术领域的剪纸活动中,鼓励幼儿通过十二生肖的各种图像识别十二生肖,以便添加图片初步编辑该图。然后,在黏土工作区域,分别将十二生肖的四肢与其他属相糅合,通过手动操作激发幼儿的想象力。最后,在图书馆区域,我们放置了诸如十二生肖的故事等书籍,使孩子们可以对动物的形象特征进行梳理和总结,

最后通过角色扮演的方式发挥孩子的想象力和创造力,大胆表现自己对故事的理解和感受。扩展角色游戏中角色之间的互动非常重要,它可以扩大沟通范围,发展儿童的沟通语言。幼儿园区域活动的领域是概念性的,可以随时根据需要变化。这里,区域之间以及区域和非区域之间的边界也是可变的。

　　成功的角色扮演不仅可以增加孩子的知识,增加他们的生活经验,还可以促进孩子的主体性发展。教师应鼓励儿童参与角色游戏,为儿童提供机会,以儿童为主体,在主题背景下采取指导,使游戏成为儿童积极探索、自由发挥和主动创造的过程,鼓励儿童体验游戏的无限乐趣,积极参与游戏,真正发挥角色区域游戏的教育价值。

参考文献:

[1]陈奇艳.童话戏中游——童话剧主题背景下实现幼儿区域游戏自主性的策略[J].早期教育(教育教学),2018(3).

[2]李季湄,冯晓霞.《3-6岁儿童学习与发展指南》解读[M].北京:人民教育出版社,2013.

[3]杨宁,张艳婷.《3-6岁儿童学习与发展指南》教师培训读本[M].广州:广东教育出版社,2013.

[4]张娜.浅谈游戏在幼儿发展中的地位及作用[J].小作家选刊,2018.(11).

[5]朱海红.如何组织与指导幼儿的游戏活动[J].读与写(上,下旬),2015(5).

(本文荣获天津市学前教育学会论文三等奖)

❀ 论文三

交互式电子白板在幼儿园数学教学中的应用

——以大班数学活动"有趣的门牌号"为例

刘　恋

【摘要】随着教育信息化的发展,交互式电子白板逐渐被幼儿园教师接受并使用。聚光灯、放大镜、幕布等特殊工具的使用,可以达到很好的教学效果。本文以大班数学活动"有趣的门牌号"为例,简要说明交互式电子白板在幼儿园数学活动中的应用。

【关键词】交互式电子白板　幼儿园数学　幼儿兴趣

《国家中长期教育改革和发展规划纲要(2010-2020年)》中明确指出:"要加快基础教育信息化进程,全面推进数字化校园建设。"近几年,教育信息化、网络化逐渐改变着教育教学方式,交互式电子白板逐渐进入教室,进入课堂,这种新兴的教学媒体被广泛地应用于教学活动中。

一、交互式电子白板对幼儿园活动的适宜性

"兴趣是孩子最好的老师。"学前期幼儿的教学关键是能否培养幼儿探索新事物的兴趣和激发他们学习的热情。随着交互式电子白板在幼儿园的不断普及,教师在讲授知识时,如果能够恰当地运用交互式电子白板,不仅能够圆

满完成教育教学任务,还能为幼儿认知能力的提高打下牢固的基础。教师可根据孩子的心理特点和教材内容,设计各种游戏,创设教学情境,通过交互式电子白板,用图、声、文刺激孩子的多种感官,让幼儿通过亲身操作来学习、体验,从而激发其学习探索的兴趣,引发他们主动学习和求知的愿望。

交互式电子白板是信息技术进入课堂教学过程中的前沿技术,它具有鼠标代替、屏幕触摸、自由书写、远程施教等多种功能,这些功能正在被广大一线教师按照自己的需求与课堂教学融合在一起,其优势也被广大教育工作者认可,主要表现在三个方面:互动白板与计算机的交互,使用者与教学内容的交互,存储板书的能力。

二、交互式电子白板在大班数学活动中的应用举例

"有趣的门牌号"是基于幼儿序数经验的一节大班数学活动。大班幼儿的知识水平:已经有序数的学习经验,对数字的认识也有一定的基础和兴趣。大班幼儿的能力状况:有一定白板操作的能力基础,对于新鲜的白板操作小游戏尤其感兴趣,乐于尝试,并且有挑战难度的愿望。大班幼儿的情感状况:喜欢小动物,并且乐于帮助小动物解决问题,有了解自己家的门牌号以及到别人家中做客要知道地址、门牌号的生活经验。

活动由浅入深,幼儿从简单的序数开始,初步了解门牌号的表示意义,逐步过渡到活动的重点——掌握门牌号前面数字和后面数字表示的意义。在用游戏巩固经验之后,引出活动的难点:理解不同形状的房间号表示的意义是相同的。最后用游戏"帮小动物搬家"激发幼儿继续学习的愿望,并巩固本活动学习的目标。但由于二维序数对幼儿理解能力的要求较高,仅仅通过教师的传统讲授、操作很难调动起幼儿的兴趣。在实际教学中,笔者利用交互式电子白板与幼儿一起对活动内容进行探究,收到了较好的效果。下面举例说明:

(一)创设教学情境,提高学习兴趣

交互式电子白板融合了多媒体技术,能利用图片、视频、动画等多种多媒体教学资源。在幼儿数学活动中,创设合适的教学情境,不仅可以激发和促进

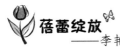
幼儿的情感活动,还可以激发促进幼儿的认知活动,提供丰富的学习素材,有效地改善教与学,真正做到探究与互动。教师可利用交互式电子白板创设各种教学情境,使难于理解的数学活动贴近生活,提高幼儿参与活动的兴趣。

在"有趣的门牌号"活动导入环节"给小动物找家",教师可利用交互式电子白板自带的问号功能,将游戏条件隐藏在问号中,创设给小动物找家的推理教学情境,激发幼儿探究的兴趣,使其理解门牌号的重要性。通过引导幼儿积极参与到探究门牌号的活动中,由此顺利引出教学主题。见图5-1:

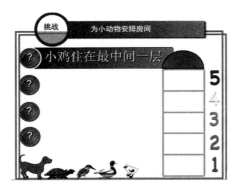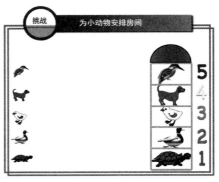

图5-1 "有趣的门牌号"活动导入环节

(二)利用多元互动,突显幼儿主体

1.交互式电子白板隐藏和多重组合功能的应用,利于幼儿观察规律

在展示门牌号的环节,教师首先在制作门牌号时运用了交互式电子白板的多重组合功能,将所需要的数字和小动物图片进行组合,利于活动时教师的操作;同时利用交互式电子白板的隐藏功能,将门牌号从页边拉出,有利于幼儿观察以及总结规律——门牌号前面的数字表示小动物住在几楼。见图5-2:

图5-2 交互式电子白板隐藏和多重组合功能在活动中的应用

2.多种工具的应用,体现幼儿的主体地位

在教师设计的挑战"敲敲门"中,利用交互式电子白板中自带的气球爆破效果,点破气球,找出隐藏在气球后面的小动物,再"敲敲门",从表格阴影中找出小动物的家,交互式白板通过克隆技术可以不断修改的功能在此也得到了充分的应用。教师在挑战中还设计了一个小悬念——小兔子住错了屋子,请幼儿将小兔子送回自己的家,从而使幼儿理解门牌号后面的数字代表的是房间号。

在活动重点环节设计游戏"按门牌号找房间",教师运用交互式电子白板六面骰子功能,通过幼儿转动骰子选择出小动物的房间号,有效激发了幼儿参与活动的热情,突出教学重点,是活动中的一个亮点。此功能可以激励幼儿走到白板前,亲自操作,留下探索学习的痕迹,获得实践参与的机会,同时运用交互式电子白板的"无限克隆"和"表格"技术,在幼儿操作错误的情况下可以很容易地改正,为教学活动添色,使幼儿在获得经验的同时,体验到学习的自主性。见图5-3:

3.利用交互式电子白板的幕布功能和计时功能,增加悬念和挑战性

对于幼儿来说,游戏活动是幼儿直接感知事物的主要方式,在交互式白板教学中幼儿可以看到和听到的内容,能够对幼儿产生感官刺激,将抽象的事物具体化,有利于提高幼儿对数学的理解能力。通过提高幼儿的注意力和

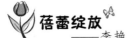

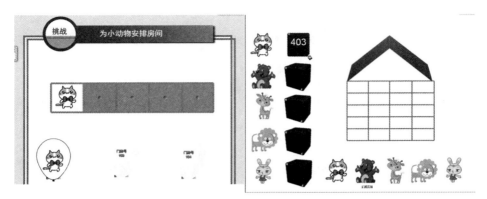

图 5-3　游戏"按门牌号找房间"示意图

理解能力,使枯燥无味的教学活动变得生动有趣,激发了幼儿学习的积极性,增强了教师教学的有效性。

在最后突破活动难点时,教师可以有效利用白板上的拉幕功能,隐藏事先准备好的变换形状的房屋,代替幼儿园传统教学中用纸覆盖待展示图片的做法,电子白板中的幕布能自由地横竖伸缩,能覆盖部分或整体,激发了幼儿极大的好奇心,从而优化了课堂,提高了教学效率。见图 5-4:

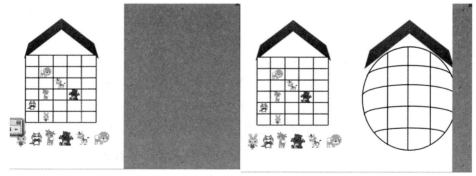

图 5-4　交互式电子白板幕布功能和计时功能在活动中的应用

(三)及时评价巩固,检测活动效果

评价是教学过程中不可或缺的一环,应注意过程与结果并重,评价方式应多样化,评价主体应多元化。评价方式可分为幼儿自评、幼儿互评、教师点评等。此外,评价可在教学活动中进行,幼儿操作交互式白板,利用其自带的计时功能,进行活动评价。幼儿独立操作时,教师可利用手机实时拍照,并利用投屏功能将幼儿的操作结果展示在交互式电子白板上,教师可以及时对小组或个人的操作情况进行统计评价,达成活动目标。

三、反思与展望

利用交互式电子白板进行教学在很多方面突破了传统教学既浪费材料又没有新鲜感的弊端,尤其在幼儿园教学中,幕布、遮挡等功能,更能激发起幼儿的兴趣,利于幼儿和教师共同操作,真正实现自主学习的目的。在幼儿教学中应用交互式电子白板可以提高教学质量,吸引幼儿的探索兴趣,使教师的作用和地位慢慢发生变化。然而需要我们注意的是,任何一种媒体和技术,都有着自身的特点,在教学中应以利用其优势为主,使其为教学服务,这是教学媒体的作用,决不能为了使用而使用,从而忽略了教学的本质。

参考文献:

[1]丁兴富,李敬东.从黑板到交互白板的历史进程——对信息技术与课堂教学整合前景的展望[J].中国电化教育,2005(2).

[2]国家中长期教育改革和发展规划纲要(2010–2020年)[M].北京:人民出版社,2010.

[3]谭国池.巧用交互式电子白板提高数学课堂有效性[J].小学时代(教育研究),2010.

[4]吴秋华.多媒体技术在幼儿教育中的应用[J].小学科学(教师版),2012(10).

[5]张晖.巧用交互式电子白板提高幼儿园集体教学活动的有效性[J].学周刊,2015(13).

〔本文获河东区教育学会第十七届学术年会论文评选二等奖、第九届中国移动"和教育"杯全国教育技术论文(天津区域)活动三等奖〕

❀ 论文四

以主题背景下的区域游戏为平台培养幼儿
成长型思维的策略研究

孙　敏

【摘要】未来全面发展的人需要具有更富创造性、更加成熟化、更有适应性、更具个性化,只有更坚忍的意志、更乐观自信的人生态度才能适应竞争激烈和需要不断创新开拓的未来。《3-6岁儿童学习与发展指南》明确指出忽视幼儿学习品质培养、单纯追求知识技能学习的做法是短视而有害的。拥有"成长型思维"的幼儿面对困难、逆境则愿意去努力,做事坚毅、不放弃,复原力强,更相信自己的潜力是未知的,困难和失败只是帮助自己进步的挑战,对学习充满热情。"成长型思维"是可以被塑造的。通过不断实践探究发现,在主题背景下的区域游戏中:调动幼儿原有经验建立新旧链接帮助幼儿突破理解难点;当幼儿决定放弃时,帮助幼儿获得需要的学习态度和技能;运用过程性评价技巧,不断帮助幼儿建立自信,加之家园配合、榜样示范、正面引导等,能有效促进幼儿"成长型思维"的形成,为幼儿终身学习、可持续发展打下良好基础。

【关键词】游戏　成长型思维　策略

一、问题的提出

关于能够适应未来的全面发展的人，一些素质越来越被强调，即：更富创造性、更加成熟化、更有适应性、更具个性化。更有适应性就要有更健全的心理。更坚忍的意志：在竞争激烈和需要不断创新开拓的未来，失败和挫折可能更频繁，事业的成功需要更艰苦的努力，需要坚忍不拔的意志。更乐观自信的人生态度：面对未来日益频繁的各种挑战，悲观、保守、自卑的消极人生态度将被越来越多的人抛弃，更多的人将采取乐观、进取、自信，勇敢迎接挑战、战胜挑战的积极的人生态度。

《3-6 岁儿童学习与发展指南》明确指出，应重视幼儿的学习品质，幼儿在活动过程中表现出的积极态度和良好行为倾向是其终身学习与发展所必需的宝贵品质。要充分尊重和保护幼儿的好奇心和学习兴趣，帮助幼儿逐步养成积极主动、认真专注、不怕困难、敢于探究和尝试、乐于想象和创造等良好学习品质。忽视对幼儿学习品质的培养，单纯追求知识技能学习的做法是短视而有害的。

随着基础教育改革日益重视儿童的可持续发展和强调儿童的终身学习能力，学习品质成为儿童的后继学习和终身发展奠基的新着力点。因此，学习品质成为近年来基础教育研究中一个重要问题和热点话题。越来越多的研究者将学习品质视为优化儿童学习及其成果质量的重要手段，同时，越来越多的实践者将其视为基础教育教学改革和教育质量提升的关键抓手。通过对儿童学习品质的持续研究，笔者积累了比较丰富的理论成果和实践经验，证明了学习品质对于儿童当下和以后的终身学习具有重要意义与价值。

游戏是幼儿的天性，是幼儿学习的主要方式。幼儿在自主学习中应敢于尝试某些有一定难度、有一定挑战性的活动，这些活动既可能成功，也可能失败。因此，具有良好的学习品质对于幼儿从游戏中获得积极体验至关重要。成长型思维旨在培养人面对问题、困难、挫折时的坚毅品质，引导学生在学习过程中更加重视自己的成长，产生学习的欲望，积极努力，展现自己最好的一

面,发挥自己最强实力,集中精力聚焦于自己的优势,这些都为幼儿的自主学习、创新行为提供了有力的学习品质支持与保证。

随着家长对教育重要性的认识有所加深,激励教育得到家长的追捧,一些孩子在表扬里长大,"过度表扬"让孩子盲目自大,向好行为的动机外化,遇到困难时过于依赖外界认同而丧失自我解决问题的动力,并产生焦虑不安、自我怀疑的情绪体验和一颗不敢失败的"玻璃心"。

拥有成长型思维的孩子,相信通过坚持不懈的努力、良好的策略和他人的指导,可以提高自身的能力。在数十年的实践对比中,拥有成长型思维的孩子往往乐观、自信,愿意应对更多挑战;面对困难时也更加坚忍不拔,能不屈不挠地克服困难,排除干扰,坚决完成任务,表现出更加坚毅的品质。拥有成长型思维的孩子往往越面对困难,成就越突出,最终更容易收获幸福感,为创新积聚不竭的动能。

拥有成长型思维的孩子,做事不易放弃,更能从过程中享受到乐趣,更容易寻求帮助,复原力(碰到逆境、创伤、悲剧、威胁或其他重大压力能很快调整恢复的能力)更强,很快就能从失败中站起来,不断地提高自己,潜力巨大。拥有成长型思维的人,认为所有的事情都离不开个人努力,这个世界上充满了能帮助学习成长的有趣挑战。拥有成长型思维的孩子相信通过努力可以改变智商和能力,相信自己的潜力是未知的,困难和失败只是帮助自己进步的挑战,对学习充满热情。

在人格心理学、社会心理学和发展心理学等研究领域获得世界广泛赞誉的心理学教授威廉·兰斯福德和行为心理学教授卡罗尔·德韦克凭借多年的科学研究,公布了极具建设性的发现——成长型思维模式是可以被塑造的。

二、成长型思维模式的基本内涵

在教育理念中,"成长型思维"(growth mindset)是相对固定型思维的一种心智模式,被公认为近几十年里非常有影响的心理学研究之一。研究表明,拥有成长型思维的人做事不易放弃,更能从过程中享受到乐趣,更容易寻求帮助,复原力更强,更加坚毅。

在一些人眼里,智力是与生俱来、难以改变的资质,而另一些人则认为智力是一种人为因素。遇到困难时,后者更愿意通过自身的努力或者寻求更多办法来积极地解决问题。卡罗尔·德韦克教授发现了这一现象。其在研究中指出,教师应当从培养学生的"成长型思维模式"出发来表扬孩子,尽量避免对其学习能力做评价,也就是说要表扬学生们在成功过程中所付出的努力和做得好的地方,而不是表扬他们的聪明。对于我们个人,要相信智力不是决定成败的关键因素,世界是在不断变化的,我们需要不断地努力。卡罗尔·德韦克教授还进行了一项聚焦固定思维差生的研究,其将参与研究的孩子分为两组:对照组的孩子,只接受关于大脑运作知识的教育,比方如何能提高记忆力等固定思维模式的培养;实验组的孩子,接受关于成长型思维模式的培养。三个月之后,实验组孩子的学习能力比对照组明显高出许多,并且随着时间的推移,两者之间的差距越来越大,区别显而易见。

研究还发现,实验组的孩子在学校更坐得住、更少放弃、更少出现攻击性行为,并且今后能更好地适应游戏和学习活动。所以成长型思维模式能使孩子拥抱学习和成长,理解努力对智力成长的作用,拥有面对挫折的良好适应能力。最重要的是,成长型思维是可以培养的。

三、培养幼儿成长型思维的有效策略

(一)调动幼儿原有经验,建立新旧链接,帮助幼儿突破理解难点

幼儿的经验是一个不断发展与完善的过程,是一个从最初的松散到初步的整合,再到稍高层次的松散与整合,再到更高层次的松散与整合的螺旋式上升的过程。幼儿的生活经历和所学新知识之间存在一定的距离,这就需要教师指导来缩短距离。这种"距离的缩短"使他们更容易吸收、理解、记住和使用新的思想、知识和技能。如在主题活动"汽车总动员"中,幼儿在美工区使用新投放的材料制作环保汽车时,对教师说:"我就是看不懂汽车模型而且也做不好。"这时教师可以引导帮助幼儿聚焦问题难点,梳理前期经验,通过寻找

线索建立自我学习链接,即将新材料和熟悉的原有材料操作经验之间建立有效链接,引导幼儿将"我不会""这太难了"的消极自我暗示转变为"想一想自己忽略了什么吗"的积极面对,将"这对我来说太难了,我根本没法理解"转变为"只要把我漏掉的、忽略的找出来,肯定能搞明白""我可能需要更多的时间和精力(才能搞定)"的积极行动。让幼儿在自然状态下把思维从"这太复杂了,我不可能完成"转换成"只要花足够的时间和精力,一切皆有可能"的成长型思维。

(二)当幼儿决定放弃时,帮助幼儿获得需要学习的态度和技能

许多幼儿天生就是有热情、有毅力、有耐心的问题解决者,但有些幼儿在处理问题时并无计划,其行为需要他人的指导才能变得更加系统化,有些幼儿在解决问题时具有恐惧和抵制心理,或抱着"我解决不了"的态度。因此,如果幼儿在与教师的互动中获得支持和鼓励,那么幼儿将能够抛掉解决问题的消极信息,获取积极信息,积聚继续探究解决问题的新动能。

教师在与幼儿互动时,要成为问题解决者、示范者和引导者,帮助幼儿获得需要学习的态度和技能。一是有好奇心和毅力。好奇心激励幼儿发现问题,解决问题。毅力能够使幼儿不放弃,直到将问题解决。如在小班"最棒的我"主题活动中,幼儿在角色区需要照顾好娃娃家的宝宝,教师应鼓励幼儿尝试探究不同的方法(喂饭、摇晃、拍背、轻吟儿歌、请医生),直到娃娃变得开心。二是识别和确定问题。擅长解决问题的人知道什么时候会产生问题。在"纸是我们的好朋友"主题活动中,幼儿在美工区用纸剪四方连续花时,几次都不能让四朵花连接起来,教师这时要引导幼儿思考"为什么花儿会断开?""为什么琪琪的花能连起来?""我们怎么能让花儿连起来呢?"让幼儿有针对性地思考并借鉴同伴经验。三是拥有多种解决策略。鼓励幼儿用多种方法尝试,并能够灵活地考虑每个情景下哪一种方法最有效。引导幼儿从"我放弃了"转变成"我得试试我学过的(别的)方法",把思维从"我的能力达不到,只有放弃了"转变成"问题没有方法多,此路不通,换个方法就好了"的成长型思维。四是分析和评估。引导幼儿找到可能的解决方案后,问题解决者还要对其进行分析和评估,以决定先试哪种方案。"本来我想××,但由于××,所以我决定××。"五是反

思。找到问题的解决方案后,进一步思考回顾发生的事,反思自己的方案是如何起作用的,鼓励幼儿勇于行动、突破瓶颈,体验成功的乐趣。

在"疯狂动物城"主题活动中,幼儿在建筑区搭建动物城堡时说"我搭不好××"时,教师应引导幼儿利用"成长型思维"表达"我还在搭××",这意味着幼儿只是尚未完成而已;如果孩子在美工区塑造小动物时说"这个我做不了",教师应引导幼儿在句子中加上"还"变为"我还做不了",这意味着幼儿只是现在还做不了,但幼儿已经在开始学着如何做了;如果孩子在益智区进行轨道游戏时说"我试过了,但是不行",教师应引导幼儿在句子中加上"这次",这意味着幼儿只是这一次不行,如果继续努力,下一次就会做得更好。让幼儿改变消极自我暗示,帮助孩子塑造积极的思维模式,即学习是随着时间而变化的,而当前的挫折和失败只是学习中会经历的正常过程而已。

(三)运用过程性评价技巧,不断帮助幼儿建立自信

满足幼儿在游戏中不断被鼓励、被关注、被认同、被理解、被安慰的需求,有利于促进幼儿学习的主动性和积极性,有利于幼儿形成坚持和坚毅的良好学习品质。我们有时候会听到教师在游戏评价环节这样称赞孩子:"××很棒,宝贝你很能干!""你真是小天才!"卡罗尔·德韦克教授通过超过十五年的研究已经可以确定,称赞孩子的天赋与能力对孩子有害无益,完全不利于孩子思维模式的健康成长。卡罗尔·德韦克教授通过实验进一步证明绝大多数被称赞天赋的孩子,在任务选择中会倾向选择最简单的任务,他们几乎不敢挑战自己身上"天赋孩子"的标签。而被称赞过程的孩子,几乎都选择了看起来比较困难但能学到东西的任务。因此,教师在与幼儿的互动中,要肯定并称赞幼儿的努力过程。如果幼儿得到"你失败"的结果评定,意味着幼儿会认为自己被判定为失败者,自己已没有进步的空间,幼儿会不自觉地将学习成长的大门关上。而"尚未达到"则意味着幼儿认为自己已经行进在学习的轨道上,只是还没有到达终点而已。幼儿从"我做不了这些"变换成了自信满满的"我现在可能做不好,但没关系,慢慢往这个方向努力,我就会越来越擅长"。

(四)家园配合、榜样示范、正面引导

家庭是人的第一所学校,家长是孩子的第一任老师,要给孩子讲好"人生

第一课",帮助孩子扣好人生第一粒扣子。在幼儿教育的过程中,家园同步共育才是最有效的,在新颁布的《幼儿园教育指导纲要》里非常强调幼儿园、家庭、社区的合作。在新型关系中,家长不仅要关注孩子在幼儿园的日常生活和学习,更应关注孩子在身心方面的全面发展。纳尔逊(Nelson,2005)的研究发现,父母积极参与儿童的学习活动可以正向预测儿童的学习品质。首先应引导家长主动、积极地应对幼儿园主题活动,配合任务,发展自身良好的学习品质,对儿童起到潜移默化的榜样作用。其次,引导家长加大家庭教育的投入时间,采用镜像对话方式更多陪伴孩子学习和游戏。再有,引导家长不断学习科学育儿方法,对幼儿发展确定合理期望值,同时提高自身情绪管理能力,避免在幼儿面对困难任务时采用消极言语,表现出焦虑、急躁情绪,让幼儿感到无能为力,形成消极退缩和不敢面对的行为表现。家长要耐心引导幼儿,面对困难任务时积极尝试,坚持应对,助力幼儿成长型思维的形成。

综上所述,在主题背景下的区域游戏中利用以上多种策略,能有效培养幼儿的成长型思维。我们将进一步深入开展培养幼儿成长型思维的策略研究,尤其是将其贯穿在各种自主游戏之中进行培养,追踪成长型思维对儿童后继学习和终身发展的持续影响,探索儿童成长型思维对其学习和发展产生影响的内在机制以及它们之间的关系模型,并将其转化为改进教育教学、提高幼儿培养质量的有益的教育实践,为科学系统地促进儿童学习品质的发展提供具体的教育教学建议。

参考文献:

[1]埃米·L.多姆布罗,朱迪·贾布朗.有力的师幼互动——促进幼儿学习的策略[M].王连江译.北京:中国轻工业出版社,2018.

[2]教育部基础教育司.幼儿园教育指导纲要[S].

[3]黄济,王策三.现代教育论[M].北京:人民教育出版社,2004.

[4]黄爽,霍力岩.西方发达国家关于儿童学习品质研究的新进展[J].当代教育与文化,2018(5).

[5]卡罗尔·德韦克.终身成长[M].楚祎楠译.南昌:江西人民出版社,2017.

－182－

[6]李季湄,冯晓霞.《3-6 岁儿童学习与发展指南》解读[M].北京:人民教育出版社,2013.

[7]朱慕菊."幼儿园与小学衔接的研究"研究报告[M].北京:中国少年儿童出版社,1995.

（本文获天津市基础教育 2019 年"教育创新"论文评选二等奖）

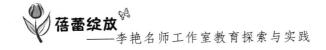
❀ 论文五

幼儿园主题背景下区域游戏中幼儿创造性
思维能力的培养

李 艳

【摘要】创造性思维能力是指思维活动的创造意识和创新精神,表现为创造性地提出问题和创造性地解决问题。幼儿的创造性思维不是与生俱来的,而是在生活和游戏活动中,在成人的教育和引导下,经过不断地认真思考、不断地在与环境、材料的相互作用中培养锻炼出来的。幼儿时期是思维能力发展的关键期。习近平总书记提出:教师要做"学生创新思维的引路人"。本文旨在通过主题背景下的区域游戏,在提供丰富多样材料的游戏活动中,探究幼儿创造性思维培养的有效策略,促进幼儿创造性思维能力的发展。

【关键词】主题背景 区域游戏 创造性思维

创造性思维能力是指思维活动的创造意识和创新精神,表现为创造性地提出问题和创造性地解决问题。心理学认为:创造性思维是人类的高级心理活动,它不是与生俱来的,而是在生活和游戏活动中,在成人的教育和引导下,经过不断地认真思考、不断地在与环境、材料的相互作用中培养锻炼出来的。创造性思维是一种具有开创意义的思维活动,是人类认识新领域、开创认识新成果的思维活动。随着社会的进步和发展,我们已经进入新的时代,未来社会需要更多具有创新意识、创新思维、创新精神的人才。我们现在培养的幼儿将会成为未来社会主义建设事业的接班人和主力军,具有创新精神和创新能力是时代对人才培养的新要求,是时代和社会发展的迫切需要。作为教育工作者特别是学前教育工作者,更应该肩负起神圣的使命,为每一名幼儿的成长和发展奠定坚实的基础。习近平总书记曾经指出:"教师要做学生创新思维的引路人。"对于幼儿而言,学前阶段的启蒙教育将影响终身。因此,在教育实践中,笔者深刻领会习近平总书记的教育指导思想并在教学实践中努力践行,积极探索在主题背景下的区域游戏活动中,幼儿创造性思维能力培养的有效策略和方法,以引导幼儿在快乐的游戏活动中主动学习、积极建构、获得有益于创造性思维能力发展的关键经验,促进幼儿创造性思维能力的发展。

一、选择适宜幼儿发展的活动主题,激发幼儿对活动的好奇心和求知欲

当前,幼儿园主题活动开展得如火如荼,依托不同主题可以生成多领域的区域游戏活动,在活动中促进幼儿全面发展。在这里,主题的选择和确定就显得格外重要,适宜的主题将有利于活动的有效开展。儿童的学习源于生活,著名教育家陶行知先生说:"生活即教育。"儿童的学习是在生活中学习,在生活中成长的。《幼儿园教育指导纲要(试行)》中也明确指出,"幼儿园教育内容的选择应贴近幼儿实际生活""是幼儿感兴趣的,能满足幼儿发展和需求的"活动。同时,选择源于幼儿生活的主题,还能极大地激发幼儿对活动的好奇心和求知欲,这是培养幼儿创造性思维能力的主要环节和前提保障。研究表明,影响人的创造力强弱的因素,至少有三种:一是创新意识,即创新的意图、愿望和动机;二是创造性思维能力;三是各种创造方法和解题策略的掌握。激发好奇心和求知欲是培养创新意识、提高创造性思维能力和掌握创造方法与策略的推动力。实验研究表明,一个好奇心强、求知欲旺盛的人,往往勤奋自信,善于钻研,勇于创新。

在实际工作中,我们依据不同年龄班的幼儿兴趣、现有水平和生活经验,筛选了适宜的主题。如:小班幼儿刚刚入园,生活经验少,我们选择的是"可爱

的我""糖果店""好吃的水果"，这几个活动主题内容浅显，幼儿相对比较熟悉，这样开展起主题活动来孩子们的兴趣非常高，在老师们的引导下，幼儿能积极参与，大胆表现；中班幼儿生活经验较之前增加了很多，那么我们在主题选择的广度和宽度上就可以扩大范围，我们通过观察幼儿，和幼儿交谈，发现孩子们在生活中关注的事情越来越多，同时，随着家庭生活的丰富，生活水平的提高，孩子们接触的事物也越来越多，像周末妈妈们爱买各种鲜花装扮家里、爱学习的爸爸看各种书籍……这些事情对孩子们的影响还是非常大的，于是，对于中班我们选择了"汽车总动员""花的世界""纸是怎么来的"，极大地激发了孩子们参与的兴趣和愿望，对活动的开展起到了积极的促进作用；大班幼儿求知欲望更加强烈，对各种事物都想探个究竟，于是我们筛选了"图书朋友""动物世界""奇妙的海洋"，让孩子们在知识的海洋中能够主动学习、自主探究，满足孩子们的好奇心，让他们获得知识和经验。

二、创设温馨、开放、和谐、丰富的教育环境，引导幼儿主动学习

教育环境是幼儿学习的第三任教师，教育环境质量直接影响着教育活动的成效。在实践中，为培养幼儿创造性思维能力，我们积极探索有利于幼儿发展的精神和物质双重环境，营造良好氛围，引导幼儿在宽松、温馨、开放、和谐和富有探究性的环境中学习。

（一）良好的精神环境是培养幼儿创造性思维的土壤

心理学研究表明，幼儿的心理是敏感而脆弱的，极易受外界环境的影响和干扰，积极的环境对幼儿心理发展、学习发展具有不可低估的作用，因此在活动中，在幼儿一日生活中，我们注重班级良好精神环境的创设，营造宽松、自主、开放、温馨的师幼氛围，关爱尊重每一位幼儿，充分体现幼儿在集体中的主体地位，为幼儿提供参与解决班级事务的机会，视幼儿为积极主动发展的个体，经常倾听幼儿的想法，经常与幼儿协商解决问题，有意识培养幼儿动脑解决问题的能力……在这样的环境中，孩子们是轻松的、自由的、开放的、快乐的，有话敢说，有事愿想、会想，懂合作、会协商。

（二）丰富而富有操作性的物质环境是幼儿创造性思维培养的支撑

游戏活动材料是物化的教育目标和活动载体,是幼儿内化知识的必要支持,丰富且富有教育价值的操作材料和物质环境在很大程度上促进着幼儿创造性思维的发展和形成,幼儿在主题背景引领下,在知识建构的过程中,在积极与材料互动的过程中,材料起到了积极的支撑作用,激发着幼儿的想象力、创造力,让幼儿在探究发现中思考,在操作体验中感知,在体验成功中感受快乐,进一步促进创造性思维的积极发展。

三、充分利用多种区域游戏活动,激发幼儿创新意识和创造潜能

（一）主题背景下的角色游戏中幼儿创造性思维能力的培养

角色游戏是孩子们最喜欢的活动之一,在我们的主题背景下,孩子们玩起了娃娃家、4S店、小小便利店、花店等游戏,随着主题活动的深入开展,游戏也在不断丰富着情节和内容。如4S店的游戏,孩子们在生活中都接触过汽车,在车辆的使用和保养方面孩子们有自己的"经验",在游戏中孩子们扮演着接待员、修车师傅、收银员,还有提供保险的工作人员……教师遵循着孩子们的兴趣,用问题引导幼儿创造性地反映游戏内容。如:"如果有人第一次来4S店,不知道你们的服务流程怎么办?汽车保养时间比较长,客人还可以做些什么?"问题一提出,孩子们一时不知如何是好,有的孩子说"我可以告诉他",有的孩子说"我给他画下来",有的孩子没有想出办法……老师继续追问,提示幼儿:"这两个小朋友的办法都可以,如果店里顾客很多,忙不过来怎么办?""客人等候时间长了,对服务不满意怎么办?"孩子们又一次陷入了思考……一会儿有个幼儿想出了一个办法:"请班里画画好的小朋友把到4S店做的事情画下来,写好先做什么,再做什么,这样,如果店里人很多,顾客就知道来了以后可以做什么了;如果客人等的时间长,可以给他一本书看,还可以让客人去吃点东西……"孩子们想出了很多办法,对此老师给予了积极的肯定和鼓励,最后,在孩子们的协商下,游戏里增加了顾客须知的设计,顾客等

候区的设置,游戏越来越丰富,孩子们玩得非常开心。

(二)主题背景下的表演游戏中幼儿创造性思维能力的培养

表演游戏是孩子们通过扮演不同的角色、装扮上不同的服装、道具,表现一定故事或情景的活动,因为活动中幼儿自主性、创造性空间比较大,所以深受孩子们欢迎,中班的故事表演"蔡伦造纸"就是一个每天让孩子们流连忘返的区角游戏。为了满足幼儿的活动兴趣,教师为幼儿创设了相对宽敞的活动空间,准备了蔡伦等角色的表演服装,在表演道具上,教师给孩子们留下了创新思考和创造设计的问题:"用什么东西来表现竹简?怎样表现造纸的过程?表演人物在哪里准备上场?表演时的背景可以画些什么?"一串连续的问题引发着孩子们的思考,大家争先恐后,大胆地说出自己的想法,有的说可以用纸卷代替竹简,有的说可以用一张纸画一画;有的说可以用积木围起来,让还没有上场的演员等着;有的说可以用大一点的纸把剪纸贴在上面做背景……孩子们奇思妙想,创造性思维中的发散性思维得到充分锻炼,思维的广度有所扩大,孩子们之间的想法也在相互促进,他们积极思考获得的各种方法为游戏增添了很多丰富的情景,孩子们欢喜不已。

(三)主题背景下的建构游戏中幼儿创造性思维能力的培养

积木建构游戏的教育价值在幼儿能力发展方面是显而易见的,幼儿在搭建、拼摆、造型、设计、组合、链接等活动过程中,想象力、创造力、动手能力、空间概念等都会得到很大程度的锻炼和发展,因此,建构游戏对幼儿创造性思维能力的发展具有积极的作用。在一次与大班幼儿一起搭建立交桥斜坡的过程中,幼儿的创造、发现、研究、尝试的过程让我们骄傲:大(二)班的几个孩子们在区域时间选择了建筑区搭建立交桥,桥的主体已经搭建成功,孩子们在搭建两侧的斜坡,其中两个小朋友合作,想用两个长条搭在一起,在连接这两个长条的过程中,两个孩子反复尝试,先后用了三种方法、六块大小不同的积木去做,经历了开始用最多的积木到最后只用一块积木就解决了连接的问题后,孩子们兴奋得不得了,因为他们一直在想办法,这其中我只提出了一个问题:"怎么把长条积木连接上,同时旁边没有障碍,保证其他车辆可以行使?"孩子们持续而专注地探究,经过三次尝试,孩子们找到了办法,解决了问题,这份成功和喜悦带给孩子们终身受益的学习品质。

(四)主题背景下的美工设计游戏中幼儿创造性思维能力的培养

在中班花店的游戏活动中,孩子们对做花一直保持着浓厚的兴趣,花店的生意非常好,每天来买花的顾客络绎不绝,两个"售货员"已经忙不过来了。于是,在大家的讨论下,美工区的小朋友们积极帮助,为花店做各种花束,现在的美工区已经成为花店的"加工厂",在制作花的过程中,孩子们的动手能力、想象力、创造力得以提升,每个人做得都不一样,同样的纸张、同样的彩色胶泥、同样的一种花,孩子们的作品是各不相同的:有的花瓣多,有的花瓣少,有的颜色不一样,有的是多色花瓣的花,还有的幼儿做成一串串的花,孩子们的创造力真的强大,花店的生意越来越兴旺。

(五)主题背景下的科学游戏中幼儿创造性思维能力的培养

为了激发大班幼儿科学探究的兴趣,老师给孩子们准备了可操作的镜子材料,孩子们开始不太会使用,老师没有告诉孩子们使用方法,只是把材料放在活动区中让孩子们慢慢感受,当孩子们了解了镜子成像的原理后,老师和孩子们玩起了物体成像的游戏,两个镜子拼在一起,放置一个玩具或物体,奇妙的事情立即发生了,镜子里出现了好多图像,这一下吸引了孩子们的注意力,孩子们的游戏开始了,不同的角度有不同的成像效果,孩子们用记录纸记录下每一次的发现,孩子们慢慢发现了规律,角度的大小决定了物体成像的多少。孩子们探究的兴趣更浓厚了,每天科学区都是孩子们首选参加的区域,每天孩子们都创造不同的角度,尝试不同的方法,每一次的结果也都让孩子们欢欣鼓舞,丰富可操作的游戏材料极大地激发着孩子们创造性思维能力的发展。

(六)主题背景下的益智游戏中幼儿创造性思维能力的培养

在小班、中班、大班的益智区域中有各种教师们自制的玩具,如"水果排排队""小兔家的小路""有趣的图形""我的数字朋友""方格子拼图""分分合合"等,这些材料都是低结构的,孩子们可以用教师提供的材料变换多种玩法,但实现的是同一教育目标,这样的材料具有极大的创造性,孩子们在活动中可以在教师引导下动手动脑,学习思考,学习操作,分享成果,体验多样化

的趣味,激发孩子们对数、量、形的认识和兴趣,满足不同发展水平幼儿对数学知识的感知。幼儿在操作过程中探究不同方法,在探究体验中获得相关数学经验,更重要的是这培养了幼儿创造性思维能力,促进幼儿的发展。

总之,幼儿创造性思维能力的培养无处不在,不仅在丰富多样的游戏活动中,幼儿的一日生活中也蕴含着丰富的教育资源和契机。只要教师做有心人,教育定会渗透于幼儿生活的每个细节,作为教师,只要心中有目标,眼中有孩子,时时抓住有效教育时机,定能促进幼儿创造性思维能力的培养,为儿童终生学习和发展助力启航。

参考文献：

[1]陈帼眉,冯晓霞,庞丽娟.《学前儿童发展心理学》[M].北京:北京师范大学出版社,2013.

[2]教育部基础教育司.《幼儿园教育指导纲要(试行)》解读[M].南京:江苏教育出版社,2002.

[3]中华人民共和国教育部.《3-6岁儿童学习和发展指南》[M].北京:首都师范大学出版社,2012.

❀ 论文六

《3-6岁儿童学习与发展指南》引领下如何开展
小班幼儿的科学探究活动

李玉玲

【摘要】幼儿的科学探究活动是幼儿认识周围世界、获得感性经验、发展形象思维的重要途径。小班幼儿好奇心强,喜欢对周围的新鲜事物进行探究,但受能力、经验、水平等方面的限制,需要成人的帮助和引导。我们要根据小班幼儿的年龄特点创设宽松的探究氛围, 激发幼儿的好奇心和探究欲望;提供适宜的操作材料,支持幼儿的探究过程;重视幼儿的直接感知、亲身体验和实际操作;给予支持性的语言引导,提升幼儿的探究动力;注重家园合作,丰富幼儿的探究经验。

【关键词】《3-6岁儿童学习与发展指南》 小班幼儿 科学探究 开展

幼儿的科学探究活动是幼儿认识周围世界、获得感性经验、发展形象思维的重要途径。小班幼儿好奇心强,以直觉行动思维为主,具体形象思维开始萌芽,喜欢对周围的新鲜事物进行探究,但受能力、经验、水平等方面的限制,需要成人的帮助和引导。《3-6岁儿童学习与发展指南》中指出:"幼儿科学学习的核心是激发探究兴趣,体验探究过程,发展初步的探究能力。"因此,幼儿的科学探究应以培养幼儿探究兴趣、发展幼儿探究能力为主要目的。根据小班幼儿的年龄特点和兴趣需要,我们要通过多种方法和途径引导幼儿开展科

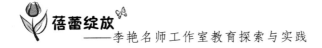
蓓蕾绽放
——李艳名师工作室教育探索与实践

学探究活动。

一、创设宽松的探究氛围,激发幼儿的好奇心和探究欲望

好奇心和兴趣是幼儿科学探究中的首要目标。一些自然的、生活中的事物是幼儿最感兴趣的,也最能激发幼儿亲近自然、喜欢探究的热情。作为成人,我们要保护幼儿的好奇心,经常带幼儿接触大自然,激发其好奇心和探究欲望。如在户外活动中,孩子们发现了滑梯上的落叶,好奇地捡起来玩耍,我们要趁机引导幼儿观察落叶的样子,找到其他的落叶,让孩子们想一想落叶是否都是一样的,落叶哪里不一样,进一步激发幼儿对树叶探究的兴趣。

《3-6岁儿童学习与发展指南》中指出:"真诚地接纳、多方面支持和鼓励幼儿的探索行为。容忍幼儿因探究而弄脏、弄乱甚至破坏物品的行为,引导他们活动后做好收拾整理。"例如在"沉浮"实验中,孩子们尝试把各种物品放到水里观察沉浮现象,有的物品如橡皮泥、彩纸,会使水的颜色变混浊,但孩子们的热情没有受到丝毫影响,这时我们不要以成人的标准来谴责幼儿,而是允许他们大胆地探索和尝试,在活动结束后引导幼儿清理干净,收拾整理好物品。

因此,保护幼儿的好奇心,创设宽松的探究氛围是引导幼儿开展科学探究活动的前提和基础,在探究中我们要允许幼儿犯错,允许幼儿有弄脏、弄乱的现象,要宽松、接纳、尊重,再给予适当地引导。

二、提供适宜的操作材料,支持幼儿的探究过程

材料是幼儿进行科学探究活动的物质中介。《3-6岁儿童学习与发展指南》中指出:"给幼儿提供丰富的材料和工具,支持幼儿在游戏过程中探索并感知常见物质、材料的特性和物体的结构特点。"幼儿通过与材料的相互作用探索、发现、获取丰富的科学知识经验。

我们要根据小班幼儿年龄特点投放适宜的材料。小班幼儿受到自身能力水平的限制;如语言表达能力弱,在探究中不能清晰、完整地表达自己的观察

和发现;以自我为中心的特点较突出,交往能力水平有限,不能很好地与同伴合作探究;有很强的模仿能力,喜欢模仿成人和同伴的语言和行为等。因此我们投放的材料要适度、适宜,在材料的层次上、种类上、结构上要能满足幼儿的需要。例如:在"水的溶解"探究活动中,我们先让幼儿了解了水的特性:无色、无味、透明、流动的液体。为了初步感受水的溶解特性,我们准备了便于幼儿观察的方糖:一方面方形的糖在溶解的过程中形状变化明显,另一方面方糖溶解后甜甜的味道可以品尝,能激发小班幼儿探究的欲望。此外我们还准备了透明玻璃杯、吸管、温水等材料,活动中引导幼儿用"变小了""变没了""不见了"等简单词语表示"溶解"的含意。

因此,根据小班幼儿的年龄特点,针对不同的探究需要,教师要提供操作性强的、符合幼儿探索需要的材料,支持和引发幼儿积极主动地与材料相互作用。

三、重视幼儿的直接感知、亲身体验和实际操作

《3—6岁儿童学习与发展指南》中指出:"幼儿的思维特点是以具体形象思维为主,应注重引导幼儿通过直接感知、亲身体验和实际操作进行科学学习,不应为追求知识和技能的掌握,对幼儿进行灌输和强化训练。"小班幼儿以直觉行动思维为主,具体形象思维开始萌芽。他们是在活动中学习,在探究中提升经验。

一般幼儿的科学探究过程包括产生疑问、猜想和假设、观察和实验、记录和整理、解释和交流等基本环节和步骤。小班幼儿虽然表达能力较弱,有意注意时间短,但探索的欲望很强,任何一个科学小实验,教师都要给幼儿充分的时间去提问、猜想、探索。例如在"方糖不见了"的实验中,教师提出疑问:"方形的糖放水里会怎么样?"让孩子们自由猜想。接下来让幼儿带着疑问去做实验,孩子们迫不及待地把方糖放进水里,用吸管搅动,慢慢地观察它的变化。"老师,方糖化了!""老师,我的方糖变小了!""我的糖没有啦!"孩子们惊喜地说出自己的发现。最后孩子们细细地品尝了糖溶解后的味道,甜甜的。

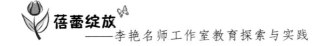

教师在组织和引导幼儿进行各种探究活动时,实际上是在支持和引导幼儿简单地经历科学家探究的过程。在探究的每一个环节都要以幼儿为主体,教师不应包办代替,更不能把知识经验直接传递给幼儿,而是让幼儿通过自己的直接感知、亲身体验和实际操作,来获得相应的态度能力、知识经验。

四、给予支持性的语言引导,提升幼儿的探究动力

教师是幼儿活动的支持者、合作者和引导者。科学探究活动中,教师与孩子的语言交流较多,首先教师用适当的语言提出问题,逐步引导幼儿层层递进地探究,幼儿也是通过语言描述自己在探究中的发现。小班的幼儿由于小肌肉发展不灵活,手眼协调能力较弱,完成精细动作的能力也较弱,教师要适当地运用语言来引导孩子积极探索。

例如在"沉浮"实验时,教师要引导幼儿"猜一猜石头放水里是沉还是浮呢?"孩子提出小石头不会沉的想法,教师要鼓励孩子试一试,把石头放进水里,观察石头是沉是浮。在观察落叶活动中,教师要引导幼儿观察"这两片叶子哪里不一样呢?"孩子们在教师的鼓励引导下用各种感官积极探索,当他们在操作中遇到困难时,教师要用鼓励的语言引导他们克服困难、继续探究,如:"你可以再试一试!""相信你可以的!""你观察得真仔细,继续加油!"

教师支持性的语言引导,是幼儿在科学探究中继续前进的动力,我们要重视并认真对待幼儿提出的问题,尊重他们的想法和观点,引导他们积极地进行猜想、观察、验证和表达。

五、注重家园合作,丰富幼儿的探究经验

家庭是幼儿园重要的合作伙伴,我们应本着"尊重、平等、合作"的原则争取家长的积极参与。小班幼儿的依赖性强,家长的态度、方式将直接对孩子产生导向作用。我们要向家长宣传《3-6岁儿童学习与发展指南》精神,用现代的教育观、儿童观引导幼儿参观各种活动。

首先,给幼儿营造一个宽松、自由、温馨的家庭探究环境。家长要允许幼儿在安全的前提下进行各种尝试,对幼儿力所能及的事情给予支持,在探索中如发现幼儿犯错误、弄脏、弄乱等现象,家长不要一味地批评指责幼儿,而要以宽容的心态对待幼儿。

其次,幼儿经常会就外界的新鲜事物向家长提出各种问题,这是幼儿好奇、求知的表现,家长要重视孩子的提问,不要厌烦,或者是觉得问题可笑等,要以平等的态度对待幼儿,认真倾听,努力理解幼儿的想法和感受,支持鼓励他们大胆地探索和表达。若家长不懂孩子提的问题,应实事求是地告诉孩子。

最后,开展"家庭科学小试验"。我们在幼儿园进行的科学小实验,可以鼓励家长在家和孩子们对其进行丰富和拓展,例如"有趣的水"的科学探究主题,在幼儿园简单了解了水的溶解性后,我们引导家长和孩子一起搜集材料,探索各种材料的溶解性,并将实验的过程以照片和视频的形式发到班级群里,大家一起学习分享。我们调动家长的积极性,吸引家长主动参与,让家长协同幼儿园一起进行科学探究,这样才能保护孩子的好奇心,激发孩子对科学活动的主动探究需求。

总之,每一个幼儿都是小小的科学家,他们在成长的道路上需要倾听、关注、支持、引导、鼓励和帮助。我们要在《3-6岁儿童学习与发展指南》精神的引领下,根据小班幼儿的年龄特点、心理需要、发展水平,循序渐进地开展科学探究活动。成人要给幼儿营造一个宽松的探究氛围,提供适宜的操作材料,用支持性的语言积极引导幼儿探究,重视幼儿的直接感知、亲身体验和实际操作,同时注重与家庭密切配合,鼓励幼儿进行各种科学探究活动。

参考文献:

[1]李季湄,冯晓霞.《3-6岁儿童学习与发展指南》解读[M].北京:人民教育出版社,2013.

[2]刘洪霞.儿童科学教育主题活动创意设计[M].北京:中国轻工业出版社,2015.

[3]威廉姆斯 C.里兹.培养儿童好奇心——89个科学活动[M].王素,倪振

民,译.北京:教育科学出版社,2009.

（本文于2018年5月荣获"全国十三五新形势下教育创新理论与实践"活动一等奖）

❀ 论文七

论杨柳青年画与幼儿园传统文化教育的创新融合

李媛婷

【摘要】本篇论文旨在结合幼儿园开展杨柳青年画教育的实践,不断尝试探索,针对幼儿年龄特点,密切联系《幼儿园教育指导纲要(试行)》《3-6岁儿童学习与发展指南》相关目标、建议,论述在幼儿园开展杨柳青年画传统文化教育的过程中创新融合的有效策略。论文主要从杨柳青年画有哪些内容适合幼儿,以及在探索、认知过程中可以通过哪些有效途径、策略积累适合幼儿的可行的创新资源,更加有效地提高幼儿对于杨柳青年画的认识,传承我国传统文化中的艺术瑰宝。

【关键词】杨柳青年画 年龄特点 领域融合 创意剪纸

杨柳青年画是我国非物质文化遗产之一,全称为"杨柳青木板年画"。作为著名的汉族民间木版年画之一,杨柳青年画产生于明代崇祯年间,其采用木版套印和手工彩绘相结合的方法,创立了鲜明活泼、喜气吉祥的独特风格。

作为我国伟大的文化瑰宝之一,我们自然要将杨柳青年画传承并发扬光大。虽然涉及杨柳青年画的具体工艺对于幼儿来讲是无法把握的,但就杨柳青年画的教育价值来讲, 其还是完全有在幼儿园开展相关教育活动的意义。结合当前《幼儿园教育指导纲要(试行)》《3-6岁儿童学习与发展指南》中所提到的"激发幼儿热爱祖国,热爱家乡的美好情感",向幼儿介绍反映中国人聪

明才智的发明和创造,对激发幼儿的民族自豪感是相当必要的。那么如何将这种传承艺术同幼儿园各领域创新融合,使杨柳青年画能更好地传承? 下面将结合实践探究做简要的阐释。

一、关注幼儿年龄特征,选择适合的角度切入

《3~6岁儿童学习与发展指南》指出:在探究具体事物和解决实际问题中,应尝试发现事物间的异同和联系。这样幼儿不仅能获得丰富的感性经验,充分发展形象思维,而且初步尝试归类、排序、判断、推理,逐步发展逻辑思维能力,为其他领域的深入学习奠定基础。在幼儿园开展杨柳青年画教育其实就是这样的过程。首先,教育的对象是幼儿,那么我们首先要考虑的就是幼儿的年龄特征。幼儿学习源于兴趣,那我们势必要从杨柳青年画中择取幼儿最感兴趣的内容来切入。

其次,针对3~6岁的幼儿来讲,他们对于杨柳青年画应当了解什么、掌握什么,是有一定考量的。结合《幼儿园教育指导纲要(试行)》《3~6岁儿童学习与发展指南》的精神,教育内容既要贴近幼儿的生活,选择幼儿感兴趣的事物和问题,又要有助于拓展幼儿的经验与视野,寓教育于生活和游戏之中。针对小班、中班、大班幼儿的年龄特征不同,开展杨柳青年画教育可以分别选择如下内容:小班幼儿注意力不易集中,动手能力较弱,可以结合图片使其了解年画名称,知道并能说出年画里有什么,了解年画图案都是有一定美好寓意的;中班幼儿具体形象思维有所发展,喜欢动手,教师可以结合杨柳青年画相关形象开展艺术领域、科学领域的活动如涂色、剪纸、赏析、计算等;大班幼儿的具体形象思维为主,逻辑思维萌芽,喜欢交流与合作,可以开展杨柳青年画的制作活动。

二、多领域融合，在实践中摸索有效策略

(一)以环境为依托

环境影响人、环境教育人，好的教育氛围可以塑造一个人。幼儿来到幼儿园，最直接接触到的便是幼儿园的环境，无论是园所环境还是教室环境，在一定程度上都可以起潜移默化的教育作用。杨柳青年画所涉及的内容其实是非常广的，但是一般一提到杨柳青年画，我们最快能想到的便是各种"胖娃"形象，如"连年有余""招财进宝"……这类画面既贴近幼儿喜好又极富代表性。我们可以利用园所的墙面集中展示这类杨柳青年画，激发幼儿观察的兴趣，使幼儿通过观看，形成初步的年画概念。我们还可以选取杨柳青年画中的相关形象来布置园所环境，幼儿通过平时的接触，可以发现哪些形象在杨柳青年画中有，这些形象表示什么好的寓意，在类似找一找的简单游戏中可以通过环境潜移默化地向幼儿渗透杨柳青年画的一些内容。

在班级环境创设中，可以利用主题墙的形式，结合幼儿所在年龄班的发展水平，进行创设，例如，在小班可将主题墙创设为"连年有余"，利用"大家看杨柳青年画—认识大鲤鱼—漂亮的鱼鳞"，这种集赏析、探究、创作于一体的活动，拉近幼儿同杨柳青年画的距离，符合小班年龄特点，既能满足幼儿猎奇的心理，又可以提升幼儿的参与性和主动性，在看一看、找一找、撕一撕中了解年画"连年有余"的深刻内涵。在这一过程中幼儿自己要说的、要做的内容很多，也能充分调动幼儿参与的积极性。中班可以将主题墙设计为某一幅幼儿共同喜爱的杨柳青年画，围绕这一年画衍生相关活动：将杨柳青年画的故事、对年画形象进行分类、年画形象制作等，从而有助于中班幼儿自主探究的兴趣的发展和正确认知的形成。大班则可以将主题墙设计为幼儿参与性、探究性较强的"杨柳青年画大家做"，围绕年画制作的内容，使幼儿了解年画制作要用到的工具，制作的年画大家选，制作的作品大家看，这一主题极富参与性和挑战性，符合大班幼儿年龄特征，也有利于大班幼儿的发展。教师应充分依照《幼儿园教育指导纲要(试行)》《3-6岁儿童学习与发展指南》的幼儿年龄

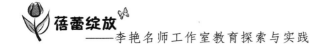

目标,分层次设定不同年龄班的班级主题墙的内容,让班级的环境成为推进杨柳青年画教育的不会说话的"老师",将利于幼儿探索认知。

(二)以材料为媒介

幼儿园的区域活动,以其灵活性、独特性彰显着越来越重要的教育价值。所以在探索幼儿园实践杨柳青年画教育的有效策略上,不应忽视区域活动的强大教育价值。如何让孩子们在自主活动中获得一定的有关杨柳青年画方面的认知呢? 这就取决于我们对区域材料的投放,抛开区域材料的低结构还是高结构的问题,作为教师在投放材料的同时要考虑到其与杨柳青年画的相关性。譬如,在美工区材料中可以投放一些年画中的代表性画面轮廓图,如鲤鱼、莲花、葫芦,帮助幼儿在用色中了解相关形象的内涵;在益智区可以利用年画中的植物、动物形象等进行分类游戏以及一、二维的排序游戏;在图书区可以搜集投放一些杨柳青年画的图册,直接帮助幼儿通过感官了解这一伟大的民间艺术。

(三)以教师为引领

教师不是杨柳青年画的继承者,相关的杨柳青年画知识往往来源于浅显的认知,而既然在幼儿园开展杨柳青年画教育,向幼儿传播年画的相关知识,就容不得半点马虎。所以在为幼儿开展相关教育之前,教师首先要在一定程度上具备杨柳青年画的相关经验。经验来自哪里? 一是要自学,二是要培训。教室可以利用相关书籍、上网查阅资料,不断提升自身关于杨柳青年画的认识,了解年画的历史、发展、传承价值。教师可以利用园所培训,从一定程度上提升自己对杨柳青年画的系统认知,这些对于在幼儿园开展杨柳青年画教育是相当必要的。

(四)以创新为核心

杨柳青年画作为一种民间艺术,有着深厚的传统文化底蕴。在日常的幼儿园活动中,自然少不了剪纸活动,而剪纸,也是一种有着深厚积淀的民间传统艺术。能不能使传统和传统进行融合,碰撞出新的火花,则成为我们在探究杨柳青年画教育有效策略中必须要思考的一个问题。我们常接触到的杨柳青年画都是印在、画在纸上的,是一种绘画的呈现,为什么不能将其以另一种形式呈现出来呢？我们可以大胆尝试将杨柳青年画同剪纸活动相融合,如中班杨柳青年画创意剪纸活动"美丽的迎春花",活动目标为:1.幼儿知道迎春花的花形及颜色。2.尝试折、画、剪迎春花。3.幼儿愿意用自己的剪纸作品装饰年画《四季花开》的画面。活动过程分为:1.利用年画及图片,激发幼儿活动兴趣,引入主题。2.利用课件及示范,明确迎春花的剪法。3.幼儿操作,教师指导。4.作品展示,分享交流。5.作品互评。在整个活动中,将《四季花开》这幅年画拉入幼儿熟悉、接触得到的生活中,以春天里的迎春花为载体,幼儿可以进行折剪四瓣、六瓣花的练习,活动中,每个孩子都能创作出与众不同的花朵形象,极富趣味性和创造性。这个创意剪纸活动是以《3—6岁儿童学习与发展指南》为指导,以杨柳青年画为载体,引导幼儿初识杨柳青年画的独特艺术风格,通过多种途径,让孩子们渐渐走进民俗艺术的天地。这既是对创意剪纸的新层次探索,更是使幼儿在潜移默化中感受传统文化的艺术魅力,同时教师也探索出了杨柳青年画教育的新契机。

(五)以家园为纽带

幼儿园所涉猎的杨柳青年画的内容还是有局限性的, 针对这种情况,应充分重视"家园纽带"的作用,利用现代化的通信方式,及时将杨柳青年画的相关内容普及给家长, 鼓励家长带着孩子去参观一些杨柳青年画的展览,也可以走进杨柳青去感受年画的独特意蕴,这样不仅能够发展孩子对于杨柳青年画的认知,更是增进亲子关系的好方法、传承民族艺术的好途径。

综上所述,杨柳青年画以其独特的艺术价值,成为我国民族文化瑰宝中的一颗璀璨明珠,其中值得剖析的精髓还有很多,对于幼儿在这方面进行教育是相当重要的, 将杨柳青年画同幼儿园传统文化教育创造性地融合在一起,不仅能帮助幼儿了解自己的家乡、自己的民族,增强民族自豪感,更能帮助幼儿成为优秀传统文化的传承者。而作为一名幼儿教师,我们更应秉承教书育人的伟大使命,不仅要重视幼儿的健康成长,更要重视对幼儿情操的陶冶,努力使幼儿的明天同伟大的艺术一样辉煌!

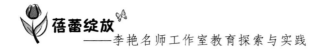

参考文献：

[1]陈帼眉.学前心理学[M].人民教育出版社,1989.

[2]教育部基础教育司.《幼儿园教育指导纲要(试行)》解读[M].南京:江苏教育出版社,2002.

[3]李季湄,冯晓霞.《3–6岁儿童学习与发展指南》解读[M].北京:人民教育出版社,2013.

（本文荣获 2017 年河东区教育创新论文评选一等奖）

❀ 论文八

浅谈幼儿期的隔代教养

杜慧婷

【摘要】随着社会的发展,隔代教养的现象越来越普遍,这是客观存在的状况,也是种种原因造成的必然。然而随着祖辈越来越多地参与到孙子女的教养过程,一系列问题由此产生,亟待理论解释和指导。本文通过对已有研究的分析整理,结合科学的育儿理论对隔代教养提出可供参考的建议,以期为幼儿营造出更为理想的成长环境。

【关键词】隔代教养 育儿焦虑 教养观念

所谓隔代教养,是相对于亲子教养而言,主要指由祖辈担负起对孩子的教育、抚养责任。独生子女政策的长期推行导致家庭规模的小型化,由第一代独生子女组建的家庭在有了孩子后或是选择与老人同住以方便工作和生活,或是直接将孩子尤其是学龄前幼儿托付给老人照顾抚养。父母们忙于工作生活,照顾、教养孩子的任务就更多地由祖辈来承担。然而国内外众多的研究已证实,隔代教养对孩子成长造成的不良影响显著且广泛存在。同时,因隔代教养产生的有关子女教养的焦虑已经成为众多父母育儿焦虑的重要组成部分。

蓓蕾绽放
——李艳名师工作室教育探索与实践

一、隔代教养影响着幼儿的身心发展

一项探讨隔代教养幼儿心理健康状况的研究将 359 名幼儿按照幼儿园小、中、大班划分,数据显示,在性格缺陷、人际交往缺陷因子的得分上,由祖、父辈共同教养的幼儿其分值显著高于由父母教养的幼儿,即与由父母教养的幼儿相比,祖、父辈共同教养下的幼儿表现出更多的情绪问题、性格缺陷和人际交往缺陷,并且适应性较差。李洪曾的调查表明:祖辈家长的家庭教育总体水平的平均值低于父母的家庭教育水平,两者的差别在统计上有显著性意义。

马斯洛的需求层次理论也可以部分解释隔代教养影响幼儿社会性发展的原因。马斯洛把人的需要划分为五个层次,从低到高依次为:生理需要;安全需要;归属和爱的需要,即对社交、归属和认可的需要以及给予爱和得到爱的需要;尊重的需要,包括自尊和受到别人的尊重;自我实现的需要,即发挥自己全部潜能的需要。对于学前期的幼儿来说,他们需要得到满足的是生理需要和安全需要,此外还有属于幼儿年龄阶段的特殊需要,即他们对依恋的需要。然而研究表明,祖辈家长往往重视满足幼儿的生理需要和安全需要,但是却忽略了幼儿对于亲子依恋的需要。生理需要和安全需要是人们与生俱来的,依恋的需要则是儿童社会性发展的最初表现,对幼儿亲子依恋需要的忽略会影响儿童社会化的进程,尤其容易使孩子在情绪、情感的发展和控制上出现问题,并有可能导致孩子出现一些交往障碍和性格缺陷。

此外,许多祖辈对现代社会人才标准和要求缺乏了解,以陈旧的思想观念来教育孙辈,在教育过程中以经验代替科学,导致隔代教养质量下降。例如,有些祖辈出于补偿心理,一味满足孙辈要求而导致溺爱孙辈;有些祖辈担心对孙辈严管会使家庭失和或是祖孙关系不佳,因而对孙辈采取放任不管的态度;还有的祖辈认为孙子、孙女年龄小,毛病小,"树大自然直",对其错误采取忽视态度。因此在隔代教养中就出现了普遍的溺爱、"重养轻教"的现象。

二、隔代教养影响着父母的育儿焦虑

隔代教养的家庭中,父辈和祖辈的教养观念难免发生冲突,亲子关系也常常受到"威胁"。笔者在一项有关育儿焦虑的研究中发现,因隔代教养而产生的有关子女教养的焦虑已经成为众多父母育儿焦虑的重要组成部分。国外一项关于祖辈父母干涉教养因而与子女关系紧张的研究(Szinovacz,1998)也证实了这一点。

林晓雯(1999)采用父母报告法,比较隔代教养家庭中学龄儿童父母和祖辈父母的教养观念和教养方式时,发现两代人存在一定的差异。祖辈由于有着丰富的生活阅历和教养经验,因此在教养孙辈时习惯按经验行事,而初为父母的年轻一代则有广阔的信息渠道,育儿理论知识充足,因此偏好按照书本的指导教养后代。同时,祖辈多注重对孩子生活的照料和各种行为习惯的培养,重视家庭生活在孩子发展中的作用,而年轻的父母则更多地注重对孩子进行智力开发和特长培养,以及实施一些相对科学的行为训练。两代人教养理念上的差异使得在具体的教养问题上常常会产生矛盾,父母们深知教养观念的不一致对孩子的身心发展极为不利,然而由于对长辈的尊重以及自身能力、精力有限,虽然担忧孩子的发展却也没有好的应对办法,因此产生了深深的育儿焦虑。

在亲子关系问题上,隔代教养的家庭中孩子和祖辈相处的时间往往更多,因此与祖辈间的关系更为亲密。父母尽管也想多陪陪孩子,可是工作和生活的压力常常令他们力不从心,但是看到孩子和自己的些许陌生和疏远,父母难免会产生抑郁或是焦虑的情绪。科学研究指出,与父母之间建立亲密稳固的亲子依恋关系对于孩子的健康成长和良性发展是非常重要的。

三、隔代教养中教养观念之利弊

当今一代的年轻父母们身处充满竞争的社会,深知优质的教育对于子女成长发展的重要意义。他们相对有较高的文化知识水平,对于科学教养孩子

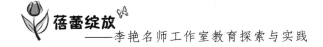

有一定的了解和知识储备;他们获取各种教养信息的渠道广泛,对社会的需求变化较为敏感。然而同时,这些年轻的父母们却又不得不早出晚归地为生活奔波,不得不放弃亲自陪伴、教育子女的时间去忙工作、忙生活。因此,祖辈家长自然要分担教养孙子女的责任,这也是当今社会隔代教养现象逐渐增多的一个重要原因。"含饴弄孙"是众多祖辈家长追求的理想境界,他们享受照顾孩子过程中的快乐,精神上也能得到满足,加之生活质量逐渐提高等社会因素的影响下,祖辈们不仅有精力而且有时间照顾孙子女。与孩子的父辈相比,祖辈家长有着较为丰富的育儿经验,有着充裕的时间和足够的精力,因此在教养孙子女方面有其独特的优势。多数祖辈家长也能够正确认识到幼儿在思维、记忆和学习方式等方面不同于成人的特点,对他们的教育会有意识地使用适合其的方式。而且祖辈家长相对更为重视对孩子文明礼貌和道德素质的培养,并肯常会有意无意地渗透各种民俗和美德教育,这对于中华民族优秀传统文化的传承是非常有利的。然而,祖辈家长在教育观、儿童观上存在的不足也深深影响着孩子的成长。

一般来说,家长的教育观念来源于个体的生活经历并受社会文化观念和时代背景的影响。有研究指出,祖辈家长的儿童教育观主要来自三个方面:祖辈家长自己的经验和学习,家庭成员间的互动交流以及文化传统与社会思想。由于其儿童教育观来源的局限性使得祖辈的儿童教育观存在许多不足。首先,祖辈家长的儿童教育观具有片面性,他们虽然关注了知识、技能等儿童发展的目标,但是却容易忽视儿童心理和情感方面的发展,也不注重培养儿童的同伴交往能力,并常常将儿童自我意识和独立性的发展看作是孩子的"使性子"和"不听话"。其次,祖辈家长的教育观多具有功利性,因为怕孩子会落后于人而急切地让他们学习各种知识,甚至可能为了让孩子能够在同龄人面前多背一首唐诗而让其无意义地反复诵念,这样的教育方式严重缺乏科学性,并有可能导致孩子因过早地承受竞争的压力而丧失对学习的兴趣。再有就是祖辈家长儿童教育观的民主性淡薄,在教育中更多的是使用权威来要求儿童服从,并不把儿童看作是与成人平等的个体,忽视或不尊重儿童的意愿和要求,这将不利于儿童自主性的发展。除此之外,对于年幼的孙子女,祖辈家长还常常以孩子小为由纵容溺爱,使其养成一些不良的习惯,例如不遵守规则等。

四、对隔代教养家庭的育儿建议

对于隔代教养家庭中的子女教养问题,笔者在分析了已有的众多资料和研究成果后,给出如下建议:

首先,在教养观念上,祖辈与父辈应当取长补短,不盲目否定或是固执己见。一般认为,家长的教育观念是个体自我建构和文化信息相互作用的结果,是社会历史文化的产物。祖辈与父辈成长在不同的时代,有着不同的生活经历与经验,在教养孩子时难免会以自己的观念为主。然而,在众多科学研究的证明下,祖、父辈应当充分认识到各自教养观念的不足并积极改正。父辈人对于先进的、科学的教养知识和育儿理论的掌握是应充分肯定的,然而养育孩子还需要经验,经验则需要岁月的积累。祖辈人往往有着丰富的传统育儿经验,如果能够积极地学习科学的现代教育理念,加之充沛的时间和精力,在教养孙子女时就比初为父母的年轻父辈们更具育儿优势。但是这要求祖辈人要善于接受"文化反哺",通过及时有效的交流沟通从年轻的父母那里吸取新鲜的教育资讯和教养理念,了解时代对孩子提出的新要求,努力将自己所具有的经验优势与现今科学的育儿知识相结合。只有祖、父辈互相学习,共同努力,才能磨合出对孩子最为有利的教养观念。

其次,在亲子关系上,父母要摆正心态,付出爱和时间与孩子培养健康的依恋关系。对于有些孩子与祖辈父母感情更深、更为亲密的现象,父辈人不能只是一味地责怪隔代教养所造成的孩子感情的"不良偏好",而是应该思考导致这一结果的根本原因。有不少研究指出,父爱和母爱的缺乏才是导致亲子关系不良的根源。尽管年轻父母们的工作很忙、生活压力很大,但是无论怎样都应该留出与孩子互动交流的时间。与那些孩子不在身边的父母相比,三代同堂家庭中亲子之间的感情的培养因为少了时空阻隔而相对容易很多。年轻的父母们不能因为孩子有了老人的照料就不闻不问,每天再忙再累也应抽出

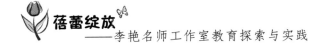

时间陪孩子做游戏、学习,倾听孩子的心声,尽父母应尽之责,让孩子感受到父母真切的爱。此外,年轻的父母们要善于向孩子表达自己的爱。一句"妈妈爱你"对孩子幼小心灵的抚慰非常重要。当然,这种爱的表达也不能流于形式,父母们需要用孩子能够理解的方式向孩子解释,不能时时地陪伴是因为爸爸妈妈需要工作,即使不陪在他们身边也会一直想念。感情的培养需要付出爱和时间,对自己的孩子更是如此。同时,祖辈也应当认识到健康的亲子关系对于孩子成长的重要性,在教养的过程中有意培养和维护孩子与父母的亲密关系,尽力营造温馨和睦的家庭氛围,积极促进孩子形成健康的人格和良好的品性。

最后,在矛盾的处理上,祖辈和父辈应当进行及时有效的沟通,尽量避免在孩子面前发生争执。由于教养观念和思维方式的不同,在教育孩子时祖辈与父辈间常常会发生争执。再理智的头脑也难免有冲动的时候,当矛盾发生时,双方首先应尽可能地冷静下来,事后再找机会商讨沟通,切忌当着孩子的面争吵。让孩子看到家长们因自己而发生争执,容易使孩子形成做错事后找靠山,祖辈、父辈两边钻空子的思想,并且家长们不理智的解决问题的方式很可能在潜移默化中被孩子模仿学习。

总之,无论是祖辈还是父辈,无论是怎样的教养,其目的都是为了孩子能够健健康康地成长,顺顺利利地发展以及快快乐乐地生活。在一切为了孩子的大前提下,没有什么矛盾不能化解,没有什么困难不能克服。祖辈们享受含饴弄孙之乐,父辈珍惜有老人照顾孩子而为自己节省精力与时间,彼此怀着感恩之情,宽容之心,共建和睦美满的三代同堂之家,为孩子创造积极轻松的成长环境。

参考文献:

[1]杜慧婷.小班幼儿父母的育儿焦虑及其受状态焦虑影响的研究[D].上海师范大学,2011.

[2]高紫薇.祖孙关系与中班幼儿社会能力的关系研究[D].上海师范大学,2009.

[3]黄勤.祖辈家长儿童观的个案研究[D].广西师范大学,2005.

[4]李洪曾.祖辈主要教养人的特点与隔代教育[J].中国家庭教育,2005（1）:12-16.

[5]李晴霞.试论幼儿教育中的隔代教养问题[J].学前教育研究,2001（3）.

[6]林晓雯.核心家庭和三代家庭教养环境的比较研究[D].北京师范大学,1999.

[7]王玲凤.隔代教养幼儿的心理健康状况调查[J].儿童心理卫生,2007（10）.

（本文在2011年天津市学前教育优秀论文评选中获一等奖）

❀ 论文九

开展创意美术活动促幼儿积极情绪发展方法初探
崔 倩

【摘要】开展创意美术活动对促进幼儿积极情绪的发展有着十分重要的作用,本文将和大家分享如何引导幼儿通过创意美术活动表达自己的情感和愿望,利用新材料,多方面、多渠道、多角度开展创意美术活动,让幼儿大胆表达,放飞心情,自由想象,纵情表现,从而获得情绪的积极发展。

【关键词】创意美术 幼儿 积极情绪 发展

福禄贝尔认为儿童共有四种本能:第一种为活动的本能(即一种创造的本能),第二种为认知的本能(即揭示万物的本能),第三种为艺术的本能(即进行艺术创作的本能),第四种为宗教的本能。教育的任务在于促进儿童内在本能的发展,培养儿童的主动性和创造性。同样,开展创意美术活动对开发幼儿的艺术的本能,获得情绪发展有着重要的作用。孩子们一步一步试图利用美术活动表达自己的情感和愿望,由于技能、小肌肉发展等方面的限制,幼儿呈现出来的作品往往是比较空洞的。那么,应如何引导幼儿通过创意美术活动将自己难过、快乐或紧张的情绪表达出来,让作品充满生气与灵动,让创意美术活动成为幼儿有感表达、有感表现的载体,这是我们教师应不断思考与探索的问题。

创作的欲望埋藏于每一个幼儿的内心。我们应该支持与尊重幼儿的每一个新想法,幼儿才不会担心因"出错误"而受到指责,才会有令人惊喜的创作表现。我们应基于幼儿的原有经验,利用新材料,多方面、多渠道、多角度开展创意美术活动,让幼儿大胆表达,放飞心情,自由想象,纵情表现,从而获得情绪的积极发展。

一、开展创意美术活动,帮助幼儿建立一个健康的内心世界

毕加索曾经说过:"当我是一个孩子的时候,我可以像拉斐尔那样作画。后来我花费了很多年来学习如何像一个孩子那样画画。"看似混乱的色彩和线条,在儿童眼里却是充满魅力的!儿童会告诉你这是他最喜欢的伙伴,是天上的云或者是故事里的小老鼠。

孩子的想法是最单纯的,对他们而言,美术活动是一种语言的延伸、情感的表达。他们总是用自己直率的方式记录着愿望和生活。作为教师,我们应倡导儿童为主体的教育,鼓励儿童天然的创作,让这种新奇的、冲动的、富有童趣的创意活动一直陪伴在孩子身边。

在开展创意美术活动时,我们需要丢弃"会"与"不会"的看法,不给孩子戴上成人美术标准的枷锁,让孩子自由地表达,体验创作的乐趣。只有孩子沉浸在创作中,老师才能更多地根据幼儿的个体差异进行启发和引导,真正地走进孩子的内心世界,与孩子谈论他的作品,倾听孩子所表达的内容。

正如我在一次创意美术活动中,请孩子用画笔、丙烯颜料和纸黏土创作"森林里的小动物",只见咚咚把大大的图画纸涂满了绿色丙烯,看不见一只小动物,我问:"咚咚,你森林里的小动物呢?""都藏在草丛里啦,老师你看,这儿藏着小兔子,这边是小猴子……"咚咚得意地说着。

孩子因为受年龄水平、表现技能的限制,想表达的内容可能会和最后呈现的画面有很大的差异。这时,教师要及时与孩子沟通交流,认真倾听孩子的表达,观察孩子讲述作品的情绪、语调是怎样的,以了解孩子的真实意图。

为了更好地了解孩子的心理与需求,为孩子的成长提供帮助,我们需要读懂孩子的作品,让美术心理教育真正发挥它的价值,走进孩子的内心世界,让儿童在创意美术活动中感到放松,宣泄出他们的情感和压力,让他们的心理由此变得更加阳光、更加健康。

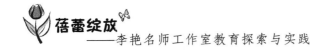

二、运用生活中的素材开展创意美术活动,让幼儿体验生活的乐趣

"生活是艺术创作的源泉。"自然赋予了我们一切,也激发了我们的创作热情,因此,我们要尽可能地让孩子们走进自然,扩展视野,鼓励孩子以自己的眼光观察周围的世界,并大胆表现出自己的情感体验。春天,我们一起观察蚕宝宝长大,看着"种宝宝"发芽,听着春雨"沙沙";隔壁的燕子飞来,仿佛在说:"春天来了!"夏天,我们听着蝉鸣声声,感受着炙热的骄阳;绿油油的爬山虎原来早已悄悄爬上了幼儿园的外墙。秋天,我们看着树叶从翠绿一点点变得枯黄,又纷纷落下;天空中的云飘得好高好高,一会儿变成兔子,一会儿变成小鸟,与你做游戏。冬天,我们被包裹在厚厚的羽绒服里,一起打雪仗,在雪白的地毯上踩下一串脚印,发出咯咯的笑声。

大自然中的这些绿叶、树枝、花朵成了孩子们创作的材料。正如教师节孩子送来的一朵朵鲜花,我们将花瓣取下分给孩子,给孩子提供黑色的卡纸、胶水、各色的颜料,不一会儿,孩子们就让鲜花"开"在了纸上。我们将秋天的落叶做成一幅幅创意树叶画,来讲述秋天的故事。

孩子们就是这样将春光的明媚,夏花的灿烂,秋日的艳阳,冬雪的干净,变成了一幅幅美丽的作品,体验着自然之美与生活之趣。

三、利用节日教育开展创意美术活动,让幼儿感受"情"的教育

中国是一个具有丰富的文化内涵、很强凝聚力的文明古国,传统节日与我们源远流长的文化一脉相承,是一份宝贵的文化遗产。传统节日是教育幼儿的有利时机,和幼儿一起过节的最终目的是传"情",因此我们可以通过创意美术活动激发幼儿大胆表达自己的情感。

如中秋节时,我们和孩子们一起了解了中秋节的传说以及习俗,知道中秋节是一个团圆的节日,我们除了在幼儿园一起做香香甜甜的月饼,也和幼

儿一起讨论了过这个节日是怎样的心情，"快乐""兴奋""幸福"，孩子们总能想出美好的词语。我们开展了"幸福的大桌子"这一创意美术活动，让孩子带来家人和自己开心大笑的照片，并将照片里的人剪下来。我们提供了纸张、纸盘子等可以当作"桌子"的材料，孩子们有的在纸上画了大桌子，有的选了纸盘子当桌子，还用纸黏土捏了月饼，水果等好吃的东西粘到了"桌子"上。最后孩子们把自己和家人的照片贴到了桌子旁边，就这样，孩子们将这份快乐与幸福留在了作品里。

四、各区域巧妙整合开展创意美术活动，激发幼儿表现美的情感

优美的音乐作品有助于调动幼儿的多种感官，帮助幼儿感受理解作品，其优美的意境展现能激发幼儿表达美、表现美的愿望。如：在欣赏毕加索的作品《梦中的女人》时，我们用钢琴曲《梦》来导入，孩子们一边看着画面，一边欣赏着优美、安静、柔和的音乐，我们引导幼儿说出听完音乐之后的感受："听完音乐后你想到了什么？"有的说想到了和爸爸妈妈去旅游，有的说想到了睡觉，有的说想到了美丽的阳光，最令人惊喜的是悦悦小朋友说："我想到我做了一个梦，梦到了满园的花香。"

随后，我们请孩子们将自己想到的、梦到的、见到的景物当作背景画下，将《梦中的女人》作品中人物的剪影贴到孩子们创作的背景上，于是，我们看到了一个个美丽的梦境。梦中有孩子们的快乐、幸福、天真、童趣。智智说："我感觉画家就是拿勺子舀上颜料，这洒一点，那洒一点，一会儿就洒满了整张纸。"这是多么令人惊奇的创作呀。

五、让材料丰富的美工区成为幼儿自由表现的乐园

美工区是孩子们十分喜爱的游戏区域，在这里幼儿可以自由地思考和创作。这里有着宽松的氛围和丰富的材料，幼儿可以充分感受创作的乐趣。我们

班创设了"花花手作"美工区,投放了布头、贝壳、鹅卵石、树枝、藤条等很多原生态的材料,制作了花卉拓板、树叶印章等辅助材料,并和孩子们用纸板、树枝、贝壳、鹅卵石创作出一幅海边的场景,之后还可以在上面刷色、喷色等。在美工区孩子们可以选自己所选,想自己所想,做自己所做,自由开展创意美术活动。

在这个区域内,幼儿可以尝试将各种材料整合再创造,选用不同的工具与同伴愉快地合作游戏。幼儿或许没有太多的词语表达自己的心情,但是通过绘画或手工这些外在的形式,可以展示出自己的内心情感世界,促进积极情绪发展。

作为一名幼儿教师,要有一双善于发现的慧眼,一颗包容豁达的心灵,善于用儿童的眼光来看待这个世界,用心解读幼儿作品,积极与幼儿沟通,了解幼儿,尊重幼儿,以幼儿的发展为中心,挖掘幼儿的潜能,我们可以让创意美术活动成为了解幼儿心理、促进幼儿积极情绪发展的媒介,为幼儿健康成长而努力!

参考文献:

[1]孟丽华,孙爱芝.让童心在快乐创意中绽放——《美术活动中幼儿创新能力培养的研究》阶段性小结[J].教育学院论坛,2015(8).

[2]田艳.浅谈幼儿园创意美术活动的探究与策略[J].新课程·下旬,2014(6).

[3]张亚玲.儿童绘画与儿童心理演变关系探析[D].西北师范大学,2007.

(本文获天津市学前教育学会优秀论文评选三等奖)

❀ 论文十

如何让大班区角游戏成为架构"幼小衔接"的桥梁

韩 迪

【摘要】幼小衔接问题是教育工作者和家长们一直非常关注的问题,但这一问题却一直没有得到科学有效的解决。幼小衔接不当会直接导致孩子入学后产生厌学情绪、注意力不集中、做事拖沓、粗心大意等诸多问题。教育部多次开展幼儿园小学化的专项治理工作,提出幼儿园应树立科学保教观念,坚决落实以游戏为基本活动,纠正"小学化"倾向,提高幼儿园科学保教水平,促进幼儿身心健康发展。

【关键词】学龄幼儿 幼小衔接 区角游戏 学习适应 社会适应

喜爱游戏是幼儿的天性,而区角游戏是幼儿园众多游戏中的重要组成部分,符合幼儿学习与成长的需要,对丰富幼儿的直接经验,促进他们的整体发展有重要的作用。幼儿园大班是孩子从幼儿园到小学之间的一个转折期,也是孩子从游戏阶段向学习阶段过渡的一个时期,教师要善于借助幼儿喜爱的区角游戏开展丰富多彩的幼小衔接活动,帮助孩子更好地度过这样的一个时期,培养幼儿的学习兴趣,促进幼儿身心健康发展,更科学地适应小学生活。本文从实践层面,结合我园的艺术特色和大家一起分享我们班(大班)运用区角游戏促进幼小衔接的一些做法。

"幼小衔接"从字面意义来理解就是幼儿园与小学教育衔接,这也是幼儿

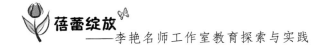

在其发展过程中所面临的一个重大的转折期,如果处理得不好,就会给幼儿日后的发展带来不利的影响。其核心是此年龄段的幼儿怎样从思维方式、学习习惯、社会技能等方面适应小学生活,顺利实现幼小衔接。

一、正确分析幼儿园与小学的差异,寻找幼小衔接的过渡点

(一)幼儿的自我服务能力

适龄儿童在进入小学以后,会感到与幼儿园的生活相比,小学生活在方方面面都有不同。比如:幼儿园很注重"保教",小学教师的主要精力在课堂教学、批改作业和班级管理上,相对而言较少顾及孩子的生活,许多时候需要孩子自己照顾自己。

(二)幼儿的任务意识

孩子上了小学,学习就成为他必须要完成的任务,这与幼儿园以游戏为主的活动形式完全不同。如果孩子没有在入学前做好这方面的必要准备,就会对今后的学校生活产生不良的影响。由此可见,做好入学准备不仅仅是要具备一定的知识与技能,更重要的是注意培养幼儿完成任务的意识和能力。

(三)幼儿对学习的探究兴趣

在中小学,真正的"尖子生"并不是被家长或教师"逼"出来的,而是自己对未来有目标、有志向,有自主学习的动力愿望,对所学知识内容和探索未知世界有着浓厚的兴趣。如果对学习没有探究兴趣,学习就会演变成为学习而学习或是为了父母而学习。

(四)幼儿的超前识字、算数能力

小学化的识字、算数等训练,会扼杀孩子的学习兴趣,从而影响孩子今后的学习态度和兴趣。学龄前阶段,幼儿的思维发展水平处于直觉行动思维及具体形象思维阶段,数学概念在他们的脑海中,还不能成为一个抽象的逻辑体系,必须借助具体的动作、生动形象的实物和场景。

基于以上的差异,我们可以非常清楚地了解到幼儿园的教学同小学教学有着本质区别,它们应属不同的教育范畴。

二、整合区角游戏的教育价值,注重能力培养,架构"幼小衔接"的桥梁

区角游戏活动是幼儿在特定的游戏区域内所进行的游戏活动,孩子可以按照自己的意愿,自由选择区域内容和学习伙伴,进行自主的操作、探索和交往,这是幼儿园教育的重要组成部分。

学前幼儿向小学生过渡,身心会发生一些变化,这往往体现在社会性发展与抽象逻辑思维发展这两个心理维度上。帮助学前幼儿尽快适应小学生活和学习有多种策略,教师可利用区角游戏中的环境设计与布置解决幼小衔接所出现的问题。

(一)解决幼儿学习适应困难

面对即将升入小学的大班幼儿,主要可从学习兴趣、学习热情、专注性和持久性这几方面进行培养,可从以下几个区角开展游戏:

1.美工区

美工区的活动种类繁多,材料丰富,操作比较简单,是幼儿非常喜欢的区角游戏。大班幼儿的游戏时间一般都是三十分钟左右,但升入小学后,课堂时间就会增加到四十五分钟。为了幼儿更好地适应小学课堂的时间,教师可以变换活动区材料,循序渐进地加大游戏的难度,逐步增加幼儿在美工区活动的时间。同时,教师可以对幼儿区角游戏提出新的要求:在规定的时间内,完成一件作品。在调动幼儿活动的兴趣和热情的同时,鼓励幼儿坚持较长一段时间,集中精力完成一件事情,从而培养幼儿专注和持久的学习态度。同时,将幼儿完成的作品进行展示,成为装饰区角和教室的元素,增加幼儿的自信心和成就感。比如大班上学期,我们在美工区开展了"小小制衣坊"的活动,幼儿利用人体模特将旧衣服改造成各种新型服装,每件衣服都需要 2~3 名幼儿相互合作、共同完成,在制作之前,孩子们先确定当日的计划,区角游戏结束后孩子们还会商定次日的任务,作品完成后,孩子们还会将制作好的衣服"卖给"表演区,看着小演员们穿着自己亲手制作的演出服,孩子们的成就感溢于

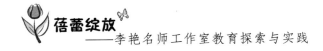

言表。

2.图书区

在图书区的创设中,教师可以为幼儿提供适合大班年龄段向小学过渡的相关书籍,并且将书籍进行分类,比如将书籍分为社会适应、心理准备、能力培养等方面,还可以鼓励幼儿借阅书籍,进行亲子阅读的活动,和家人共同讨论幼小衔接的相关准备。这样,幼儿在阅读的过程中,不仅可以了解书中的内容,还可以和同伴、家人共同围绕书中的内容开展讨论活动。同时,幼儿在阅读过程中,会关注区角中的文字、符号,感受文字的艺术美,并尝试运用简单的符号和标记。这样,不仅能够培养幼儿对汉字的兴趣,更提高了幼儿听、说、读的能力,引导幼儿形成认真倾听和表达的良好习惯。与此同时,教师要鼓励幼儿运用绘画、录视频等多种形式表达自己阅读后的想法和体会,开展丰富多彩的读书交流活动,增强幼儿的语言表达、提炼总结的能力,使幼儿逐渐适应小学生活。

3.小学体验区

对于学前幼儿来说,小学是一个既陌生又新奇的地方,他们对此充满了无尽的兴趣和想象。大班下学期也是幼小衔接的关键时期,在这个幼儿最接近小学生活的日子里,组织参观小学的活动是非常有必要的。让幼儿走进小学,了解小学生的一日生活,能够激发幼儿对小学生活的希望和向往。孩子们兴趣盎然,但是过后往往就会逐渐淡忘,为了使幼儿做好入学前的心理准备,尽快适应小学生活,教师将参观小学的活动延伸到区角活动中,在活动区创设一个"模拟小课堂",按照小学课堂的摆设,模拟创造出一个微缩的小学课堂。教师可以在这个区角里摆放几组小学课堂的桌椅,讲课用的黑板、设计板报用的黑板、课程表等相关内容。幼儿可以进行角色游戏,模仿小学老师使用粉笔在黑板上写写画画,为幼儿适应小学的学习生活奠定基础。教师可将小学生红领巾的故事展示在区角环境中,成为培养幼儿形成良好品格的精神引领,激发幼儿早上学、争取早日戴上红领巾的愿望。同时,教师还可以为幼儿提供一些小学校服,幼儿身穿小学校服,能感受到自己是一名小学生,会感到光荣和自豪,教师可以鼓励幼儿设计自己心中的校服、校徽,激发幼儿对小学生活的向往。此外,在本区角活动中教师还可以将"课间十分钟""不一样的一分钟""书包里的秘密""小学生的好朋友"等相关内容以游戏的形式展示在活动区中,使幼儿在游戏中养成整理生活用品和学习用品、自我服务的良好习惯,培养幼儿适应小学生活和学习的能力。

(二)解决社会性适应困难

对于学龄前儿童来说,要适应小学生活,就要学会独立自主地面对生活和学习。为此,建构区就成了培养幼儿在群体活动中的沟通能力和交往能力的一个重要区角,其能够提高幼儿适应小学生活的能力、交往能力和语言表达能力。

1.建构区

教师不仅要根据建构区的要求和规则布置和准备材料,还要把游戏的难度加大。比如可增加需要与同伴协商制定游戏规则的"盖楼房"游戏,它需要幼儿进行合作,并按要求在规定的时间内设计完成一个有难度的建筑。

2.角色区

丰富多彩的角色游戏是幼儿社会性发展的重要形式,特别是在协调幼儿之间不同观点、解决人际间的问题与冲突、改善同伴关系上影响非常大,能够促进幼儿语言能力的发展,提高幼儿的表达能力。角色游戏中使用表征物,可以促进幼儿抽象思维的发展和认知的发展,对幼儿适应当今社会发展形势意义重大。比如大班上学期开展了"小小花店"活动,孩子们需要将自己制作好的鲜花推销出去,或者按照"客人"的要求制作花束,这有效地培养了幼儿的社会适应能力。

3.棋类区

棋类区不仅能发展幼儿的逻辑思维,更重要的是能培养幼儿谦虚谦让、文明礼貌的优秀品质,营造友好合作的学习氛围,增强幼儿的交往能力。教师可以在区角中为幼儿提供各种棋,比如五子棋、军棋、飞行棋、跳棋、象棋等。

寓教于乐的区角游戏能够培养幼儿积极态度和良好行为习惯,使之成为幼儿终身学习与发展所必需的优秀品质,对幼儿的一生都会产生重要的影响。教师要充分尊重和保护幼儿的好奇心和学习兴趣,积极引导幼儿养成认

真专注、积极向上、勇于创造的良好学习品质,使幼儿更好地适应小学生活。教师要按照《幼儿园教育指导纲要(试行)》的要求,倡导"以人为本"的教学理念,以幼儿的可持续发展为本,为幼儿的学习和终身发展打下良好的基础。

三、家庭和社会共育是"幼小衔接"的延伸

要想更好地开展"幼小衔接"活动,不能只是简单地依靠教师的力量,更需要家长的支持。教师应呼吁家长和社会资源联合起来,让衔接工作不再孤立,从而得到延续和发展。教师可以借助互联网征集"家长志愿者",请各行各业的家长来班里给孩子们组织丰富多彩的活动,注入新鲜血液。教师还可以设计制作"幼小衔接家庭行为习惯表",让家庭与幼儿园密切联系起来,使"幼小衔接"工作得以巩固。幼儿园和家庭、社会密切配合,共同为儿童营造一个良好的成长环境,能够让学前幼儿更好地适应小学生活。

"幼小衔接"不是一个固有的名词,它是培养幼儿终生良好品质发展的过程。科学正确地开展幼小衔接活动,不仅是搞好基础教育,更是提高民族素质的重要保证,全社会要在思想上重视幼小衔接,在行动上抓好幼小衔接,为幼儿顺利步入小学打好基础,从而使其自信地面对小学生活。

参考文献:

[1]丁秀娟.试论幼儿教育中的主要任务与方法[J].吉林教育,2016(12).

[2]李玉杰,赵春颖,李桂云.幼儿园与小学教育衔接的有效策略[J].教育探索,2012(12).

[3]孟繁慧,张代玲.国内幼小衔接研究综述[J].黑龙江教育学院学报,2014(07).

[4]蒙台梭利.童年的秘密[M].爱立方,编译.北京:人民教育出版社,2005.

[5]蒙朝晖.谈蒙氏教育法在农村幼儿园的运用[J].甘肃教育,2015(05).

[6]苏晓波.我国"幼小衔接"教育存在的问题及策略研究[D].沈阳师范大学,2017.

[7]杨文.当前幼小衔接存在的问题及其解决对策[J].学前教育研究,2013(08).

[8]周青利.揭示儿童成长的奥秘——读《童年的秘密》[J].思想理论教育,2007(22).

（本文荣获天津市学前教育教学优秀论文评选二等奖）

第六编
研究探索
——研究成果篇

好奇是儿童的原始本性,感知会使儿童心灵升华,为其探究事物藏下本源。

——〔美〕斯奇卡列

教学之法,本于人性,磨揉迁革,使趋于善。

——欧阳修

❀ 课题研究一

体育游戏对中班幼儿运动能力发展的实践研究

王姗姗　　　王艺霖

一、问题的提出

近些年来,家长们越来越注重幼儿智力因素的发展,对于其身体方面的发展忽略了很多,幼儿常常都是闷在家里或者在去各种学习班的路上,缺少必要的锻炼,生活习惯不好,饮食不规律,很多幼儿的身体机能及协调能力正在慢慢下降。在孩子的发展过程中,身体发展会影响智力的发展,是孩子全面发展的必要条件,所以我们要充分利用幼儿园中体育活动的优势,给孩子们提供更多动起来的机会。发展幼儿的运动能力,对于幼儿的身体健康、智力发展、社会交往能力都能起到促进作用。

体育游戏是中班幼儿最爱的活动,其将幼儿的智力水平和身体素质结合,注重知识性、趣味性,能够全面增强幼儿体质,激发其创造性。中班幼儿的主体性体现在活动的具体组织过程中,在活动中能够增强他们的独立性、创造性、参与性和主动性。我们要充分发挥游戏的作用,教会幼儿运动的基本动作,帮助他们养成严守纪律的习惯,克制自己,尊重友情。

《3-6儿童学习与发展指南》指出:"游戏是促进幼儿学习与发展的重要途径,而学习与发展意味着幼儿内在自发地生长。"游戏对幼儿的主体性发展具

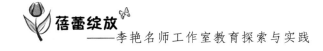

有重要的意义。4~5岁是幼儿身体素质全面发展和养成健康生活方式的关键时期。锻炼身体是幼儿活动的一种方式,可以使幼儿身体健康发育,加强身体素质,激发幼儿的创造力,增加审美情趣,促进智力发展,养成良好品格。

幼儿园以游戏为主要活动形式,有计划、有目的地开展丰富多彩的体育活动,让孩子们在游戏中达到锻炼身体的目的,对幼儿身体健康和心理健康起到积极的促进作用。体育游戏是体育活动的重要形式之一,也是幼儿园保证幼儿健康的最基本的方法,同时体育游戏属于游戏范畴,通过练习不同动作,能够促进幼儿身心健康,有充分的教育意义。

二、研究方法与过程

(一)研究对象

我们在幼儿园中班选择了三十名幼儿,包括男生十七人,女生十三人,作为本次研究的对象,所有的研究对象乐于参与实验,态度积极,并且没有参与过任何专业训练。

(二)研究方法

1.文献法

搜集有关资料五十篇,掌握有关体育游戏和中班幼儿运动发展的研究现状,并分析总结,选择出对研究有参考意义的资料。

2.问卷调查法

对参与实验的幼儿和家长进行问卷调查,了解幼儿在业余时间体育活动开展的具体情况及幼儿的现有发展水平,制定有针对性、符合实际情况的实验方案。在研究的过程中,不断向体育活动经验丰富的老师咨询,根据实验的具体情况,对研究方案、游戏设计以及具体的实施方案进行修正和确定。

3.数据统计法

将所有数据输入计算机,利用数据统计软件测算检测,研究前后对参与实验的幼儿数据进行数据 T 检验。

4.实验法

对实验幼儿进行具体实验,严格遵守实验安排,有计划有规律地进行体育游戏活动,获得有效的实验数据以方便进行数据统计。

(三)研究过程

1.确定研究时间

研究时间从 2017 年 9 月至 2018 年 6 月,不包括寒假在内,一共七个月十五天,三十周。对参与研究的幼儿实施研究分析。参与研究的幼儿一周进行五次活动,每天一次,四十五分钟,体育游戏时间共计三十周;周一至周五每天上午 10:00—10:45 进行体育游戏活动。在研究过程中一共进行四次数据测量,分别是 2017 年 9 月初,2017 年 12 月末,2018 年 3 月初,2018 年 6 月末。

2.测量项目的确定

本次研究重点关注幼儿的平衡能力、动作协调性、敏捷能力、跑步速度、身体柔韧性、身体爆发力六个方面,主要研究体育游戏对中班幼儿运动发展的影响。针对以上六项,结合《3—6 岁儿童学习与发展指南》以及幼儿年龄特点,我们选择了平衡木、立定跳远、10 米折返跑、20 米短跑、"手脚 S 爬"坐位体前屈作为具体的测量项目。

3.具体测量方法

表 6-1　本研究涉及项目的测量方法、测量工具及测量步骤

测量方法	测量工具	测量步骤
平衡木（测量平衡能力）	秒表、平衡木	在操场中使用适合中班幼儿的平衡木，在距平衡木两侧 50 厘米处设置起点和终点,幼儿两臂侧平举,听到哨声后出发,保持身体平衡,到达终点后停止计时,一个幼儿测试两次,取最好成绩记录。
立定跳远（测量身体爆发力）	皮尺、胶带	在操场地面上用胶带标记好起跳点，在测量开始之前,教师教授幼儿立定跳远的动作要领,提示幼儿注意摆臂方向,要双脚同时起跳、同时落地,教师测量幼儿脚跟到起跳点的距离，每位幼儿测两次,取最好成绩记录。

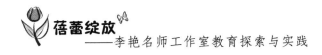

续表

测量方法	测量工具	测量步骤
10米折返跑（测量动作敏捷性）	皮尺、胶带、秒表	在操场跑道上量取一条10米跑道，并用胶带标记起点和终点。听到开始的哨声后，幼儿迅速跑向终点线，脚触到终点线后快速跑回起点，来回一共20米。
20米短跑（测量奔跑速度）	秒表、皮尺、胶带	在操场跑道上，测量一条30米的直线跑道，标注终点线，在离起点20米处用胶带贴在地上作为记号，幼儿听口令后快速出发跑向终点，保证幼儿在奔跑过程中的速度，以免提前减速。
"手脚S爬"（测量身体协调性）	皮尺、胶带、粉笔、秒表、标志物	(1)选择操场中的柔软场地，用胶带贴好分别间隔两米的四条平行线并设置起点和终点。在两条线内放置四个标志物，用粉笔画出S形路线。 (2)幼儿在线外手脚着地准备，听到"开始"口令后，以手脚着地向前爬的方式，快速沿着S形爬行。幼儿一只手触到终点线即为完成，过程中手离地或者路线错误均要重新测试，测试两次，取最好成绩记录。
坐位体前屈（测量身体柔韧性）	坐位体前屈测试仪	幼儿坐在垫子上两腿伸直，两脚平蹬测试板，上体前屈，两臂向前伸直，用两手中指尖逐渐向前推动游标，直到不能再向前推为止。测试计的脚蹬板内沿平面为原点，向内为负值，超过为正值。测试两次，取最好成绩记录。

4.体育游戏的设置

根据研究的不同侧重点，分别设置了16个不同的游戏，其中综合游戏4个。

5.体育游戏的实施

第 1~16 周:按照游戏顺序每周进行一个游戏,每个游戏进行 2~3 次,一周五天(游戏 1~16)。

(寒假)

第 17~28 周:根据游戏顺序每周进行一个游戏(游戏 1~12)。

第 28~30 周:每周进行两个综合游戏(游戏 13~16)。

(四)实验结果及分析

表 6-2　本研究的实验结果

运动项目	前测	期末	开学	后测	差值	T
平衡木(s)	7.99	7.13	7.15	6.37	1.62	3.53#
立定跳远(m)	0.88	0.93	0.91	0.95	−0.07	2.13*
10 米折返跑(s)	8.38	8.09	7.93	7.54	0.84	2.25*
20 米短跑(m)	6.77	6.02	6.17	5.85	0.92	2.65*
"手脚 S 爬"(s)	5.33	4.98	4.76	4.15	1.18	2.94*
坐位体前屈(cm)	9.57	9.89	9.44	10.98	−1.41	2.78*

(# 表示 $P<0.01$,* 表示 $P<0.05$)

由于经历了寒假,所以我们在上学期结束和下学期开学时分别又进行了一次数据测试。对比前测和后测的数据,幼儿前后运动能力有明显变化,通过数据分析,显著性差异明显。通过对比期末和开学两组数据,即寒假前后两组数据,两个月的时间内,幼儿的自然生长对幼儿的运动能力产生了一定影响,同时中班是幼儿身体快速发育时期,各种运动能力也是不断变化的。通过数据对比我们发现,期末和开学两组数据各项运动的显著性差异不明显($P>0.05$),这表示自然生长对幼儿运动能力影响不大。

通过数据分析我们发现,平衡木项目,实验前均值为 7.99 秒,实验后均值为 6.37 秒,均差为 1.62 秒,显著性检验 P<0.01,显著差异非常明显。立定跳远,实验前均值为 0.88 米,实验后均值为 0.95 米,均差为–0.07 米,显著性检验 P<0.05,有显著差异。10 米折返跑,实验前均值为 8.38 秒,实验后均值为 7.54 秒,均差为 0.84 秒,显著性检验 P<0.05,属于显著差异。幼儿 20 米短跑,实验前均值为 6.77 秒,实验后均值为 5.85 秒,差值为 0.92 秒,显著性检验(P<0.05),显著差异明显。"手脚 S 爬",实验前均值为 5.33 秒,实验后均值为 4.15 秒,均差为 1.18 秒,显著性检验 P<0.05,有显著差异。坐位体前屈,实验前均值为 9.57 厘米,实验后均值为 10.98 厘米,均差为–1.41 厘米,显著性检验 P<0.05,有显著差异。根据以上项目的数据可以说明,经过 7 个月 15 天有计划的运动训练,幼儿的平衡力、身体爆发力、动作敏捷性、奔跑速度、身体协调性和柔韧性都有明显提高,表现非常明显的是平衡能力。

(五)体育游戏能够促进幼儿运动能力发展的原因

1.体育游戏的特点

幼儿的体育游戏与其他游戏不同,其是由各种基本的动作组成,有严格的规则,和明确的结果,体育游戏是以发展幼儿身心为目的的一种锻炼活动。幼儿体育游戏有以下几个特点:

基础性:幼儿体育游戏主要包括走、跑、跳、投的基本动作,同时也加入竞技类项目,或者也可以使用一些器械类材料,如球类等,所以体育游戏能够促进幼儿基本动作的发展。

娱乐性:幼儿体育游戏注重设置游戏情境。选择与幼儿生活接近,幼儿有兴趣的角色,能够激发幼儿参加活动的积极性。游戏中动作丰富多样,简单多变,加入竞赛类项目,激发幼儿的求胜欲,能够提升幼儿的锻炼兴趣。

教育性:幼儿体育游戏能够促进幼儿体能的发展,同时激发幼儿创造力,提升幼儿的社交能力,使其养成良好的生活习惯。幼儿体育游戏能够帮助幼儿练习身体动作,将动作和教育有机结合,能够帮助幼儿提高各种运动技能。

2.研究中体育游戏的设置

中班幼儿的体力和动作迅速发展,平衡能力和生活自理能力也有很大提高,注意力时间增长,能够控制身体动作,遵守游戏规则。中班幼儿乐于参与角色明显、游戏情境丰富的活动,根据以上特点,我们选择幼儿感兴趣的内容和幼儿喜欢的方式,注重游戏的多样性。我们在选取游戏时,每个游戏的侧重点会有不同,能完成的任务和产生的效果也是不同的,不同游戏之间相互补充,相互配合,相互促进,方能达到全面提升幼儿体能的作用。研究中的游戏内容关注到幼儿的爆发力、身体协调能力、跑步能力、跳跃能力、平衡力及灵敏性等各方面素质的锻炼,具体游戏内容是根据幼儿年龄特点和身心发展特点来设计的。

3.研究中教师的关注内容

在游戏中关注幼儿的活动量。一定量的游戏活动能够对幼儿的机体产生刺激,从而使幼儿逐渐产生适应性的变化,完善并提高体能,运动量过大或者较小都不能达到运动目的,还会伤害身体,影响健康。教师主要通过观察与亲身体验的方法关注幼儿的活动量。教师可以观察幼儿的呼吸、面色、出汗量、动作质量等来判断活动量是否适宜。教师通过亲身参与游戏,以游戏中的动静交替、快慢交替、变换不同形式等方式调控运动量,运动量由小渐大,再由大渐小,让运动有序促进幼儿体能发展。

研究中教师一直秉持着循序渐进的原则,根据幼儿情况将游戏难度设置为由小到大,游戏顺序安排先简单后复杂,保持幼儿参与的积极性,又不失挑战性,吸引幼儿参与的兴趣。由于研究时间较长,教师应根据季节变换,随时调整游戏,调整准备活动时间,不能单纯以出汗量来判断运动量,尽最大能力发挥体育游戏对幼儿体能的促进作用,增强幼儿体质,促进幼儿全面发展。

三、研究结论

体育游戏通过提高幼儿的平衡力、身体柔韧性、身体敏捷力和协调性、跑步速度等提高幼儿的运动能力。

体育游戏是一种适合中班幼儿年龄特点,尊重其身心发育规律的活动,能充分满足幼儿的好奇心,调动幼儿的愉快情绪,激发幼儿参与活动的主动

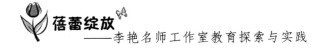
性和积极性,激发幼儿参与活动的兴趣。体育游戏能够帮助幼儿养成良好运动习惯和生活习惯,解决幼儿缺乏运动的问题,加强幼儿的身体素质。

参考文献:

[1]冯娜.体育游戏对幼儿身心发展影响的实验研究[D].苏州大学,2012.

[2]黄丹.幼儿园体育游戏中教师指导策略的个案研究[D].西南大学,2016.

[3]居海燕,居新芳.幼儿园生态运动游戏课程的建构与实施[J].江苏幼儿教育,2015(1).

[4]梁娟.幼儿园户外体育游戏指导的观察研究[D].湖南师范大学,2014.

[5]沈晓兰.幼儿园户外体育活动材料的适宜性投放研究[D].上海师范大学,2017.

[6]石少峰.幼儿园户外区域体育活动的设计与实施——以移动区为例[D].北京体育大学,2017.

[7]赵敏.幼儿园户外游戏的个案研究——以西安市×幼儿园为例[D].陕西师范大学,2015.

❀ 课题研究二

"以'茶文化'主题为依托,促进幼儿社会性
发展的实践与研究"结题报告

杨安妮　　　王芮妍

一、问题的提出

　　传统文化和美德是一个国家和民族的灵魂。优秀传统文化应走入校园,融入教材体系中。我们应针对各个年龄段的特点,将合适的传统文化内容与教育相融合。优秀传统文化涉及不同的层面,有的是有规律性的、有的是关于方法论的、有的是技术层面的、有的是审美层面的。针对不同学段的学生,要选择适合的教育内容,将教育内容与教材应相互呼应。茶作为国饮,在几千年的文化沉淀中,形成了博大精深的茶文化。茶文化作为传统文化的精华,其内在价值代表着中国传统文化内涵,对于传承与发展中国传统文化起着不可或缺的作用。中国茶文化的内涵广博高深,其表现形式具有多样性的特点,在学前教育中,幼儿的教育与生活丰富多彩,茶文化能够以幼儿欢迎的形式呈现出来,我们可以用寓教于乐的方式,使幼儿对茶文化有一定的了解和认知,并在感受茶文化的氛围中,树立对茶文化的传承与发扬的意识。

　　学前期是一个人社会性发展的基础时期,3~6岁的幼儿期则是社会性发展的关键期。《3-6岁儿童学习与发展指南》中提出:"幼儿的社会性学习是通

过游戏和观察潜移默化地发展起来的,不仅学习如何与人友好相处,也学习如何看待自己、对待他人,在良好的社会环境及文化熏陶中学会遵守规则。"在这个阶段,如果教师能创造机会给幼儿提供体验了解传统文化的环境,培养幼儿对社会的认同感,对传统文化的尊重和热爱,这将是幼儿继承优秀传统文化的一个有力的保证。《3-6岁儿童学习与发展指南》中,"社会性发展"领域列出了"归属感"的目标,其中就包括文化上的归属感,这与当前弘扬传统文化的价值取向是一致的。因此,以"茶文化"主题为依托,以幼儿社会性的发展为切入点,开展园本课程的开发和策略研究,是非常有价值的。

二、研究的目标、内容、方法与过程

(一)研究的目标

1.了解祖国悠久的茶文化历史,培养幼儿对知识的好奇心、求知欲和自主创造能力,使其乐于与人交往。培养幼儿合作、团结、文明有礼的良好品质。

2.幼儿通过感悟茶史、茶德,学习茶艺、茶道,养成"明礼诚信,整洁礼让"的良好行为习惯,深刻感悟"和""静""怡""真"的茶道精神,培养从容优雅的气质。激发幼儿热爱祖国传统文化的情结,提升幼儿的民族自豪感。

3.通过课题研究促进教师在实践中提高创新意识与能力,提升教师茶文化素养以及对茶文化的热爱,构建一整套促进幼儿社会性发展的茶文化教育研究框架,丰富及拓展园本课程体系。

(二)研究的内容

1.从有关茶文化的教育文献中整理各地开设关于茶文化社会性发展的教育状况,梳理、归纳茶文化的活动形式及类型。

2.教师在一日生活活动中帮助幼儿树立对传统文化的传承意识,通过多种形式引导幼儿了解茶文化知识,感受与体验茶文化的博大精深。

3.探究幼儿各年龄段茶文化社会领域的教育目标、教学内容、教育组织形式与指导策略以及科学有效的评价方法,提高教师的专业能力,激发教师的创新意识,丰富并拓展园本课程体系,形成园所教育特色。

(三)研究的方法

本研究拟用文献法、观察法、比较法、行动研究法、个案研究法、经验总结法开展研究工作。

1.文献法

通过对幼儿园茶文化教育的内容、策略等相关资料的收集、汇总、分析，正确把握各年龄阶段幼儿社会性发展的特点及规律。

2.观察法

(1)有目的地观察，按照课题阶段目标、计划，在教育实践中进行系统的观察研究，做好观察记录，进行整理反思。

(2)随机观察，即随机对班级的常规情况进行观察，并记录下有价值的事件或问题。

3.比较法

通过比较幼儿在学习茶文化前后社会性发展的情况，从理论角度分析如何更好地促进幼儿社会性的发展，为教育的实践奠定基础。

4.行动研究法

将实践作为研究的基础，从"问题"出发，采用"实践—反思—再实践"的行动研究，从而探索出关于茶文化教育促进幼儿社会性发展的一系列教育方法的研究策略。

5.个案研究法

针对个别幼儿、事件等进行分析、研究，积累资料。

6.经验总结法

对进行过的活动进行反思和总结，将观察的效果、案例的分析与实践措施进行理性分析。

(四)研究的过程

1.准备阶段:2017年4月—2017年8月

(1)确定课题方案,组建课题组,组织论证。

(2)收集及查阅资料,分析教学活动现状,组织教师学习有关理论知识,了解课题的意义及课题的研究方向。

(3)制定实施计划、研究方案,组织研究人员培训等。

(4)认真填写课题申请书。

2.研究实施阶段:2017 年 9 月—2019 年 6 月

(1)2017 年 9 月—12 月主要对各年龄班茶文化社会领域教育目标进行确定,制定出符合各年龄班个性化的教育目标。

(2)2018 年 1 月—2019 年 6 月主要对茶文化社会性内容的选择进行研究。通过对主题活动、区域活动及环境布置等方面的研究,确定适合各年龄班的教育内容。每月进行一至两次的课题讨论,对教师在研究过程中出现的问题和困惑进行答疑解惑,帮助教师梳理研究方向。

3.总结阶段:2019 年 7 月—2019 年 9 月

(1)按研究目标认真做好总结和整理工作。

(2)认真梳理课题资料,按照"课题研究"和"课题成效"归类。

(3)做好课题总结工作,撰写课题研究报告。

三、研究结论

通过两年多的实践研究活动,本课题组在课题研究阶段主要取得了以下一些研究成果:

(一)在环境创设中渗透茶文化教育,促进幼儿社会性的发展

1.墙饰环境中的茶文化

每个人的生活都与周围的环境紧密地联系在一起。要想更好地实施茶文化教育,幼儿园应该从环境的布置与创设上,为幼儿提供良好的茶文化氛围,让幼儿在生活中感受到茶文化的气息。教师根据不同年龄阶段幼儿的特点,设置适合幼儿的主题墙饰。如小班进行了社会领域主题墙饰的布置"小小茶艺师",对茶文化有初步的了解,主题墙饰通过向幼儿渗透茶礼仪相关知识,培养幼儿良好的道德习惯。大班的社会领域主题墙饰为"小茶杯里的大学问",通过知礼仪、懂茶礼、习茶礼三方面层层深入,使幼儿感悟茶礼茶情,培育其茶德精神。

2.区角活动中的茶文化

各班还创立了"一品香茶社""茶语轩""快乐茶吧"等角色环境区,使幼儿在角色游戏中通过观茶、品茶、评茶、说茶以及同伴间的交流等形式去感受茶文化的魅力。幼儿通过对茶文化知识的学习,提升茶文化技能,最终落脚点在于学做人,体现育人价值。从茶文化中幼儿学会尊敬师长、互帮互助、团结有爱、文明有礼、诚实守信、一丝不苟等品质。

(二)在一日生活活动中贯穿茶文化,促进幼儿社会性的全面发展

合理选择教育内容是保证中国茶文化对幼儿成长产生积极作用的先决条件。幼儿园教师只有选取中国茶文化中那些符合幼儿园教育特点和孩子需求的内容,才能激起幼儿的学习兴趣。教师针对幼儿德、礼、行、能四个方面的社会性发展目标,开展不同领域的茶文化活动,从不同角度促进幼儿社会性发展。

1.五大领域活动中的茶文化

通过"茶宝宝的家"活动,让幼儿了解茶的故乡在哪里。通过"好喝的蒙古茶"活动,在看、听、尝的过程中,让幼儿感受蒙古特色的饮茶习俗,明白饮茶是各民族的共同爱好,了解并热爱中国传统文化,并为自己是中国人感到骄傲自豪。经过教师深入地研究,开展了读茶诗《寒夜》《采茶舞》《美丽的茶叶画》《大茶壶小茶杯》、读儿歌《茶》等活动。将素质教育寓于茶文化活动中,幼儿在感受茶文化的同时,思想也得到了良好的熏陶。幼儿在活动过程感受到的氛围中自觉形成了健康的价值观,并养成了良好的生活习惯,在动手动脑的过程中慢慢将茶德内化于心,外化于行。幼儿对传统文化有了更深层次的认识,更加热爱祖国,并增强了民族自豪感。

茶礼仪教育也是开展茶文化活动的一个出发点和归宿点。幼儿在学前教育阶段,具有很强的可塑性,此时开展茶文化活动,幼儿能够从中学习做人的道理,养成良好的道德习惯。通过"请喝一杯茶"活动,让小朋友知道敬老爱幼、礼仪周全。

刚开展泡茶活动时会出现很多问题,孩子们不是弄洒水,就是把茶杯弄碎。教师可以帮助幼儿培养规则意识,让幼儿知道爱护茶具,不让它们"受

伤"。通过活动"好喝的红茶饮料""可爱的茶宝宝",让幼儿观察茶叶的形状及变化的过程,切实感受茶香、茶味。幼儿在观察与实践中,慢慢认识到不同的泡茶方法,不同温度的水泡出的茶是不一样的,从而知道了怎样才能泡出好喝的茶。在操作过程中,幼儿亲力亲为,真观察、真感受,在泡茶的过程中逐渐学会做事的道理与规则,培养了自己的事情自己做的好习惯。

2.过渡游戏环节中的茶文化

在幼儿的一日生活中,过渡环节是很容易被忽略的。教师应该抓住时机,在活动转换环节、室内户外游戏时间、餐前餐后活动环节、离园环节等渗透茶文化教育,将相对零散的时间有效利用起来。教师根据茶文化相关知识,创编出了很多特色游戏活动。小班教师将茶文化内容演变成了一首首短小、简单的儿歌,如《品茶》《茶花》《茶香》《茶叶》等。儿歌朗朗上口,幼儿易学易懂,配合手指游戏,增加了趣味性。在过渡活动中,可以让幼儿充分用语言表达自己的想法,并与同伴分享,促进幼儿社会性发展。

大班教师根据幼儿的年龄特点,进行"看图猜茶词""茶词对对碰""你来比画我来猜"等游戏,颇受幼儿欢迎。在这些游戏中,幼儿提升了动作的协调性和同伴之间的合作能力。通过过渡环节的游戏,幼儿的交往能力及规则意识在自主活动过程中得到增强。

3.文化主题活动中的茶文化

经过一段时间的茶文化熏陶,幼儿园组织了大型的茶会茶事活动,幼儿可以到角色区茶社进行联动。幼儿在茶社可以一起泡茶、品茶,不但提高了茶艺技能,还能认识很多新朋友,促进幼儿人际交往的能力。幼儿还可以在区域活动中制作茶叶书签和茶画,使生活丰富多彩。各种茶会、茶艺表演,可以提升幼儿的社交能力和语言表达能力。茶艺表演的过程,是集语言表达、泡茶、茶礼于一体的过程。幼儿参与各种茶会活动增强了自信心,提高了合作能力等,从而促进了社会性的全面发展。

4.社会实践活动中的茶文化

教师根据幼儿各年龄段的特点,将茶文化的核心价值进行梳理,总结提炼出各年龄段的发展目标和核心价值:

小班:尊敬长辈、老师和同伴。

中班:关爱他人,体会他人的感受;自信、大方、行为得体。

大班:爱祖国、爱家乡;乐于交往,学会合作与分享。

针对我们整理出的核心价值,老师结合自己班级特色活动和幼儿兴趣爱好,制定了形式多样的实践方案。在小班的系列活动中,幼儿通过交流,进一步增强了礼仪意识,学会了主动礼貌地双手敬茶、拥抱、亲亲老师等,交往能力也得到了锻炼,回家后能将学到的礼仪知识运用到父母、长辈身上,懂得了要关心、热爱父母长辈,在尊老敬老的活动中体验并感受亲情带来的快乐。通过与大班幼儿联动进行大带小的活动,幼儿在观看哥哥姐姐沏茶泡茶的过程中,感受到了茶艺文化的乐趣,激发了幼儿想去了解和感受茶文化的浓厚兴趣,在系列活动中幼儿尝试形成以茶待客的良好习惯,并初步形成了相应的茶道礼仪,为文明待客的良好风尚奠定了基础。中班幼儿通过为同伴服务,做值日生工作,增强了责任感,从中体验到为集体服务的快乐,增强了幼儿的自豪感,树立了幼儿的自信心。大班开展爱心义卖活动,幼儿既得到了自己心仪的图书,又奉献了爱心,更加体会到了爱的意义和价值。通过对茶文化的学习,幼儿在不断感受与成长中,不仅茶文化的知识水平不断提高,文学修养以及对传统文化的喜爱也在不断提高。

(三)保障深化茶文化研究,促进幼儿社会性的整体发展

1.教师教研中的茶文化

教师对于茶文化教育还处于探索阶段,应多组织教师对茶文化的理论、实践进行学习。教师应了解、体会茶文化在幼儿园中起到的作用,以及对幼儿各方面能力,特别是社会性的发展所起到的作用,并学习如何促进幼儿社会性发展的方法。我园教师每月进行一至两次的教研活动,对教师在研究过程中出现的问题和困惑进行答疑解惑,帮助教师梳理研究方向。进而通过环境布置、主题活动、区域活动及教育活动等方面的研究,结合各年龄班幼儿特点,确定合适的社会性教育目标。每学期,教师收集进行茶文化活动的墙饰材料和区域材料,并制作茶文化特色活动主题书和课件,其中课件"好喝的茶"获天津市第二十二届教育教学信息化大赛课件项目三等奖。研究期间,有关

茶文化的论文获奖情况如下:《浅谈茶文化渗透在幼儿园活动中的影响》获河东区"教育创新"论文三等奖;《以"茶文化"主题为依托,促进幼儿社会性发展的实践与研究》获天津市基础教育 2018 年"教育创新"论文二等奖;《茶文化教育在幼儿一日生活中的有效渗透》获天津市学前教育教学优秀论文二等奖。教师还会将茶文化活动以案例的形式表现出来,对茶文化教育活动进行阶段性总结与反思。教师们还参与了园本教材关于茶文化部分的编写(该园本教材即将出版),这些成果都将为我们今后更好地研究与实践打下坚实的基础。

2.家园共育中的茶文化

随着茶文化活动的深入开展,我们还要加强家园合作。在开展茶文化活动期间,我们与家长及时沟通,家长们积极参与进来,帮助收集有关茶的文字材料和影像资料,与师生一起布置活动室环境,为孩子们提供真实、健康、丰富的成长环境。茶艺活动得到了众多家长的支持,家长们也及时向老师反馈茶文化活动效果,并出谋划策。

四、反思不足和今后设想

我园多年来一直致力于中国传统文化教育的研究工作,组织过多项课题研究,在传统文化教育方面有很多理论与实践成果。但关于幼儿茶文化的教育还处于初级阶段,如何将茶文化教育更好地融入幼儿园的活动还在摸索与探究中。在研究实践的过程中还存在着一些不足:首先,茶文化教育主要体现的是育人价值。我们应以茶文化为载体,以促进幼儿社会性发展为最终目标。教师在进行茶文化活动时应结合幼儿的兴趣,注重激发幼儿的兴趣,养成良好的行为习惯,弘扬和继承优秀传统文化,而不是简单讲授茶知识。其次,要强调茶文化教育的知识性、趣味性和实践性。将茶文化元素融入环境创设、区域活动、教育活动与一日生活中,从不同领域与不同角度促进幼儿社会性的整体发展。再次,要注重提升教师茶文化素养。教师自身的知识水平和人格特质直接影响着幼儿的成长,所以教师应不断地进行教研与实践,善于发现与反思,从而提高创新意识与能力。

在今后长期的研究实践过程中,教师应继续加强探究幼儿各年龄段茶文化社会性的教育目标、教学内容、教育组织形式与指导策略以及科学有效的评价方法,提高专业能力与素养,并丰富拓展我园的园本课程体系,形成"以茶育人"的园所教育特色。还应加强幼儿园、家庭、社区三位一体的合作,共同为幼儿营造一个人文环境,让孩子在学茶中知晓礼仪,树立健康正确的价值观,推动中国传统茶文化精神的传承与发扬。

参考文献:

[1]曹中平.幼儿社会性发展与教育[M].长沙:湖南师范大学出版社,2001.

[2]林广慧.茶文化教育校本课程的开发与实践[J].教育导刊,2005(6).

[3]杨晓臻.弘扬茶文化核心理念要从幼儿抓起[J].茶博览,2014(1).

[4]张文新.儿童社会性发展[M].北京:北京师范大学出版社,1999.

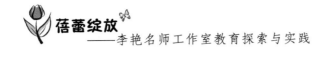

✿ 课题研究三

"在国防教育中培养幼儿坚持性的实践研究"结题报告

刘　恋

一、课题背景

3~6 岁正是幼儿行为习惯养成的关键时期,在此期间,对他们进行国防基础教育能逐渐提升其综合素质,为其一生的发展奠定良好的基础。从社会的角度看,国防是一个国家发展的强大后盾和有力的保障,现代国防是全民国防,国民素质的高低直接影响着国家的发展和国防的巩固。因此,在幼儿园对 3~6 岁的幼儿进行国防基础教育具有重要意义。

幼儿的意志发展水平较低,往往不能很好地控制自己的行为,做事情大多受兴趣、好奇心、理解能力的限制,遇到困难容易退缩、放弃。军人是一个特殊的群体,他们勇敢无畏、具有献身精神,他们坚韧不拔、不怕困难的意志品质更是当今幼儿所需要加强的。幼儿对军人充满崇敬之情,对军事设备充满了探究的欲望。改变以往的教学模式,通过游戏、训练、与军人零距离接触等多种形式,将有关国防的基础知识引入幼儿园,让爱国主义教育从小根植于幼儿心中,对幼儿不怕困难、勇敢坚强等良好意志品质的培养,将会对幼儿一生的发展起到积极的促进作用,为其打下坚实的基础。

幼儿时期,尤其是 4~6 岁时,是培养孩子坚持性的最佳年龄。这个时期若能让孩子养成勇于克服困难、坚持完成任务的品质,对孩子的一生都大有益处。相反,如果不注意培养孩子的坚持性,孩子长大后可能会出现一些不良后果,比如急躁、缺少耐性,做事半途而废,易受情绪左右,不能冷静思考解决问题的办法,不能承受挫折,等等,从而影响孩子将来的工作、学习及生活。国防教育是我园的特色,几年的研究,使我园的国防教育初步凸显了成效。孩子们对军事兴趣浓厚,穿脱衣服、叠被、整理物品等生活自理能力有所提高。希望我们能够进一步帮助孩子们养成不怕困难、坚持做好每一件事的良好意志品质,为我们的祖国培养高素质的接班人。

二、概念界定

国防教育是国家为防备和抵抗侵略,制止武装颠覆,保卫国家的主权统一和领土完整,对全体公民进行的具有特定目的和内容的普及性教育活动。国防教育是国防建设的重要组成部分。

坚持性是指不怕挫折、失败,能克服困难,坚持达到目的的坚定意志品质。

三、研究的目标、内容、方法

(一)研究的目标

幼儿方面:

1.对学习活动感兴趣,乐意参加活动。

2.逐渐能够自觉控制自己的行为,克服困难,做事有始有终,具有良好的坚持性。

3.通过国防教育活动,提高不同年龄幼儿坚持性的水平。

教师方面:

1.提高教师"分析幼儿缺乏坚持性原因"的能力,寻找解决对策。

2.提高教师合理安排活动的能力,做好家庭教育指导工作。

(二)研究的内容

1.了解幼儿在活动中坚持性发展的现状:幼儿在国防教育活动中坚持性

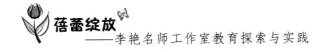

的表现。

2.探索培养各年龄段幼儿在国防教育活动中坚持性的途径和方法。

(三)研究的方法

1.文献研究法

通过查阅、研究有关文献资料,了解国内外在培养幼儿学习、游戏活动中坚持性方面的研究动态以及一些具体的操作方法,如指导家长进行家庭教育、在家庭中进行幼儿坚持性培养的有效途径和方法等。

2.调查法

编制家长问卷,在实践前后进行调查分析。

3.行动研究法

在了解幼儿在国防教育活动中坚持性发展现状及其家庭培养幼儿坚持性现状的基础上,实施在国防教育活动中培养幼儿坚持性的实践研究。在研究过程中边研究边修改研究方案,不断调整指导方法和手段,使研究能顺利完成。

四、研究成果

在研究的前期和后期,课题组针对幼儿坚持性的情况,抽取各年龄班幼儿的家长进行问卷调查,前期小、中、大班各 28 份,回收 82 份;后期小、中、大班各 20 份,回收 60 份。问卷调查保证了调查对象年龄分布的平均性,并且注意到前期和后期调查对象的一致性。我们对回收上来的问卷进行数据分析,用以指导课题的研究工作。

通过对调查问题的具体分析,我们发现:幼儿在玩玩具、游戏时因为感兴趣,所以能够保持较好的专注力与坚持性,在幼儿熟悉了游戏规则以后会适当地减少坚持的时间。在某些活动中,幼儿的注意力容易转移到其他事情上,同时也容易受外界环境的影响,不能坚持完成任务。当幼儿的活动遇到障碍或困难时,大多数幼儿比较容易放弃,前期只有 20% 左右的幼儿不会轻易放弃,从不放弃的幼儿比例较少,而后期这一比例则达到 78%。幼儿能根据自己的喜好来决定坚持完成任务时间的长短,绝大部分幼儿对自己感兴趣的事情具有较高的坚持性。

调查结果显示,绝大多数幼儿能听从成人的指令或要求,成人的积极态度和执行任务过程中多次言语指导对幼儿的坚持性能产生最为积极的影响,其向幼儿传达了一种积极友好的情感信号,引起幼儿接受、服从的动机或愿望,产生正强化和督促作用,并能促使幼儿在行动中坚持自己的行为。

问卷表明,幼儿活动坚持时间的长短与兴趣、环境、成人的态度密切相关,为幼儿提供其感兴趣的活动,减少活动中无关刺激的干扰,同时用积极的态度给予激励,无疑对培养幼儿坚持性有积极的作用。

课题组根据前期问卷发现的现象进行实践研究,取得了可喜的成果,现将成果进行总结:

随着社会的发展,人们已逐步认识到幼儿阶段不应只重视发展幼儿的智力,更重要的是培养包括坚持性在内的非智力因素。坚持性是重要的意志品质之一,它对提高幼儿素质和影响对人的一生都有不可低估的作用。坚持性的培养影响幼儿自我意识的形成过程、社会规范和道德准则的内化过程,还会影响幼儿的智力水平。培养幼儿的坚持性有多种途径,我园依托国防教育办园特色,在国防教育中培养幼儿的坚持性。

(一)创设国防环境,激发幼儿的自豪感

结合园所国防教育特色,我们充分挖掘环境资源帮助幼儿树立作为"小解放军"的自豪感。我们将幼儿的被褥、户外活动的坎肩、楼内的活动区柜体,都订制成迷彩图案,给孩子们身在军营的感觉。此外,我们还创建了小兵营房、小兵阅览室等活动场所,供孩子们练习内物整理,阅读军事书籍。在这样的环境中及教师们不断的鼓励下,身为小兵的自豪感使孩子们不怕困难,坚持做好每一件事。

(二)在各领域中渗透国防教育,培养幼儿不怕困难的意志品质

我们分别在语言活动、社会活动、艺术活动、综合活动、科学活动、体育活动中落实幼儿坚持性的培养目标,使幼儿具有良好的意志品质,并在研究中形成园本特色的课程。

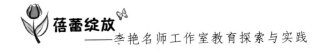

1.语言活动

创建国防区域,提供军事图书,以便幼儿了解国防标志符号、军装、各种兵器等。幼儿还可根据个人的喜好选择活动材料开展活动。小中大班创编国防故事集,在创编过程中了解解放军不怕困难的意志品质。

2.社会活动

组织幼儿参观共建部队的军营生活,参观后幼儿在角色游戏中模拟解放军的生活,个性化地表现国防世界。在活动中培养幼儿不怕困难的品质以及合作意识。

3.艺术活动

开展丰富多彩的国防绘画活动,例如小中大班分年龄的装饰迷彩活动、国防废旧物品制作活动等,激发幼儿创作的坚持性;通过音乐活动,如学唱歌、学表演和欣赏与解放军有关的歌曲,激发幼儿对军队生活的向往及对军队的热爱。

4.综合活动

把和国防教育有关的参观、看录像、语言、数学、想象、绘画、手工、体育等活动整合在一起,在培养幼儿国防精神的同时也锻炼了幼儿的坚持性。

5.科学活动

开展"祖国在我心中"主题活动,了解中国的地理位置、邻国的发展情况、悠久的中华文化、保卫祖国的各种战役等,激发幼儿的责任意识。

6.体育活动

开展丰富多彩的体育活动,如"小兵打靶""匍匐前进"等,形成园本课程中"国防教育体育游戏集",在浓厚的运动氛围中,激发幼儿的运动激情,培养其勇气、耐力、意志力以及健康向上的体育精神,为幼儿适应未来社会打下坚实的基础。

(三)在多种国防活动中培养幼儿的坚持性

1.分层次教学,在国防教育中培养幼儿的坚持性

教师根据幼儿不同的发展水平,制定分层次目标,设计和安排难度不一的活动,提供不同指导和帮助,使能力强的孩子得到进一步提高,能力弱的孩

子能在原有基础上得到发展。如在爱国主题活动中,各年龄班的主题分别为:小班的主题为"祖国我爱您",中班的主题为"我爱您,亲爱的祖国",大班的主题为"我爱我的祖国"。

在主题活动中,可以让幼儿自由选择并搜集相关的资料,让幼儿与幼儿之间交流自己获得的信息,使他们在活动中能相互学习、相互交流、相互评价,让幼儿带着愉快的情绪参加主题活动,提高幼儿活动的持久性,促进幼儿的发展。

2.利用孩子的兴趣点,在国防教育中培养幼儿的坚持性

要培养孩子的坚持性,首先应以兴趣为切入点,为坚持性培养寻找最佳的起跑线,这样,孩子才能快乐地坚持下去。我们将国防教育与孩子感兴趣的内容相结合,制定幼儿感兴趣的课题内容,这样就为幼儿坚持性的培养打下了基础。例如在户外游戏活动中,我们将游戏内容与国防教育相结合,在进行游戏时让幼儿身穿迷彩服,帮助幼儿进入"我是小军人"的情境。将匍匐爬、投掷、单脚跳等众多内容贯穿于需要完成任务的游戏情境中,极大地激发了幼儿参与游戏、自觉克服困难、坚持完成任务的积极性。在游戏过程中,不仅孩子们的坚持性得到了发展,组织纪律性也得到了相应提高。

3.以国防教育主题活动为切入点,培养幼儿的坚持性

学雷锋主题月中,小班开展了"我是小雷锋""学习雷锋",中班开展了"我爱您雷锋叔叔""雷锋在我心中",大班开展了"向雷锋叔叔学习""学雷锋爱集体"等活动。主题活动中,幼儿在教师的带领下,熟悉雷锋叔叔的故事,用雷锋精神指导自己的行动,幼儿间团结友爱、互相帮助、为他人和集体服务。在实际生活中体会勤俭节约、艰苦奋斗、无私奉献的精神,这些对于幼儿来说可能难以理解,但他们却能在雷锋叔叔的故事中深深体会到这些精神的精髓。

在四月的清明节"缅怀革命英雄"的主题中,小班开展了"我们一起过清明""缅怀领袖"等活动,中班开展了"革命英雄在我心中""倡导绿色清明,缅怀革命英烈"等活动,大班开展了"纪念革命烈士""春暖花开话清明"等活动,教师组织幼儿一方面了解清明节的来历、人们的活动,另一方面,给幼儿讲革命先烈的故事,如刘胡兰、董存瑞、黄继光、邱少云等,带领幼儿学习他们大无

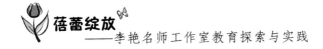

畏的革命精神和为了祖国和人民不怕牺牲的精神。孩子们被英雄的故事深深感动。

在十月,我们结合国庆节开展"我爱中国"的主题教育活动,关注国内外的时事要闻,在幼儿中开展爱国主义教育。大(一)班结合时事开展了"保卫钓鱼岛"的专题活动,让幼儿了解中国的领土是不可分割的,要保持领土的主权,增强了幼儿的爱国情感。其他班也分别开展了丰富的主题教育活动,主题墙上贴满了国旗、国徽、天安门长城等图片,还有小朋友游览祖国大好河山的照片,教育活动中,教师通过歌曲、儿歌、故事、绘画等,让幼儿感受作为一名中国人的骄傲和自豪。

4.开展时事评论活动,在听新闻和播报时事中培养幼儿的坚持性

重大事件可以激发幼儿为国增光的信念和作为一个中国人的自豪感。我们利用餐后时间让孩子们围坐在一起,请几位孩子作为"餐后广播员"播报新闻,不仅培养了幼儿的表达能力、倾听能力,还提高了幼儿筛选信息的能力。例如,神舟九号载人飞船成功遨游太空,并且与天宫一号成功对接,孩子们很受鼓舞;奥运会从开幕式到各个比赛项目,孩子们都很关注,经常将自己喜欢的、看到的比赛项目讲给其他小朋友听。这一件件重大事件,一个孩子讲完后,就会有很多孩子回家向爸爸妈妈问这问那。这不仅激发了幼儿对祖国的热爱之情,树立为国贡献自己的力量、为国争光的信念,还培养了幼儿的坚持性。

(四)利用多种途径提升家长教育技能,培养幼儿的坚持性

幼儿期是人生的启蒙期,家庭环境会给孩子人格的形成打下难以磨灭的烙印。我们会定期组织家长参与幼儿园的爱国主义教育活动,让家长带来各种画片、资料等,为幼儿园开展爱国主义教育活动提供了大量丰富的材料。同时我们还开展了家长和幼儿共同参与的各种活动。如请家长和幼儿一起用泡沫、纸盒制作各种兵器,加深了幼儿对解放军的热爱;请在部队工作的家长到班级来做"爸爸老师""妈妈老师",向孩子介绍国旗、军队、武器等知识。我们还请在部队工作的家长带领孩子们开展"走进军营"活动,与孩子们一起参观部队,观看队列练习、军体拳表演,参观军队内务,孩子们东看看、西问问,开

阔了视野、陶冶了情操、增长了知识和能力。在这些活动中,家长与幼儿一起感受、体验、参与、动手操作,不仅激发了幼儿的爱国情感,而且加强了家长的爱国意识,使爱国主义教育效果得到了深化。

(五)促进教师专业化成长,提高教师的科研水平

1.提高了教师进行国防坚持性教育活动的积极性,提升了其在活动中指导的策略性

在课题研究期间,我园教师通过多方途径学习国防知识,挖掘国防活动,通过各领域活动与国防知识相结合,培养幼儿的坚持性。在国防活动中,我园教师想方设法激发幼儿的兴趣,合理安排活动时间与内容,努力挖掘、实现国防活动的不同价值及价值最大化,用积极的情绪,不断鼓励促进幼儿的坚持性发展,使幼儿在国防活动的过程中普遍获得有益经验,获得多方面的发展。

2.提升教师将幼儿园活动与家庭教育相结合的能力

通过本课题的实施,我园教师提高了认识,拓宽了视野,增强了教师的科研意识,习惯有目的地落实班级课题计划,带着思考组织活动,研究活动,反思问题。本课题的研究从全园整体把握、落实到各年龄班,调动了全园教师的积极性,提高了教师整体的科研意识。

坚持性的培养需要家园密切配合,在课题的研究过程中,教师也在不断地摸索、体验各种家园配合的模式。例如在大班进行的"时事评论员"活动,在活动之前本班教师特意召开了小型家长会,和家长们沟通,共同商讨活动开展的有效途径,征得家长们的支持,在充分的准备下,活动得以顺利实施,很多家长会在前一天的晚上和孩子一起看新闻,上网搜集信息,通过一段时间的活动,不仅孩子们搜集信息、分析问题的坚持性提升了,就连家长和教师的坚持性也得以提升。

五、研究后的思考

幼儿园开展国防活动,充分挖掘了身边的教育资源,以追求最大的教育效果。虽然我园将国防活动作为课题研究取得了明显效果,但如何更好地、更

深入地利用这些资源,如何将我们的课题成果推广开来,如何与更多的姊妹园进行联合研究,还需进一步研究。

参考文献:

[1]邓浩.浅谈高校的国防教育的德育功能[J].今日科苑,2008(2).

[2]教育部基础教育司.《幼儿园教育指导纲要(试行)》解读[M].南京:江苏教育出版社,2002.

[3]雷杰能.打造国防教育的大课堂[J].江西教育(管理版),2007(7).

[4]李辽.青少年的移情与亲社会行为的关系[J].心理学报,2009(1).

[5]杨宁.皮亚杰的游戏理论[J].学前教育研究,1994(1).

("十二五"课题结题报告《在国防教育中培养幼儿坚持性的实践研究》获天津市二等奖)

❀ 课题研究四

"开展叙事研究,提高教师与幼儿的对话能力"结题报告

孙　敏

一、课题的提出

对话是人们的生存常态。课程改革的发展是一个变"灌输中心教学"为"对话中心教学"的过程。师幼对话是对话的时代精神在教育领域的回应。教师的语言如同一把开启心灵、开启智慧的钥匙,既不能太锋利,也不能太笨拙。要成为一把幼儿真正喜欢的灵巧的钥匙,就需要教师用平等的态度、平视的眼光解读幼儿的成长需要。在此基础上思考如何优化师幼间的对话,才能真正促进幼儿的发展。《幼儿园教育指导纲要(试行)》中明确指出:"关注幼儿在活动中的表现和反应,敏感地觉察他的需要,及时以适当的方式应答,形成合作探究式的师幼互动。""建立平等和谐的师幼关系是教育的基础。"在幼儿园的一日生活中,教师与幼儿间的对话是师幼交往的主要渠道,因此,师幼间对话的重要性也就日益突显出来。师幼对话,既能反映教师的教育教学观念,也能体现教师在教育过程中的教育机智。

随着近年来我国教育改革的不断深入,教育研究方法也日益受到人们的关注,而叙事研究逐渐成为教师教育的重要方法。叙事研究在其本质上就是教师关注并反思教育实践的一种方法,是教师运用各种叙述材料,以教师的

故事经验为基础,原汁原味地呈现事件发生的过程,包括教师的所思、所想、所感、所言、所为。叙事研究不仅是教师探究的一种形式,而且也是教师成长的重要动力,叙事研究有助于教师深刻地认识其专业经验的重要性,也使得教师协同反思成为可能。

同时,教育反思也能促进教师个性化思考及教师教学观点的构建。作为具有个性特征的发展主体,教师通过对认知冲突和内在反应的激发,能有效唤醒个体专业成长的需求,从而拓宽个体发展的渠道,最终促进教育行为的改变。教师叙述的教育故事作为一种动态生成的评价幼儿的方式,也有助于提升教师观察与解读幼儿行为的能力,是提高教师观察与解读幼儿行为能力的有效方法,能为提高教师的指导水平提供较可靠的保障。通过撰写"教育叙事故事",教师可以对一名甚至几名幼儿进行跟踪观察,并在反思"分析评价"和"指导策略"中做出较为专业的过程性评价,从而使教师能够更有针对性地改进教育指导策略,促进幼儿多元能力的发展。

对于以上诸多现象和问题的思考,正是我们选择这样一个课题进行研究的原因所在。

二、课题研究的意义

通过对本课题的研究,可以提高教师的研究能力,利用叙事研究这个平台,提高教师的教育教学科研能力水平,反思自己在师幼互动中的理念与行为,帮助教师在师幼互动中不断调整自身行为,提高师幼互动质量,提升教育智慧。

在研究中,教师更关注幼儿,积极探索有效的对话策略,从而促进幼儿在情感、态度、能力、知识、技能上主动学习探索,推动幼儿的主体建构和发展。

三、课题研究的理论依据

社会建构主义认为:儿童是天生的学习者、探索者,他们是通过自身的建构来学习的。对话性沟通超越了单纯的传递,具有重新建构意义,生成意义的功能。来自他人的信息,为自己所吸收,自己的既有知识,被他人的视点唤起,这样就可能产生新的思想。在与他人的对话中,正是出现了与自己完全不同的见解,才会促成新的意义的创造。

莫源秋认为:"教师的内隐观念、对幼儿的认识与期望等会通过不同形式的互动传递给幼儿,对幼儿产生影响。幼儿已有的知识经验、对教师观念的感知以及对教师的期望等又会影响其对教师互动信号的感受。"卢乐珍认为:"当教师互动行为的意图与幼儿的认知与期望一致时,幼儿接受教师的互动行为并通过内化作用于幼儿自身的发展。"当幼儿对教师互动信号的认知、期望与教师互动行为所传达的意图存在差异时,幼儿只能被动地接受教师的互动行为,这可能会导致师幼互动不顺畅,互动质量降低,进而对幼儿自身的发展产生消极影响。而且师幼互动往往具有网络性、扩散性和在场效应等特征。师幼双方对现场互动的感知、体验以及对互动存在意义的把握,会辐射在场的每一个个体及其与其他个体的互动。具体而言,教师与某个幼儿的互动,会影响班级其他幼儿对该幼儿的认知情感及互动方式,也会潜移默化地影响其他幼儿对该教师的认知情感及互动方式。

瑞吉欧的"接住孩子抛过来的球"理论认为:作为一名教师,要随时注意观察孩子,及时捕捉幼儿中有价值的问题,然后把问题"还给"幼儿,让他们"接过球",投入新一轮的思考、探索,从而使主题活动不断深入。

多尔教授认为:"作为平等中的首席,教师的作用并没有被抛弃,而是得以重新构建,从外在于学生情境转化为与这一情境共存。"

保罗·弗莱雷的《被压迫着的教育学》中提出:在教育中要打破"讲解式"教学,实施"对话式"教学。

四、课题研究的目标

本研究的目标是建立一个教师叙事研究交流平台,使教师学习、运用教育叙事研究的方式,把握与幼儿对话的艺术,探索对话的策略。提高教师观察

领悟幼儿行为的能力、教学实践能力、反思调整的能力,最终建立民主、平等的师幼关系,促进幼儿的有效学习。

五、课题研究的主要内容

1.在观察幼儿的基础上,如何运用教育叙事的方式进行教学分析、回顾、反思与调整教育观念和教育行为?

2.探索与幼儿有效对话的形式与策略,提高回应幼儿的能力,重视一日生活中每一次与幼儿对话的机会,如:日常生活中的对话、教育活动中的对话。

六、课题研究的方法

本课题的研究方法以叙事个案研究法、案例研究法、行动研究法、经验总结法为主,并根据不同的研究课题的需要同时采取观察法、作品分析法等。

七、课题研究的步骤

1.准备、理论研究阶段:2007 年 3 月—2007 年 6 月

提出课题、建立课题组;设计研究方案;课题组成员制订本班研究计划。

学习有关教育叙事研究的信息理论,学习幼儿心理学、教育学理论,以此作为分析、反思的依据,提出具有可操作性的预设策略。

2.实施、研究阶段:2007 年 9 月—2008 年 6 月

将理论转化为具体的教育行为,在实践中不断探索与反思,并通过听讲座、分享式学习、参与式培训、观摩实践活动、外出交流学习、案例分析、实践研讨等不断完善、提高对话的有效性。

3.总结阶段:2008 年 9 月—2008 年 12 月

通过理论的学习及大量实践的积累,进行实践操作研究的总结,得出科学有效的对话策略方法,撰写经验论文,并收集优秀的叙事研究案例整理成册。

八、课题研究的主要过程

(一)精心筹备,做好研究前的准备工作

这一阶段在园所领导的指导下,骨干教师等积极参与,潜心研究,做了大量的准备工作。

课题选定后,经过反复研究,确立了课题实施方案,并根据课题实施方案制订了研究计划和程序,初步拟定了参与研究的人员。

确定课题组教师,进行人员分工。

李玉荣:课题总负责人,主要负责课题研究的组织管理和资料的整理。

王春华、孙敏、张虹:分别负责平行班的课题研究工作。

刘宇:负责用现代化手段支持和整理研究成果。

(二)潜心钻研实践,开展课题研究

以规范的科研管理,增强工作的实效性,提高科研质量。科研作为教师学习的阵地,是提高保教水平的重要手段之一,恰当的科研活动方法,能使研究更为深入、精确,因而我们制定出相应的学习制度,形成"我要学"的学习氛围。

1.保证课题组活动时间,围绕研究重点开展观摩、交流等多样的研究活动。总结、推广教育经验,提高教师教学工作水平。

2.重视科研工作的过程管理,形成"计划—实施—检查—总结"的完整周期。

3.尝试改变研究模式。多开展互动式科研活动,形成科研的专题研讨。

(三)注重总结积累推广研究经验

每次活动,教师都要将自己的一些研究案例、心得等与大家分享。对于达成共识的做法,大家分别去尝试。教师每学期将自己研究的经验进行总结,并参加各种论文的评选。

九、课题研究成果

在研究中我们感到,教师与儿童的平等关系及其表现,是对话教育最直接、最显著的特征之一。教师与儿童的对话方式是多样的,有时相互间鼓励的眼神、肯定的手势或热情的安抚等也能使对话双方互相承认、互相尊重,倾听、问答、讨论甚至争论都能使彼此相互理解、包容、接纳。我们总结出以下几点:

(一)澄清理论概念,有效指导研究

师幼对话是幼儿园教育的基本形态,它贯穿于幼儿一日生活的各个环节,是促进幼儿全面发展的关键因素,也是教师内在教育观念、教育能力和教育智慧相结合的综合表现。幼儿园教育中的师幼对话,是教师与幼儿、幼儿与幼儿之间相互影响和相互作用的行为及其动态过程。对话式的师幼互动,既是一种精神、一种意识、一种关系、一种技艺,更是一种教育的高层次境界。有效的师幼对话行为对构建互动学习的共同体有着积极的推动作用。

(二)明确对话方式,进行有效归类

师幼对话的形式是多种多样的。如:

1.倾听幼儿表述,开展平等性对话,真实地洞察幼儿的内心世界,真实地了解幼儿的已有经验以及对教学内容的接受情况。

2.关注幼儿表现,开展支持性对话,教师或循着幼儿思路给予适时适量的点拨与组织,或给予及时的补充与调整,或帮助幼儿及时梳理、引导、归纳与总结,给予幼儿援助。

3.分析幼儿表述,开展推进性对话,鼓励幼儿阐述自己的观点,教师主动参与话语,为幼儿牵线搭桥,推波助澜。

在教育过程中,教师对对话的把握和引导是一个教师教育艺术的体现,或倾听,或反问,或接纳,或设疑,或赞成,或反对,这些对话的策略都需要教师在平时实践中不断探索、学习、积累,真正使师幼对话具有针对性、目的性和发展性。

（三）整合灵活运用，使对话适宜有效

我们在整合灵活运用对话方式中提出了四个提示点，能在实施对话方式时突显其有效性，如："当幼儿自信地回答出正确答案时；当幼儿回答正确，但表现很犹豫时；当幼儿回答很自信，但答案不正确时；当幼儿回答既不正确，而且表现很犹豫时。"从而最大限度地推动师幼间的积极互动。

十、课题研究存在的主要问题及今后的设想

在研究过程中，由于各方面条件还不是很成熟，加上是在研究中逐步摸索，所以经验不是很足，存在一定的问题，如还不能很敏感地发掘生活中的教育契机，生成教育活动。在今后的研究中，我们要在理论知识的支撑下，用全新的理论和方法投入研究中，提高教师与幼儿的对话能力，促进幼儿的全面发展。

参考文献：

[1]保罗·弗莱雷.被压迫着的教育学[M].上海:华东师范大学出版社,2001.

[2]亨德里克.学习瑞吉欧方法的第一步[M].李季湄,施煜文,刘晓燕,译.北京:北京师范大学出版社,2002.

[3]莫源秋.幼儿的归属需要与心理卫生[J].教育导刊,2007(2).

[4]张雪.师幼互动中存在的问题及解决策略[J].教育导刊（幼儿教育）,2004(7).

❀ 课题研究五

"幼儿园民间剪纸活动指导策略的研究与实践"结题报告
李　艳

一、课题研究的背景与条件

剪纸是我国古老的民间艺术之一，具有特殊的审美价值和艺术魅力，是中华民俗文化的代表，也是幼儿园美术教育的重要组成部分。剪纸只需一把剪刀和一张纸，便能剪出各种形状，并以虚实相间的手法刻画内部线条花纹，虚实对比体现图像，是一种具有创造性的艺术活动。我国著名儿童教育家陈鹤琴说过："小孩子应有剪纸的机会。"他认为剪纸有两方面的好处："一是可以养成独自消遣的好习惯，二是可以练习手筋。"著名教育家苏霍姆林斯基也曾说过："儿童的智慧在他的手指尖上。"因此，我们认为剪纸活动对幼儿身心全面发展以及推进素质教育都具有重要的价值。

我园是天津市唯一的"汉文化"幼儿园传播基地，确立了以传承中华民族灿烂的传统文化的教育主题，弘扬中华文化，建设中华民族共有精神家园，要全面认识祖国传统文化，取其精华，去其糟粕，使之与当代社会相适应、与现代文明相协调，保持民族性，体现时代性，加强中华优秀文化传统教育。对于3~6岁的学前儿童来说，这一时期是他们终生发展的奠基期，是他们开始认识世界、感受生活中各种美好事物的重要时期，也是儿童身心全面发展的起步阶段。心理学研究表明,应抓住这一时期为幼儿提供更多的学习、体验机会和条件,让他们在与人、与物、与环境的交互作用中不断获得新知,得到发展。

我园在"十一五"科研相关课题的引领下,在市、区教研、科研领导和专家的指导下,从 2008 年初就开展了幼儿剪纸的教育活动,虽然当时活动不系统,也不普及,但无论是教育内容、方法、手段,还是教育成果都为我们承担"幼儿园民间剪纸活动指导策略的研究与实践"这一课题夯实了基础,积累了再研究的宝贵经验。

二、课题研究的依据与界定

(一)理论依据

心理学研究表明:3~4 岁幼儿的行为具有强烈的情绪性,爱模仿,思维带有直觉行动性;4~5 岁幼儿爱玩、会玩,具体形象思维发展迅速,形象或表象开始影响幼儿对事物的认识;5~6 岁幼儿好学、好问,抽象概括能力开始发展,此阶段幼儿的思维仍以具体形象为主,抽象逻辑思维开始萌芽,逐渐理解事物的某些相对关系和辩证关系,能根据事物的本质属性进行初步、简单的 概括和分类。把握幼儿身心发展的特点以及幼儿学习艺术的规律是研究的起点。

皮亚杰认知发展理论认为:知识的获得是儿童主动探索和操纵环境的结果,学习是儿童进行发明与发现的过程。因此教育的真正目的并非增加儿童的知识,而是设置充满智慧刺激的环境,提供适宜的教育指导让儿童自行探索,主动学到知识。这意味着我们在教育中要注意发挥幼儿的主体性,不要把知识强行灌输给幼儿,相反,要设法向儿童呈现一些能够引起他们的兴趣、具有挑战性的材料,并允许儿童依靠自己的力量解决问题。

社会建构主义理论认为:儿童是天生的学习者、探索者,他们是通过自身的建构来学习的。剪纸文化环境的创设超越了单纯的传递,具有重新建构意义、生成意义的功能。

《幼儿园教育指导纲要(试行)》提出艺术领域的目标是"能初步感受并喜

爱环境、生活和艺术中的美;喜欢参加艺术活动,并能大胆地表现自己的情感和体验;能用自己喜欢的方式进行艺术表现活动"。《幼儿园教育指导纲要(试行)》还指出:"艺术教育是实施美育的重要途径,要充分发挥艺术教育的情感教育功能。学前儿童艺术教育应注重激发儿童表现美、创造美的情趣,使其在丰富的艺术活动中自由表达与体验,提高其表现力、创造力,最终促进其健全人格的形成。"

(二)概念界定

本课题在弘扬民族艺术、振奋民族精神,面向 21 世纪培养秉承中华民族传统美德的一代新人的总体思想指导下,精心筛选出优秀的、健康的、积极向上的、正面反映生活的、具有民族特点的民间剪纸活动,对幼儿进行系统的民间艺术教育,摸索出一套适合幼儿园开展的民间剪纸艺术活动课程,在实践中拓宽幼儿的知识和视野,培养幼儿初步的观察力、想象力和创造力,发展幼儿的主动性;在活动过程中陶冶情操,提高审美能力;通过幼儿亲自操作,促进幼儿动手能力的发展,达到脑、眼、手协调配合;秉承勤俭朴素、热爱劳动、热爱生活和勤劳勇敢的优良品质,使幼儿身心得到全面和谐发展。

为了使课题研究更加准确、科学,将课题的两个关键概念界定如下:

民间剪纸艺术活动:民间剪纸艺术是民族文化宝库中的重要内容,是劳动人民直接创造或在劳动群众中广泛流传的艺术,它体现了人类最基本的审美观念和精神品质,具有审美、教育、认识、娱乐等多方面的功能。

幼儿民间剪纸艺术活动:在民间剪纸艺术的众多流派中筛选出最典型、最有代表性、与幼儿日常生活知识经验相接近的、具有乡土气息的、能为幼儿所接受的民间剪纸艺术教育内容。如:单色剪纸、彩色剪纸等用以在各类活动中对幼儿进行系统的民间剪纸艺术启蒙教育活动。

三、课题研究的意义与创新

(一)研究的意义

1.民间剪纸教学拓展了《幼儿园教育指导纲要(试行)》中艺术领域的教育

内容,使其更贴近幼儿生活

《幼儿园教育指导纲要(试行)》中艺术领域的教育目标和内容是让幼儿初步感受并喜爱环境、生活和艺术作品中的美,喜欢参加艺术活动,并能大胆地表现自己的情感和体验;引导幼儿接触美好的事物,丰富他们的感性经验和审美情趣。剪纸源于生活,剪纸作品在生活中无处不在,它为幼儿提供了更加广泛的体验美、感受美的机会,我们大胆地将这种民间艺术与幼儿园教育有机整合,拓宽幼儿学习的视野,让幼儿从小感受到民间文化的一种表现方式,体验生活中朴素的艺术美,获得积极的审美体验。

2.民间剪纸教学实践将深化我园的民俗教育特色

我园自 2008 年确立在幼儿园开展中华民俗教育课程研究以来, 剪纸作为民俗文化的代表,已被列为重要的研究和探索的内容,这一课题的实施,必将有效促进对民俗文化实践策略的探讨,获得幼儿剪纸教学特点、方法、内容以及规律的总结,形成有价值的研究成果,丰富园本课程。

3.民间剪纸教学活动的研究将有效促进师幼的共同发展

教师和幼儿是研究的共同体,教学实践作为一条纽带牵动着双方,通过研究,一方面引领教师把握幼儿年龄特点和学习规律,从幼儿兴趣出发,依托作品,尝试、发现、总结教学指导策略,提高专业化水平和自身剪纸技艺;另一方面,通过实践,让幼儿逐步接触和了解民间剪纸艺术的基本技能、基本方法,激发幼儿乐于动手、动脑的兴趣和愿望,培养孩子的审美情趣、独创精神,让幼儿在丰富多样的剪纸作品中发现美、感受美、欣赏美、创造美,获得美好的艺术享受。

(二)实践的创新

民间剪纸是我国民族文化的瑰宝,民间剪纸艺术是我国劳动人民聪明智慧的结晶。通过我们的研究,这门艺术与幼儿教育相结合、相促进,这对于教育理念和教育实践而言是个创新。

幼儿民间剪纸教育活动的研究,为我园教师,特别是青年教师专业化成长,为"一专多能"教师教学能力的提高搭建了可历练和展示的平台,这对于教师队伍建设的方法与途径而言是个创新。

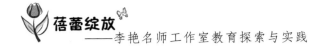

民间剪纸工艺与幼儿早期艺术教育相融合,拓宽了幼儿教育渠道,丰富了素质教育内容,加快了幼儿全面发展的速度,这对于落实《幼儿园教育指导纲要(试行)》要求,促进幼儿健康人格的形成而言是个创新。

四、课题研究的目标、内容、方法与步骤

(一)目标

1.通过剪纸教学活动,提高幼儿动手操作能力和对剪纸作品的审美和创造表现能力,促进幼儿身心和谐发展。

2.提高教师的教育教学研究能力,促进教师在剪纸教法和技艺上的发展,形成独特的设计组织幼儿剪纸活动的指导策略。

3.分析把握不同年龄段幼儿剪纸的特点和规律,总结适宜不同年龄阶段幼儿剪纸的目标、内容、教学方法。

(二)内容

1.挖掘幼儿剪纸教学的教育价值,探索适宜于幼儿的民间剪纸的艺术表现方法。

2.立足实践总结不同年龄阶段幼儿剪纸教学中内容选择、组织形式、指导策略等应遵循的原则和方法。

3.探索剪纸教学活动与各领域教育活动的有机融合。

4.探索剪纸环境文化的创设,激发幼儿兴趣,获得愉快的艺术体验。

(三)方法

本课题研究的对象为我园大、中、小各三个班(共九个班)的幼儿;

前期主要采取文献研究法,中期以行动研究、观察、记录和个案分析法为主,后期则以经验总结、撰写论文和报告为主。

(四)步骤

1.准备、理论学习阶段:2009年3月—2009年6月

提出课题、建立课题组;设计研究方案;课题组成员制定班级研究计划,学习有关民间剪纸的信息理论,学习幼儿心理学、教育学理论,以此作为研

究、实践、分析、反思的依据,提出具有可操作性的预设策略。

2.实施、研究阶段:2009 年 9 月—2010 年 12 月

(1)启动课题研究,按计划、有步骤地实施课题研究。

(2)以学期研究为重点,制定阶段(学期)达成的目标,注重课题研究的动态管理,及时反馈课题研究实施信息,在实践中不断修正研究思路和目标。

(3)定期组织参与式培训、观摩实践活动、外出交流学习、案例分析、实践研讨等研究方式,不断完善、提高指导策略的有效性,进行阶段成果展示,总结交流形成课题研究经验和成果。

(4)经常邀请区幼教专家来园进行课题指导,开展相关理论讲座、分享式学习等活动并进行课题中期评估,进一步修正和完善课题研究方案。不断将理论转化为具体的教育行为,在实践中获得提升。

3.总结阶段:2010 年 12 月—2011 年 5 月

通过理论的学习及大量实践积累,进行实践操作研究的总结,得出科学有效的指导策略和方法,撰写经验论文,并收集优秀的研究案例、教育活动设计、活动实施课件整理成册,形成园本课程,撰写结题报告,有条件时请市区专家给予鉴定。

五、课题研究主要成果

在本课题探索与实践的全过程中,我们就"指导策略"这个主题认真总结了以下三个方面的研究成果:

(一)实施民间剪纸教学活动应把握的三个前提因素

1.教师因素

教师是课题研究的主体,是课程实施的研究者和实践者,是幼儿主动学习的支持者、合作者、引导者,教师自身对剪纸活动的理解接受能力、对剪纸作品特点的赏析评价能力、对剪纸技艺的模仿创造能力、对不同作品教学重难点的分析把握能力都直接影响着教师对剪纸活动的设计与组织,直接影响着幼儿剪纸经验的获得与体验, 也影响着教师主导作用在教育活动中的发

挥,因此,教师因素在课题实施过程中具有举足轻重的作用,是课题实施的重要前提因素。

2.环境因素

即剪纸环境的创设,《幼儿园教育指导纲要(试行)》中明确指出:"环境是重要的教育资源,应通过创设并有效利用环境促进幼儿的发展。"在这一点上,我们注重两方面环境的创设和开发:一是心理环境的创设。年龄越小的幼儿心理越敏感,作为教师应为幼儿创设宽松、温馨、接纳的学习环境,要让幼儿感受到教师的关爱,激发调动幼儿参与剪纸活动的积极性、主动性。二是物质环境的创造,众所周知,环境在幼儿学习过程中发挥着重要的隐性教育价值,具有潜移默化的教育功能,儿童的发展离不开与周围生活中人、事、物的互动,获取各种讯息,获得经验的积累与内化,因此,形式各异的剪纸作品、有效空间的创新利用为幼儿营造了具有丰富的剪纸资源的学习环境,我们创设了园级内的大环境、班级中的小环境,还有活动中的情境环境,让幼儿在充满剪纸色彩的世界中去感受剪纸艺术。

3.材料因素

材料是剪纸活动不可缺少的载体,剪纸活动的成功与否很大程度上与材料提供的适宜性相关,适宜幼儿当前水平、符合作品剪制花纹需要的材料能让幼儿获得成功体验,满足幼儿兴趣,愉悦身心,因此,材料的选择与提供伴随活动始终,是教师必须思考的问题。

(二)开展民间剪纸活动应遵循的五个原则

1.适宜性原则

我国民间剪纸内容广泛,形式多样,风格各异,变化万千,但并非所有的作品都可以拿来让幼儿欣赏、剪制。3~6岁的幼儿心智发展尚未成熟,理解与表达受各种生活经验的制约,因此,在作品的选择与利用上必须遵循适宜性原则,选择更适于幼儿理解、接受、符合其身心发展特点的作品。

2.生活化原则

《幼儿园教育指导纲要(试行)》中明确指出:"幼儿的学习内容应来源于生活,是幼儿经常接触和感兴趣的事物。"剪纸作品的选择应是幼儿生活中经常能够看到的、熟知的东西，这样贴近其生活的作品更能激发幼儿的剪纸兴趣。

3.游戏性原则

游戏是幼儿的天性,寓教育于游戏之中才能让幼儿在快乐中学习,通过设计有趣的游戏,富于变化的情节,吸引幼儿,让幼儿在轻松愉快的氛围中学会剪纸方法,乐于动脑、大胆操作,感受剪的变化,体验游戏的快乐。

4.体验式原则

幼儿剪纸经验的获得和剪纸能力的提高是通过活动实现的,是经过无数次的练习获得的,要为幼儿积极创设活动、准备材料,满足幼儿操作愿望,帮助幼儿获得积极的剪纸体验。

5.激励性原则

心理学研究显示:外部激励的适当运用对幼儿积极情绪的影响很大,它可以激发幼儿高兴而持久地做一件事,并始终保持兴趣,同时,激励原则对培养幼儿自信心也具有不可低估的作用。

(三)民间剪纸教学活动在教学方法上应突出的三个关键点

1.培养观察能力

心理学研究表明:幼儿的认知是在其感性经验的积累的基础上获得的,幼儿对事物的认识具有表象化的特点,因此,只有让幼儿亲自动手操作,才能使幼儿真正走进剪纸艺术的世界。教师应立足幼儿的现实生活,捕捉周围环境中、生活中常见的剪纸作品,引入幼儿的学习中,让幼儿感受新奇的艺术表现形式,不同的视觉效果,不断增强幼儿对剪纸作品的敏感度和趣味感。

例如:剪纸活动"漂亮的窗花"。

每到新年,教师和孩子们都要兴奋地在一起商量,如何装扮他们美丽的教室,窗花是每年都不会缺少的重要内容。我们的教师抓住了这一教育契机,不同年龄班的教师充分利用剪纸窗花,将幼儿引入了剪纸的奇妙世界。

剪纸最突出的艺术表现形式就是它的纹样变化和镂空效果,以及色彩的应用和纸张折叠的变化。如何让幼儿在熟悉的窗花剪纸中了解剪纸的这些基本元素呢?教师们下了一番功夫。

小班教师在窗花的剪制上突出了纹样的变化,窗花外形的设计多是以圆形为主,重点让幼儿看到其中的不同纹样,有圆形、方形、长方形、半圆形、三角形,这些图形小班幼儿基本都熟悉,适宜幼儿观察和理解,教师将这些图形巧妙安排、合理布局,有时体现连续、有时对应排列、有时大小相间,富于变化,让幼儿即能理解又能充分感受到剪纸的乐趣,大大激发了幼儿对剪纸的兴趣。

中班教师顺应幼儿的需求, 在窗花的外形和内在纹样上更富于变化,教师提供了外形为四角形、五瓣花、六棱形的作品,同时,纹样上出现了更多的表现,如月牙形、水滴形、毛刺形、波浪形等,让幼儿感到耳目一新,有了试一试的愿望和想法。

大班教师则尽情展现剪纸作品的无穷魅力,在多种外形和内在纹样变化的基础上,增添了彩色剪纸的表现形式,运用点染、折染的方法在宣纸上进行创作,使剪纸作品的艺术效果展现得淋漓尽致。

美好的事物会带给人美好的情感,美好的情感会激发美好的愿望,只有让幼儿充分接触和感受剪纸作品,才能更大限度地激发幼儿的兴趣,我们的教育才能有新的起点。

2.强化感知体验

幼儿学习活动的内驱力来源于他们在剪纸作品的欣赏中产生的强烈表现欲望,因此,组织幼儿欣赏作品、帮助幼儿理解作品,是幼儿体验和敢于尝试的重要前提,为激发幼儿学习动力,我们注重让幼儿欣赏优秀剪纸作品,激发幼儿的力量之源,使其体会剪纸作品的艺术美。

例如:大班剪纸活动"美丽的瓣花"。

活动中涉及的美丽的瓣花有很多种,如:三瓣花、四瓣花、五瓣花、六瓣花,还有单色剪纸、彩色剪纸、染色剪纸、衬色剪纸等多种表现形式,是一个富含了多种剪纸技艺和呈现方式的教学内容,也是剪纸作品的典型代表,具有很强的欣赏功能。于是教师根据作品特点,设计了"春天花园采花"的游戏情境来帮助幼儿欣赏,通过调动幼儿多种感官来感受、观察、理解作品的美。

首先,教师绘制了一幅春意盎然的春天背景图,以花仙子的角色带领幼儿一起来到美丽的花园,请幼儿来摘花(花是教师提前剪好的,每一个都有不同的特征)。然后,教师和幼儿一起打开每一朵花,和幼儿一起感受纸张变化后的视觉惊喜,让幼儿体验到一种积极的情绪。接着,让幼儿说一说自己的感受:"你看到了什么?它们是什么样的?再猜想一下它们是怎么剪的呢?"教师和幼儿一起讨论,一起猜想。之后,揭晓谜底,让幼儿看到剪纸的全过程,教师精细地剪制的每一个过程,边做边将要点讲述出来,孩子们全神贯注地观看教师的演示过程,学习变成了主动学习。接下来就是最后一步,孩子们的尝试与体验……一会儿,"花园"里开满了孩子们亲手剪制的花。

活动中,教师以游戏贯穿,始终让幼儿在感受的基础上来体验、来尝试,幼儿始终处于积极主动状态,通过亲手剪纸,进一步体会到剪纸作品的表现力、艺术美,同时也使教师体验到创设适宜游戏情境是帮助幼儿感受作品、学习作品、剪制作品的有效方法,是激发幼儿学习兴趣、乐于探究的教育策略。

3.诱发创新欲望

艺术教育的最高境界应是让幼儿带着他们的思想、带着他们的本领徜徉在无限的艺术创造世界之中,大胆表达他们的认识、他们的情感、他们的愿望。在教学实践中,我们追求这一教育目标,借助多种主题教育活动激发幼儿的创作兴趣。

例如:主题活动"多姿多彩的灯笼"。

这个活动是大班教师在幼儿兴趣点上生成的主题教育活动。灯笼是中国传统文化的代表物之一,在我国种类繁多。如何引导幼儿剪好灯笼?教师设计了多领域的教育活动,使幼儿对中国灯笼有了初步的了解和认识,对灯笼的外形、种类、特征有了相关知识经验的积累,为幼儿剪制灯笼奠定了基础。在剪制灯笼的活动中,我们采取了下列流程:

一是剪制灯笼外形:调动幼儿已有的知识经验,由幼儿说出并画出不同造型的灯笼,加深幼儿的认识,教师提供给幼儿不同造型的灯笼的模板,供幼儿剪纸时拓用。二是搜集适宜纹样:请幼儿想一想自己想运用哪些纹样?用这些纹样怎样剪灯笼?也就是纹样的设计和运用,可以体现在灯笼的哪些地方?运用哪些方法?(对称、镂空等)。三是大胆尝试探索:为幼儿提供充足的可选

择的材料,请幼儿自主选择不同外形的灯笼,自主设计纹样的运用,教师提供间接指导,为有困难的幼儿提供不同方式的帮助。四是作品展示交流:创设节庆情境,展示幼儿作品,引导幼儿相互欣赏,请每一名幼儿描述自己的作品,在自由表达中发展幼儿多方面能力和品质,感受作品带来的愉悦和欣喜。五是教师点评梳理:在幼儿作品的展示交流中,教师有目的地观察、分析幼儿作品,肯定幼儿的创作与表现、设计和创新,帮助幼儿提升剪纸经验。

通过主题活动的开展,幼儿更加喜爱剪纸活动,也初步掌握了一些剪纸方法、纹样,学会了设计运用等技能,具有了初步的剪纸能力,这一点也充分展示了艺术领域的教育价值。在幼儿的生活、兴趣和需求中,我们还生成了很多剪纸活动,如小班的"美丽的树叶""可爱的小鸟",中班的"快乐的兔宝宝""手腕花环",大班的"虎""美丽的瓣花"等。在整个活动中,教师更加注重的是为幼儿创设宽松的学习环境,鼓励幼儿的表达表现和对艺术作品的创造,使剪纸教学活动的开展更加具有实际意义。

六、课题研究的结论与反思

(一)结论

民间剪纸活动带领幼儿进入了一个民俗文化的世界,让幼儿在欣赏、观察、比较、体验剪纸作品的过程中感受到民俗艺术的美和自我创造的美,幼儿参与的过程就是幼儿剪纸经验积累和提升的过程,它充分体现了剪纸教学活动的教育价值,赋予剪纸教学实际意义。实践证明:民间剪纸活动与幼儿教育相融合不但是可行的,而且是必要的。

民间剪纸技法具有一定的多变性和复杂性,我们应尊重不同阶段幼儿的年龄特点和学习规律,依托主题、依托情境,简单且基本的剪纸方法幼儿是能够掌握且乐于接受的。

通过参与研究,教师们提高了对剪纸作品的分析能力和表现能力,对剪纸技法也有了较为深入的研究和操作,通过不同年龄幼儿应用不同剪纸技法的教学实践,教师提升了挖掘生活中、剪纸作品中教育价值的能力,不断挑战幼儿学习剪纸的"最近发展区"。

通过课题研究,使教师们进一步掌握幼儿剪纸教学活动的特点和发展线索,教学更加立足于幼儿的现实生活,通过研究作品,使剪纸教学更加贴近幼儿发展水平、已有经验,教学过程中的方法、策略在观察分析幼儿表现的基础上,不断总结、梳理、提升和挑战幼儿的剪纸经验,有效地开展教学活动,促进幼儿的发展。

(二)反思

中国民间剪纸艺术博大精深,包罗万象,其内容内涵、表现方式、风格特色各不相同。本研究旨在幼儿园阶段引导幼儿接触感受民间剪纸的基本表现方式,并利用环境、材料,借助幼儿熟悉的主题和生活经验激发幼儿参与的兴趣,在幼儿获得美好体验的同时,引领幼儿感受艺术活动的快乐。但随着时代的发展,幼儿园课程研究的不断深化,幼儿的教育应构成一个有机的整体,促进幼儿全面发展。在民间剪纸活动中,如何把各方面的教育内容有机地联系起来,与其他领域相互渗透、有机整合,并在现有研究内容的基础上,拓展民间剪纸多种风格的艺术表现,使剪纸活动真正成为促进幼儿多种经验的建构、积极情感发展的有力手段,这将是我们今后进一步探索研究的重要内容。

参考文献:

[1]白庚胜,于法鸣.中国民间剪纸技法[M].北京:中国劳动社会保障出版社,2009.

[2]陈帼眉,冯晓霞,庞丽娟.学前儿童发展心理学[M].北京:北京师范大学出版社,2013.

[3]教育部基础教育司.《幼儿园教育指导纲要(试行)》解读[M].南京:江苏教育出版社,2002.

[4]王衍军.中国民俗文化[M].广州:暨南大学出版社,2011.

(本课题结题论文获得天津市学前教育优秀论文评选一等奖)

❀ 课题研究六

主题活动下幼儿科学探究活动的实践研究

李玉玲

一、问题的提出

科学教育是幼儿教育的重要组成部分,《幼儿园教育指导纲要(试行)》与《3-6岁儿童学习与发展指南》将教育内容分为五大领域,科学教育是其中一项重要内容。幼儿科学教育能引发和支持幼儿主动探究,使幼儿亲历发现的过程,丰富幼儿知识经验和对周围世界的认识,使幼儿乐学、会学。

我们将遵循科学本身具有的逻辑性、规律性、系统性特点,摒弃传统科学教育中的随意化、碎片化、零散的科学知识经验,以主题活动为线索,构建系列化、综合化的科学主题活动研究,总结经典科学主题活动案例,促进幼儿建立广泛的与周围世界的联系,为今后一生可持续发展奠定良好基础。

二、研究的目标、内容、方法与过程

(一)研究的目标

1.概念的界定

主题活动:是指幼儿园在集体性活动中,以一个主题为线索,围绕主题进行活动与交流。

幼儿科学探究：幼儿对自然界中事物和现象进行探索并形成解释的过程。

科学探究的内容：包括科学现象、生物、材料及其性质、自然现象与天气、工具及设计技术和数量与时空关系等。此课题研究的重点内容是科学现象、材料及其性质、工具及设计技术。

2.具体目标

(1)探索适宜 3~6 岁幼儿科学探究活动的主题内容、方法、策略和途径。

(2)发展教师科学素养,建立一支具有较高研究水平的教师团队。

(3)深化以科学教育为特色的园所文化建设,促进园所特色化教育的开展。

(二)研究的内容

1.遵循幼儿年龄特点与学习规律,探究在科学现象、材料及其性质、工具及设计技术范畴内,各年龄段科学探究的适宜内容。

2.将主题活动与科学探究活动相结合,形成经典科学探究主题活动案例。

3.探索开展科学探究主题活动的有效途径、方法和指导策略。

4.在科学探究中探索有效的评价方法。

(三)研究的方法

1.文献法

通过查阅文献,了解、掌握所研究的课题。

2.观察记录法

在日常自然情景中,教师观察、记录后分析以获得幼儿心理活动变化和发展的规律。

3.案例分析法

案例分析法研究者如实、准确记录某一时间发生、发展、变化过程并进行分析、研究的一种方法。

4.经验总结法

通过对实践活动中的具体情况进行归纳与分析,使之系统化、理论化,并将其提升到理论高度,进行经验的梳理与文字材料的撰写。

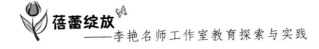

5.行动研究法

按照提出问题、收集整理信息、拟订计划、行动实施和评价总结的总体程序,研究为行动提供理论指导的目标。

(四)研究的过程

1.学习准备阶段(2017.9—2017.12)

(1)确定课题组成员,拟定课题方案。

(2)结合《幼儿园教育指导纲要(试行)》《3-6岁儿童学习与发展指南》进行相关理论的学习。

(3)组织教师进行参与式和体验式培训。

2.研究实施阶段(2018.3—2019.6)

(1)初步实施阶段(2018.3—2018.12)

根据课题方案,制定各阶段的课题研究计划。

各班级结合预设及本班幼儿的兴趣需要确定研究内容。

初步确定各年龄段适宜的主题活动内容。

撰写中期阶段性总结。

(2)深入实施阶段(2019.3—2019.6)

继续完善和丰富主题活动内容。

总结适宜的研究途径、方法和策略。

中后期阶段性总结:主题经典案例分析总结,收集积累资料。

3.总结汇报阶段(2019.9)

整理分析材料,剖析研究成果,撰写结题报告。

汇编主题经典案例、区域活动经典案例,编纂成册。

收集整理教师论文、召开结题鉴定会,展示推广研究成果。

三、研究结论

(一)转变教师观念,促进教师科学素养的提高

1.理论学习夯实基础,促进教师专业成长

积极开展理论学习活动。组织教师认真学习《幼儿园教育指导纲要(试行)》《3-6岁儿童学习与发展指南》中科学领域的相关内容,围绕"如何从生活中挖掘有价值的科学活动""如何将主题活动与科学活动相结合"等问题积极研讨。

开展教育理念的学习和研讨活动。从南京学习归来的骨干教师为大家进行二次培训,分享先进的教育理念,并安排操作体验活动,老师们以小组交流的形式进行操作和小结,反思提升。

2.参与式培训互动体验,转变教师教育观念

好玩的科学探究游戏,不仅幼儿感兴趣,教师们对此也兴致盎然。因此我们组织教师进行各种参与式培训:例如在"沉浮"的参与式培训中,投放了橡皮泥、轻黏土、锡纸、茶叶等,设计相关的实验记录,教师们在观察、猜想、假设、验证的过程中了解了"沉浮"的科学原理。

3.定期教研答疑解惑,明确研究探索方向

我们每学期开展三次集中教研活动,研究的内容根据课题的重点难点及教师们遇到的困惑来开展。例如围绕"如何引发和关注幼儿自主探究"的问题,教师们积极研讨,总结出"从兴趣入手,创设宽松的自主探究氛围;提供适宜材料,激发自主探究的欲望;积极正面引导,促进自主探究的发展"等途径。

4.科学做课观摩研讨,促进教师实践反思

科学做课观摩活动,是提高教师教学水平的有效途径。在观摩中大家互相学习,积极探讨,提升教学策略。在今后的科学探究活动中,我们会更注重对幼儿学习品质的评价,从多方面培养幼儿的自主探究能力。

5.主题案例交流分享,互相借鉴共同提升

每学期末鼓励教师把自己班的主题活动用课件的形式展现出来。在主题

案例交流的过程中，教师把主题活动中典型的案例图文并茂地展现给大家，在生动、形象、直观的交流过程中相互学习，共同提升。

(二)激发幼儿兴趣,培养幼儿自主探究能力

1.主题内容来源于幼儿实际生活

在园所教研主题的背景下,每个班能根据幼儿的年龄特点和兴趣需要开展适宜本班的主题活动。小班开展的活动有:有趣的水、奇妙的声音、好玩的沙子、多彩的纸泥等。中班开展的活动有:种子的秘密、我和影子、各种各样的纸、制作风车等。大班开展的活动有:有趣的磁铁、神奇的风、花植探秘、陀螺转转等。

2.多种途径丰富科学活动内容

我们在实践中把主题活动与集中教学、区域活动、户外游戏和生活活动相结合,发展幼儿多方面的经验和能力。每个班在科学区中投放了相应的材料并提供环境支持。如小班探究"声音"的主题,科学区中投放了各种发声的材料;中班探究"影子"的主题,在科学区中投放了手电筒、幕布和各种观察材料;大班探究"风"的主题,在科学区中投放了各种制造风的工具及玩具。

3.教师引导激发幼儿探究欲望

教师要善于发现幼儿的兴趣点,并积极创设环境和材料去支持和引导幼儿。例如幼儿对玩沙子很感兴趣,松软的细沙具有塑造性强和手感舒服等特点,使得孩子们百玩不厌。小班教师在科学区中增设一个沙池,引导幼儿认识沙子的粗细、学习使用筛子、漏斗等工具,从而激发幼儿自主探究的兴趣。

4.家园合作拓展幼儿相关经验

幼儿的发展离不开家庭和幼儿园的合作。例如中班在关于"影子"的科学探究中,幼儿发现了透明塑料杯的影子是灰白色的,教师抓住这一教育契机,引导幼儿回家寻找"还有哪些物体的影子是有颜色的"。家长积极参与,找到了例如塑料瓶、塑料盆、玩具手枪、透明档案袋等,这些物体的共同特点是透明或半透明的。

(三)主题课程趋于系列化、整合化、生活化

1.研究内容由单一的活动到系列主题活动

以往的科学知识经验多是以单一、零散、碎片化的状态传递给幼儿,幼儿很难对某一科学现象进行深入、长期、系统的探究。我们的实践研究,以幼儿主动学习为核心,以科学主题活动为背景,更注重科学活动的连续性、递进性、系统性,让幼儿获得更加深入、系统、广泛的认知。

2.课程模式由集体教学到一日生活的整合

我们将一日生活进行整合,课程模式更加生活化。以往的科学活动更注重集中教学活动,而我们将科学活动与一日生活相结合,包括教育活动、区域活动、游戏活动、生活活动等。

教师在幼儿一日生活中渗透科学教育,由户外活动到室内游戏,由集体活动到区域活动,由个人探究到家园合作,通过多种途径和方式,吸引幼儿主动参与到科学探究中。幼儿在活动中不仅有个人的自主探究,还有同伴间的合作分享及家园之间的亲子互动,这能够让他们在自主探究中发现问题,分析问题和解决问题。

(四)课题研究成果显著

1.提高教师的教研水平,促进教师的专业化成长

课题启动至今,多名教师的论文、教育活动案例获奖。2018年李玉玲老师的论文《〈3-6岁儿童学习与发展指南〉引领下如何开展小班幼儿的科学探究活动》获"全国'十三五'新形势下教育创新理论与实践论坛"活动一等奖,并发表在《杂文月刊·教育世界》杂志上;2019年李玉玲老师的论文《科学活动中幼儿自主探究能力的培养》获天津市基础教育"教育创新"论文三等奖;李玉玲老师的论文《主题背景下幼儿科学探究活动的实践研究》获天津市学前教育优秀论文评选一等奖;王瀛锐老师的论文《浅谈幼儿园主题背景下区域活动材料的合理投放》获区三等奖;张燕老师的论文《小区域大功能》获区三等奖;张燕老师的教育活动案例"幼儿园的叶子"获市二等奖;刘亚欣老师的教育活动"神奇的纸杯"获市三等奖。

2.丰富幼儿的科学探究经验,培养良好的科学探究态度

首先,通过多种形式的科学探究活动,幼儿对各种科学现象更加感兴趣,喜欢参与科学探究活动,在探究中能发现问题,并想办法解决问题。其次,幼

儿掌握了一些科学探究的方法:观察法、记录法、测量法、对比法、讨论法、实验法等。最后,幼儿在科学探究中渐渐养成了认真、细致、积极、努力,大胆提出问题和质疑等良好的科学探究态度。

(五)反思不足及前进方向

课题在进行中虽取得了一定的成效,但也遇到了一些问题:

1.思维定式会影响教师的创新

我园之前对动植物探究有丰富的经验,把握了一些科学探究的规律,观念上有所提升,但有时部分经验会禁锢教师的思维,影响教师的创新。

2.教师的角色定位有时缺乏适宜性

教师要以观察为主,成为幼儿活动的观察者、支持者和引导者。活动中如何解读幼儿的游戏行为?如何关注到个体差异?这些方面我们还需要学习和提升。

我们会继续深化科学领域的主题活动,从生活中选择幼儿感兴趣的主题作为探究内容,将预设主题和生成主题有机结合;继续整合探究途径,将教学活动、区域活动、生活活动有机结合,激发幼儿科学探究的兴趣,发展初步的自主探究能力,培养良好的科学态度,为幼儿一生的可持续发展奠定良好的基础。

参考文献:

[1]教育部基础教育司.《幼儿园教育指导纲要》解读[M].南京:江苏教育出版社,2002.

[2]靳玉乐.探究教学的学习与辅导[M].北京:中国人事出版社,2002.

[3]李季湄,冯晓霞.《3-6岁儿童学习和发展》解读[M].北京:人民教育出版社,2013.

[4]刘洪霞.儿童科学教育主题活动创意设计[M].北京:中国轻工业出版社,2015.

[5]张俊.幼儿园科学教育[M].北京:人民教育出版社,2004.

❀ 课题研究七

在"天津旅游文化"主题背景下的幼儿园
创意剪纸活动的研究与实践

孙秋宁　　李媛婷

一、问题的提出

天津旅游文化作为中华传统文化地域特色文化的一个分支,凸显了中华传统文化的历史性、传承性和广泛性;在地域环境不同的特殊情况下,凸显出天津地域的特色文化形式。天津旅游文化涵盖名胜古迹、人物故事、饮食文化、民俗文化等。结合幼儿生活,让旅游文化以儿童喜闻乐见的形式存在于儿童生活之中,让幼儿自由欢快地享受着生命的滋养。所以,遵循幼儿生长发育的规律与不断发展的兴趣需求,以幼儿园游戏课程为载体,开展优秀的地域文化教育应该成为继承与发扬优秀传统文化的重要途径之一。

幼儿园创意剪纸活动,是使幼儿身心得到全面发展,培养幼儿创造能力和高尚情操的重要手段。《3-6岁儿童学习与发展指南》艺术领域的指导要点指出:"让幼儿投入到大自然与周围环境中,去感受、发现和欣赏自然环境和人文景观中美的事物。""创设宽松的心理环境和丰富的物质材料环境,尊重幼儿自发的、有个性的艺术表现与创造。"我们体会《3-6岁儿童学习与发展指

南》的精神,关注当下课程整合的教育理念,思考对于天津地域特色的旅游文化而言,哪些内容更适宜开展幼儿园创意剪纸活动,以及需要为幼儿创意剪纸活动提供哪些支持才能让幼儿积累经验、大胆创作、表达情感。

我园以中国传统文化为特色,民间剪纸教育、创意剪纸教育作为天津市幼儿教研室两届教研专题曾在我园得到深入的研究与实践,无论是从教育内容、方法、手段上,还是教育创新上我们都积累了一些有益经验。时至今日,剪纸教育已经成为我园一套比较完整的课程体系。然而对于天津地域文化特色内容的挖掘与研究还处于初步尝试阶段,所以我们需要在传承中华优秀传统文化精神的引领下,继续深化、挖掘、探究,实现我园传统文化特色课程的整合建设。

二、研究的目标、内容、过程与方法

(一)研究目标

本课题研究的目标在于挖掘天津旅游文化中适合幼儿创意剪纸的内容与活动开展中的支持性策略,通过教师日常组织开展的多种形式的教育游戏与生活活动,分析这些活动中哪些内容是幼儿发展所需要的,以及所展现出的幼儿发展价值与有效的支持性策略。本研究需要解决的核心问题有:天津旅游文化中适合开展幼儿创意剪纸活动的内容有哪些? 教师设计组织活动时,可为幼儿的创造表现提供哪些支持? 如何有效地运用相关的支持性策略? 本专题以《3-6岁儿童学习与发展指南》精神为引领,以发展幼儿的社会性,促进幼儿的全面发展为目标,通过教学实践中有目的的研究探索,培养幼儿的社会情感、艺术表现与创新能力,提高教师教科研的专业创新意识与能力,丰富并拓展我园中国传统文化园本课程体系, 突出地域文化课程的时代性、创新性与整合性。

(二)研究内容

1.天津旅游文化在幼儿园创意剪纸活动中开展的内容选择策略

(1)根据幼儿的旅游经验选择主题内容,体现创意剪纸的生活化。

(2)根据幼儿的年龄特点选择主题内容,体现创意剪纸的趣味性。

(3)根据幼儿的发展目标选择主题内容,体现创意剪纸的挑战性。

(4)根据幼儿的个性需求选择主题内容,体现创意剪纸的层次性。

2.天津旅游文化在幼儿园创意剪纸活动中开展的支持性策略

(1)灵活运用教学方法的支持策略。

(2)创新运用剪纸材料的支持策略。

(3)选择性借助教学手段的支持策略。

(4)伴随积极家园合作的支持策略。

3.研究结论与思考

(1)利用地方旅游文化特色,培养了幼儿艺术欣赏、表现与创造力。

(2)借助共学共研,提升了教师的文化素养与研究能力。

(3)在经验梳理与思考中,继续丰富了园本课程资源。

(三)研究过程

1.学习准备阶段(2016.9—2016.12)

(1)拟定子课题方案,确定课题组成员。

(2)进行相关理论与技能的共同学习。

(3)讨论开展课题的具体工作。

2.研究实施阶段(2017.3—2019.3)

(1)组织课题开题的研究会。

(2)请专家、园长对参加课题研究的教师进行辅导。

(3)根据研究方案启动课题研究。

(4)根据课题方案,制定各阶段的课题研究计划。

(5)定期进行教研,总结交流。

(6)完成子课题的研究,撰写研究报告。

3.总结汇报阶段(2019.4—2019.6)

汇集材料,整理分析研究成果,撰写论文与研究报告。

(四)研究方法

本课题主要采用以下五种研究方法。

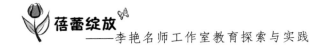

1.文献法

结合研究的课题,通过查阅文献,全面、正确地了解、掌握所研究的课题的水平与程度,为课题研究提供论证依据,提高研究效益与课题研究的创新性,避免重复研究。

2.观察法

主要采用以下两种观察的手段。

(1)有目的的观察:按照课题阶段目标、计划,在教育实践中进行系统的观察研究,做好观察记录,进行整理反思。

(2)随机观察:在幼儿创意剪纸的活动中,随时随地留心观察,及时捕捉幼儿创意剪纸中各种美的表现和创意,丰富教学组织的实践经验。

(3)行动研究法

结合幼儿的年龄特点,将课题分成不同的子课题,在实际工作过程中,有课题承担人共同参与研究,针对研究中的实际问题,参与人共同商议,及时反思调整,保证课题的研究质量和成果经验的核心价值。

(4)个案研究法

针对课题进行中某个幼儿、某年龄段的幼儿进行较长时间的连续观察,研究其行为发展的变化的全过程,并对事件进行全面的分析与研究,积累成果资料。

(5)经验总结法

通过对实践活动中的具体情况进行归纳与分析,使之系统化、理论化,上升为经验,并将其提升到理论高度,进行经验的梳理与文字材料的撰写。

三、研究结论

(一)概念界定

1.天津旅游文化

指天津在世世代代的旅游实践过程中所体现出来的本土地域特色文化,包括天津独有的哲学观念、审美习惯、风俗人情等文化形态。或者说,天津旅游文化就是天津的地域传统文化在旅游过程中的特殊表现。

2.剪纸艺术

剪纸艺术是民族文化宝库中的重要内容,是劳动人民直接创造或在劳动群众中广泛流传的艺术,它体现了人类最基本的审美观念和精神品质,具有审美、教育、认识、娱乐等多方面的功能。

3.幼儿创意剪纸

幼儿创意剪纸以剪纸艺术的技法分类为线索,以贴近幼儿生活的事物,如小朋友喜爱的动植物、风景、人物形象为题材,通过欣赏作品和尝试制作,使小朋友初步掌握剪纸的基本方法和技巧,并能够进行大胆的表现与创造,体验创造和成功的乐趣。

(二)天津旅游文化在幼儿园创意剪纸活动中开展的内容选择策略。

1.根据幼儿的生活经验选择活动内容,体现创意剪纸的生活化

我国著名教育家陈鹤琴曾提出:"大自然、大社会都是活教材。"我们要充分利用各种教育资源,拓宽幼儿的生活和学习空间,走进幼儿生活,与幼儿共同融入大自然、大社会。因此,我们在主题活动中,充分利用天津旅游文化的现实生活环境,鼓励家长利用周末时间,带孩子走出家门,走进天津著名的旅游景区,去感受天津丰富的旅游文化,开阔幼儿对天津旅游文化景区的认知经验,拓展幼儿的创意空间,为开展主题背景下生活化的创意剪纸活动提供丰富的、有效的前期经验。

例如:在中班"杨柳青镇"主题活动进行过程中,恰逢元宵节,于是我提议家长们带着孩子去最有民俗味的杨柳青赏灯,在热闹非凡的杨柳青镇,一个个设计独特的灯笼将整条街"串联"起来,孩子们看到了各种各样的花灯,不仅有传统的玻璃花灯、宫廷灯、新式的电子花灯,还有很多孩子们喜欢的新派卡通花灯。孩子们发现花灯有大有小、有高有低、有各种各样的造型、有丰富多彩的装饰图案,于是,班里掀起了创意剪花灯的热潮,孩子们用轮廓剪、对称剪、二方连续灯剪纸技法,利用手工材料、废旧材料组合装饰,制作出圆形、方形、褶皱、"蓝猫"、"熊大"、汽车、"佩奇"等充满无限创意的作品。在整个活动中,孩子们展现出兴趣与热情、动手与专注、互助与合作、自信与快乐,这证

明了一个与孩子生活经验息息相关的创意剪纸活动设计,给孩子带来的发展与成长。

2.根据幼儿的年龄特点选择内容,体现创意剪纸的层次性

《幼儿园教育指导纲要(试行)》中指出:"教育内容的选择符合幼儿的年龄特点。"落实《幼儿园教育指导纲要(试行)》精神,在旅游文化主题背景下的创意剪纸活动中,教师首先应该充分考虑到幼儿的年龄特点与认知水平,这样才能够在主题活动预设的过程中,选择适合的内容和恰当的方法,支持幼儿在大胆操作中获得不断创作的欲望。

例如:小班孩子的创意剪纸内容是我们需要注意把握的,小班孩子由于年龄小,认知水平不够,情感体验、生活经验贫乏,手指力量较弱且不够灵活,因此,要从"撕"开始,选择直观、色彩鲜艳、形象鲜明、幼儿感兴趣的事物形象,这样能够一下子吸引孩子的目光,使其积极参与活动。在"意式风情街"的主题背景下,最吸引孩子的一定是意式风情街西餐厅里的美食,孩子们很喜欢这个话题,所以香香的鸡块、软软的薯条、长长的意大利面、五彩缤纷的比萨,都成了我们创意撕纸的游戏内容,老师在集体活动中提供了"撕"的技能经验,在角色区给孩子创设了西餐厅的环境,提供了制作"美食"的"食材",这不仅激发了孩子对生活的热爱,更培养了孩子发现美、表现美、创造美的初步能力,孩子们乐此不疲地在娃娃家、美工区制作着他们的美食,分享着各自的创意,每个孩子都收获了一个自己与西餐厅的故事。

3.根据幼儿的发展目标选择内容,体现创意剪纸的挑战性

幼儿的发展与教育目标的实现需要相应的教育活动加以支持,因此可以从确定的幼儿发展目标与教育活动目标出发,寻找、挖掘、创新相应的创意剪纸活动。同时,幼儿园的课程具有整合性的特点,从促进幼儿全面发展的视角,我们可以将创意剪纸艺术领域的"核心目标"与其他领域的"核心目标"建立有效的连接,以此丰富旅游主题背景下创意剪纸活动内容的选择。

例如:在我园剪纸目标体系中,中班有"能熟练地沿着轮廓线剪"这一目标。在"我爱天津五大道"的主题背景下,我们选择了五大道上各式各样的小洋楼开展创意剪纸活动,引导孩子们欣赏小洋楼不同的造型设计美,感受建

筑艺术的变化带来的奇妙等,激发孩子创意剪纸的兴趣。再如,《3~6岁儿童学习与发展指南》社会领域提出"活动中能与同伴分工合作,遇到困难能一起克服"的行为表现,在大班"黄崖关长城"的主题活动中,我们围绕"合作能力"的目标开展创意剪纸活动,孩子们用创意剪纸的形式合作剪出黄崖关长城,让幼儿感受自己与同伴创意的不同,自己与同伴合作的力量,从而正确认识自己,懂得尊重他人,愿意与人合作。

4.根据幼儿兴趣需要选择内容,体现创意剪纸的趣味性

兴趣是最好的老师,幼儿感兴趣的事物中包含着丰富的教育价值,我们之所以总强调依据幼儿的兴趣选择教育内容,是因为我们可以从孩子的兴趣中获得独特的、丰富的教育视角与观点。杨柳青镇具有千年的文化底蕴,"杨柳青年画"是被广泛赞誉的传统民俗特色,杨柳青年画中的福娃、小动物、吉祥物深受孩子们的喜爱。所以,我们在进行创意剪纸的实践研究中,尝试将杨柳青年画与幼儿创意剪纸相融合,来拓展内容选择中的创意价值点,在满足孩子兴趣、追随孩子兴趣中,使孩子们的创造表现在创意剪纸活动中不断呈现。

例如大班在"杨柳青年画"主题背景下,开展的"春牛图"活动。老师首先引导孩子进行画作的欣赏,孩子们发现牛既可以卧在草地上,也可以走在小路上,还可以蹚过小河,姿态不同、造型各异;胖胖的福娃们可以骑在牛背上,可以倚在牛身旁,还可以赶着牛跑,同一个事物,孩子们有着不同的理解与想象,并用自己独特的方式大胆地表现。孩子们还以创意合作,一起探究、学习、互帮互助、共同创作,如在组拼杨柳青年画《福寿三多》活动中,由三四名幼儿合作利用剪纸的形式共同来完成一幅杨柳青年画。通过互相协商,有的幼儿剪荷花、有的幼儿剪荷叶、还有的幼儿剪桃子、剪蝙蝠,由幼儿负责为提前准备好的娃娃涂色。在孩子们互相配合、认真细致组合制作后呈现出了一幅幅精美的富有创意的杨柳青年画。合作可以让孩子们产生更多的灵感,让他们在不断的探索中,释放童心、自由创意、获得发展。

(三)天津旅游文化在幼儿园创意剪纸活动中开展的支持性策略

1.灵活运用情境教学法的支持性策略

情境教学法是根据教学内容设定和模拟真实情境,从而加深记忆和理解的一种教学方法。在开展旅游主题活动背景下,我们将情境教学法运用到多种活动中,通过游戏情境的创设,带孩子们融入情境中体验学习、表现创造,既达到调动孩子参与活动积极性的目的,也能够支持孩子在具体的情境学习中获得丰富、深刻的学习经验。例如在中班"古文化街"的主题背景下,最初对"天津三绝"的活动设计只是简单的对称剪,在教师的教研后,巧妙地将"天津三绝"等天津美食与古文化街里的小吃一条街结合,创设了角色区中"小吃一条街"的游戏情境,将各个活动围绕着"古文化街中心小吃街"开展起来,引导图书区的小朋友制作美食图、引导美工区的小朋友剪制各种美食、引导益智区的小朋友制作美食单、价目表,角色区的小朋友则兴致勃勃地扮演起小店主招呼客人,他们还把剪制的小点心送给老师、同伴。他们用创意剪纸的形式剪制出了许许多多天津的地方特色美食、小吃,虽然孩子们的作品与实际事物相比可能不太完美,但正是有这些独具特色的"不完美"的存在,才保护了孩子的想象力与创造力。

2.创新运用剪纸材料的支持性策略

在创意剪纸活动中,孩子能够积极愉快地参与活动,在活动中发挥主观能动性,与老师所提供的操作材料有着密切的关系。如果我们提供的活动材料与操作方法一成不变、过于"高结构",那么孩子很难保持热情高涨的学习兴趣,相反,如果我们提供丰富、有趣、易操作的"低结构"活动材料,就会为孩子的学习与发展提供更大的空间,孩子们也会马上被活动材料所吸引,主动积极地投入活动中。因此,我们在提供材料时,不应只是着眼于内容本身,我们要对内容、材料进行研究分析,对孩子与材料间的互动进行把握,及时调整更新,通过材料的提供与更新,使创意剪纸的内容能够不断衍生出更多的表现方法。例如小班在"意式风情街"的主题背景下,制作创意比萨,如果教师只提供一种色彩单一、造型单一的比萨饼底,由于小班幼儿年龄小,注意力容易分散,那么孩子做着做着就会失去兴趣,因此可以每周推出一款新口味的比萨,逐一投放不同的材料,用材料来吸引幼儿,幼儿就会获得更有意义与价值的支持。

　　3.借助领域融合的教学手段的支持性策略

　　旅游主题背景下的主题活动具有明显的艺术领域特征,因此能更多地满足幼儿艺术领域发展的价值,但是从幼儿整体的发展而言,它不能够满足幼儿全面发展的需要,所以,在活动开展过程中,我们也充分关注这个问题,借助领域教学之间的优化整合,提升创意剪纸活动的教育实效,使其既满足幼儿艺术发展的需要,又能最大限度地支持幼儿的整体发展。如:语言领域活动"五大道中的民园体育场",通过语言活动的开展,孩子们从中了解到民园体育场的发展故事以及民园体育场与我们生活的关系,民园体育场呈现出天津人丰富多彩的日常生活状态,孩子们很感兴趣,因此,借助"情节创意",孩子们利用了两周多的时间,以创意剪纸的形式,分工合作,制作出了一幅孩子们眼中的民园体育场的剪纸作品。从易到难,循序渐进,通过幼儿的一个个创意剪纸作品,让我们看到了幼儿利用剪纸进行创意表现、在剪纸活动中发展幼儿创造力的多种可能性。

　　4.伴随积极家园合作的支持性策略

　　幼儿的健康发展、幼儿园课程的顺利进行,都离不开家园之间的通力合作。因此,在课程实施的过程中,要通过多种方法建立起与家长间积极携手的合作关系。如在活动开展之前,我们可以利用家长会、讲座,把传承地域文化特色的教育理念与教育价值解读给家长,让家长能够感受到活动中蕴含着丰富的、多元的学习机会与发展价值。其次,利用家长开放日活动进行创意剪纸活动的展示,家长们在活动中看到幼儿积极的表现,不同的发展,通过家长积极的合作与支持,能够为孩子们提供丰富的活动经验与成长空间。再次,让家长真正参与到活动中来,在平日的活动中,可以利用班级微信群、365家园互动平台,及时发布活动信息与活动解读,调动家长参与的积极性,真实地感受、参与孩子的成长过程,同时,我们也开展家长助教活动,充分发挥家长的资源优势,鼓励从事相关工作的家长担任教师,结合真实的工作场景为幼儿讲解,丰富幼儿的认知经验。如我们邀请在天津文化中心工作的家长,为幼儿播放文化中心的宣传片,为幼儿讲解文化中心的历史、设计、功能等,使我们建立起的家园合作关系更为深入、更有意义。

5.现代信息技术有效运用的支持性策略

随着现代信息技术的迅速发展,多媒体技术也越来越广泛地应用于各个领域,在更新教育观念、丰富教育手段、提高教育效率的前提下,我们也尝试将一些现代化的教育手段运用到日常的教育教学活动中。如交互式电子白板在幼儿创意剪纸游戏活动中的运用,教师不仅可以借助交互式电子白板让幼儿欣赏剪纸作品,还将剪纸技能的学习过程录制成视频上传,让幼儿清晰直观地感受图案是怎样设计、表现出来的,这为教师指导与幼儿的学习探究提供了很好的辅助支持。再如微信小视频的录制,能够帮助教师及时捕捉幼儿活动瞬间,为教师观察分析幼儿、撰写学习故事等提供了有效的材料支持。

(四)研究结论与思考

1.利用地方旅游文化特色,培养了幼儿艺术欣赏、表现与创造力

中华优秀传统文化教育是我园的园所特色,在"深化中国传统文化教育的研究与实践"课题背景下,我们充分挖掘地方文化特色,将融于幼儿生活的天津著名旅游景区与基于幼儿园特色课程的剪纸经验相融合,目的是为幼儿营造多种方式的传统文化学习氛围,发挥教育的深层功能,通过对家乡文化的了解,增进了幼儿对家乡的认识与了解,培养了幼儿爱家乡、爱祖国的情感;通过喜闻乐见的创意剪纸形式进行大胆表现,促进了孩子动作机能的发展,培养了孩子欣赏美、表现美与创造美的能力。同时,我们也看到每一次活动对幼儿潜移默化的影响,感受到孩子学习与发展整体性的提高。为孩子的终身学习与发展做好启蒙教育,这正是我们开展传统文化教育的初衷。

2.借助共学共研,提升了教师的文化素养与研究能力

此课题是全园参与研究实践的课题,在近一年的课题研究中,团队发挥集体智慧,在共学互助、研究交流中使课题顺利开展。通过参与研究,老师们在传统文化素养、剪纸技能提升、建立活动内容与幼儿之间联系的能力上都得到了很大的提高。教育理念的转变,帮助教师从幼儿长远发展的角度进行实践研究,适宜的内容选择、灵活的方法应用、及时的关注反思、经验树立,都对教师教研实践能力的提升有很大的帮助,见证了教师在课题研究中的专业成长。

3.在经验梳理与思考中,继续丰富园本课程资源

在课题的研究过程中,及时梳理经验,对课题的进展情况进行理论分析,初步制定出完整的目标体系,筛选出适宜的教育内容,在实践中不断积累着有效的教育策略,设计出不同年龄班多个教育活动方案,这样不仅站在传承文化的角度丰富了园本课程资源,也为课题下一步的顺利开展做好前期的经验铺垫,保证课题圆满结题。

参考文献:

[1]王炳照.中国传统文化与幼儿教育[J].幼儿教育,2006(1).

[2]王衍军.中国民俗文化[M].广州:暨南大学出版社,2011.

[3]朱筱新.中国传统文化[M].北京:中国人民大学出版社,2010.

[4]左雯霞.中国传统文化与幼儿课程整合研究[J].科教文汇,2007.

❀ 课题研究八

"集团化连锁幼儿园数字化教学资源共享的研究"结题报告

高歌今 杜慧婷

一、课题的提出

学前教育作为教育的起点及学校教育和终身教育的奠基阶段,在"互联网+"时代,学前教育的数字化资源建设已成为备受关注的热点话题,也是当前幼儿园信息化建设的重要内容。

天津市河东区第一幼儿园(以下简称河东一幼)实行集团化连锁办园,园内众多教师各有所长,这本身就是一种教学资源,同时为开发优质教学资源提供了条件。此外,园所多年来进行了诸多的教科研活动,形成了大量优秀的园本课程,但是其研究成果在各个分园间、在教师当中并没有得到很好地传播和延续。因此,将优质的教学资源整合、共享,并建立相应的激励机制使其内容不断更新、发展就成为信息化背景下促进园所持续良性发展迫切需要解决的问题。

通过对"河东一幼数字化教学资源共享需求及现状"的问卷调查分析发现,49.5%的教师认为本园的网络在线课程资源丰富(23.4%)、较多(26.2%),超过一半的教师认为本园的多媒体素材资源丰富(25.2%)、较多(25.2%),这两种资源都是教师在日常教学中能够直接使用的资源。

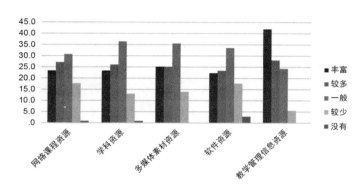

图6-1 教师对本园数字化教学资源现状看法的调查结果

学科资源和多媒体素材资料是本园教师们需求最大的两种资源,选择"需要"和"很需要"的比例总共达到了100%。对于其他类型的资源,也有超过90%的教师表示了"很需要"和"需要"。

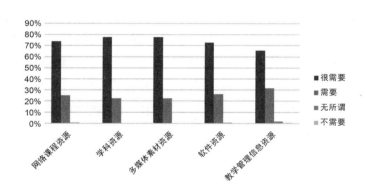

图6-2 教师对数字化教学资源需求的调查结果

同时,大多数教师都具有共享的理念,不仅希望能从他人那里获得教学资源,而且也希望将自己的资源分享给他人,但是,目前缺乏有效和全面的共享机制来实现教师的这种意愿。

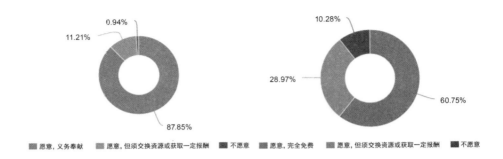

图 6-3 本园教师贡献资源的态度   图 6-4 非本园教师贡献资源的态度

由此可见,我园具有建立数字化教学资源共享平台的条件和迫切需求。

二、课题核心概念及界定

(一)数字化教学资源

数字化教学资源一词随着信息技术的飞速发展、教育信息化的全面推进被不断提及和广泛运用,但目前对数字化教学资源的内涵还未形成统一的认识。本研究中的数字化教学资源是指服务于教师日常教育教学活动的、有助于教师个人专业成长的所有资源经过数字化处理后,可在计算机或计算机网络上进行传播和呈现的信息资源的总和,具有园所特色性和区域共享性。

(二)数字化教学资源库

目前教育界对"数字化教学资源库"还没有明确的界定。梳理相关文献后我们发现、其定义分别从数字化教学资源库的内容、特征、作用和目标等不同的角度对数字化教学资源库进行了描述。本研究认为,集团化连锁幼儿园的数字化教学资源库是能够体现园所特色的、服务于教师日常教育教学活动的、有助于教师专业成长的在园所内共享、开放的资源平台。

三、国内外同一领域的研究现状

(一)国外学前教育数字化教学资源共享研究现状

经研究发现,国外很少使用数字化教学资源的概念,对于数字化教学资源的研究主要集中在技术层面,在资源的应用、开发模型、公平性、使用效果等方面具有较深的研究。

(二)国内数字化教学资源建设及共享策略研究现状

近年来,越来越多的学者开始关注数字化教育资源的共享问题,其研究也涉及各个方面。目前我国学者对数字化教育资源共享的研究主要包括现状研究、存在问题研究、阻碍共享因素研究、对策研究、资源研究、技术研究以及平台研究等几个方面。虽然对数字化教育资源共享的研究有很多,但仍然存在着以下不足:

目前的研究多以理论为主,缺少对建立教育资源共享机制过程中出现的具体问题的研究,不具有可操作性。单从经验出发,难以建立科学的共享机制。

研究内容注重广度,忽略深度。之前的研究涉及数字化教育资源共享的各个方面,但忽略了对个别问题的深入研究,尤其缺乏对共享机制和共享模式的系统研究。

四、研究的价值和现实意义

(一)研究的价值

数字化的教学资源从本质上来说是一种教育信息,信息管理的目的是为了控制信息的效用,保证质量。数字化的教学资源共享需要依托信息管理进行,通过对音频、视频、文本等信息符号进行管理,形成具备共享资质的信息存储平台。同时,依靠激励机制促进信息共享平台内的资料不断更新,其承载的数字化教学资源才能够持续发展并被更多的人利用,从而更好地服务于教育教学活动。

学前教育信息化起步较晚,该阶段数字化教育资源建设的相关文献和研究相对较少,如何在学前教育信息化的进程中解决共享过程中的各种问题,建立完善的共享机制则需要我们进一步深入研究和实践。

(二)研究的现实意义

在我园已有的"青蓝工程""秋实杯""希望杯"优秀教育活动展示等促进教师专业成长的活动基础上,希望通过本项研究,能够再次更新教师的教育理念,不断提高教师的反思能力和教科研水平,促进教师专业化的持续发展。通过建立一个基于互联网的教学资源共享平台及其配套的管理、激励、维护和长效运行机制,实现集团化连锁幼儿园内的教学资源的共建与共享,最终促成教师专业化成长、促进园所发展。

五、研究方法

(一)文献研究法

本研究主要通过中国知网(CNKI)数据库搜集与本研究主题相关的文献并进行整理综述,了解当前学前教育中关于数字化教学资源建设及教学资源共享的现状和最新研究动态,为本研究提供理论基础和实践依据。

(二)调查法

本研究在参考 2014 年河南大学教育技术学专业安冉同学硕士学位论文《河南省学前教育数字化教育资源共享现状及机制构建研究》中的调查问卷和访谈提纲的基础上,编制了"河东一幼数字化教学资源共享需求及现状的调查问卷",通过对全园一线教师的问卷调查,了解一线教师对教学资源库的实际需求以及对于教学资源共享机制建立的问题和建议,为我园数字化教学资源库及其共享机制的建立提供现实依据。

六、研究成果及主要过程

(一)根据专家意见修改论证课题

对课题题目的准确性进行了讨论,根据专家给出的意见,将原课题"集团化连锁幼儿园数字化教育资源共享的研究"中的"教育资源"改为"教学资源",从而缩小研究范围,使研究内容更加明确具体。

(二)通过问卷调查形成需求报告,奠定课题研究的现实依据

在文献调研和对本园一线教师广泛访谈的基础上,通过预测与反馈、研究形成"河东一幼数字化教学资源共享需求及现状的调查问卷"。

本园所有一线教师参与问卷调查,对结果进行信度和效度分析。分析问卷结果得到当前一线教师获取、使用教学资源的途径和方式、一线教师对数字化教学资源开发与技能的需要、教师贡献优质教学资源的激励源等数据,总结形成《河东一幼数字化教学资源共享需求及现状的调查报告》,为下一步研究储备资料。

(三)确定资源库基本框架与各模块预期功能,分类整理现有资源

课题组成员在考虑园所特色发展与教师需求的基础上,通过几次会议讨论确定"河东一幼教学资源库"的基本框架、模块与预期实现功能,初步制定积分规则与各级教师的使用权限。课题负责人及课题组主要成员与信息技术人员反复沟通资源库建立的需求,进入资源库的开发阶段。

同时,课题组成员收集整理历年园所内优秀活动课例及园本课程,分类整理并以便于检索的方式统一命名。根据我园教师使用数字化教学资源信息检索习惯和使用需求,我们将活动课例的命名规则设定为"年龄班+领域+活动名称+设计者",例如"小班 科学 '好听的声音' 张燕"。

(四)河东一幼数字化教学资源库初步建成,在使用中对部分模块功能做出调整

通过该平台,老师们既可以在"优质教学资源"中找到本园参与过各项比赛的"优质活动课例",也可以在"园本课程"中找到历年教科研的优秀成果,还有不断更新的"学前杂志活动精选",帮助教师时刻保持业务的先进性。

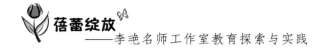

同时,老师们还可以将自己在平日工作中设计较出色的领域活动、游戏活动、主题活动、玩教具以及工作心得上传至"常规教学资源"中,每个页面都设有"论坛"模块供大家分享交流或发表使用后的心得。

为鼓励推陈出新,不断改进,该部分还设置了"创新使用"模块,教师可以将改进后的教学资源与原教学资源进行超链接,实现"一课多研"的教学研究模式。

此外,"资源绘本库"模块收录了上千本优秀的电子绘本,教师们可以方便地选择素材设计教育教学活动;"教科研"模块则打破了各分园消息流通的地域障碍,帮助大家及时了解教科研活动的进展情况。

为保障资源库能够长效运行,河东一幼教学资源库的"常规教学资源"模块实行积分制,上传、下载、推优等均会获得或扣除相应积分,主页的"明星教师"一栏按积分显示贡献率高的教师,园所将此纳入教师年度考核,以激励大家积极分享优质教学资源。管理方面设置了分园分层管理模式,每个分园都设有管理员负责审核上传的资料、更新动态数据,分园园长则负责对各项使用数据的监督和统计,及时调整激励机制和教科研规划。

(五)进行教师技能培训并制定激励机制保证资源库长效运行

为提高教师们数字化教学资源的使用和开发水平,园所分层次对一线教师开展利用电脑软件等工具制作教学课件的培训。通过分析不同年龄及教龄的教师对资源库的使用率,课题组成员反复研讨有针对性的激励机制,形成了包括依据积分给予物质奖励、确立常规使用频率、纳入学期考核、以赛促研促使用、师徒互助使用协议等一系列保证该资源共享平台长期有效运行的方案。

随着研究的开展,园所内教师有意识地提高了数字化教学资源的创设与留存意识,优质的教学资源得以保存并在园所内部充分地被共享、学习、更新和改进,有针对性地帮助各层次的教师提升教育教学能力和业务水平,幼儿园整体教学质量得以提高。

七、课题后续研究展望

本次研究基本实现了集团化连锁幼儿园内部的教学资源共享,但数字化资源共享平台的管理、激励和维护等长效运行机制的建立还需要进一步深入、系统地研究。

本次研究成果惠及河东一幼集团化连锁幼儿园内所有教师,可进一步探索园所间的教学资源共享,以获得更宽广的资源共享空间和内容,更大范围地实现学前教育资源的共享。

本次研究仅限于集团化连锁幼儿园内的"教学资源"共享,在教育信息化的时代背景下,面向幼儿的、家长的更多优质资源也有其共享的必要和需要,这就对我们进一步研究集团化连锁幼儿园内的"教育资源"共享提出了新的要求。

参考文献:

[1]丁兴富.远程教育学[M].北京:北京师范大学出版社,2001:152.

[2]顾明远.教育大辞典[M].上海:上海教育出版社,1990.

[3]何克抗.我国数字化学习资源建设的现状及其对策[J].电化教育研究,2009(10):5-9.

[4]教育部印发《教育信息化十年发展规划(2011—2020年)》[J].中国教育信息化,2012(8).

[5]金为民.试论网络环境下的教育资源共享[J].中等职业教育,2007(20):14-15.

[6]李克东.新编现代教育技术基础[M].上海:华东师范大学出版社,2002:267-268.

[7]李熔明.共建共享下的学前教育数字化资源开发现状及策略研究[D].河南大学,2013.

[8]李烁,冯秀琪.关于教育资源库建设的几点思考[J].中国电化教育,2003

(2).

[9]刘丹妹,王为民.教育资源的共建共享,相互促进,共同发展[J].四川教育学院学报,2006,22(2):66-67.

[10]刘珍芳.幼儿教师信息素养培养模式研究[J].中国电化教育,2011(5):106-108.

[11]田鹏.高校数字化教育资源共享过程激励研究[D].西安电子科技大学,2010.

[12]王重润,李恩,赵冬暖.精品课程资源共享应用现状、问题及对策[J].高教论坛,2010(2):20-23.

[13]朱瑾,李捍无.从大学城模式谈高校资源共享[J].西安建筑科技大学学报:社会科学版,2006,25(1):94-95.

❀ 课题研究九

"主题背景下的区域联动游戏促进幼儿主动学习与
发展的策略研究"结题报告

沈 萍 崔 倩

一、把握"学思引领""盘活存量"两个层面上的价值取向,促进教师的主动学习与发展

首先是以"学思引领"为基点,开展全员教师思变活动,实现教师思想理念上的破冰。强化教师学习意识,强化教师自身责任,使教师具有"没有理论上的成熟就没有真正意义上成熟"的认识,具有自我洞察与反思和自我提升的愿望,具有敢于面对自己、批评自己的决心和勇气,在课题研究过程中愿意接纳新的教育观念。如进一步感受到主题与联动游戏融合的价值意义,可以最大限度"盘活"两者的教育价值。其次是以教学现场为起点,开展教学实践研究活动,实现教育问题上的破解。在课题的实践研究中不同年龄不同层次的教师在不同的实践阶段有着不同的学习经历、教育感受、方法经验等,是我们的资源、是课题研究的力量,是弥足珍贵的。我们利用案例分享、现场实录等形式在充分讨论、研判中进行理论对接,在"盘活存量"中完成"实践—理论—再实践"的教育学习过程,不仅可以使教师在教育思想和理论方面有一个质的飞跃,而且在专业素质方面也会有很大的提高,形成了教师团队包括

个体的实践与研究的专业"自觉",更重要的是使每个教师在课题实践研究中都有成功感、获得感、愉悦感。

二、主题背景下区域联动游戏的实施策略应把握三个关键点

(一)"整合"促"整体"

主题背景下的区域联动游戏是指以主题(在一段时间内围绕一个中心内容来组织的教育教学活动)为背景,以区域联动游戏(区域间联合与协作,模拟社会的各种情境,让幼儿感受并体验社会生活中的各种行为)为活动形式,教师依据主题目标,将游戏与主题整合起来,改变分散的区角环境布置,将自主性游戏统整到主题背景下,帮助幼儿记录并梳理学习过程,与幼儿一起有目的地创设与主题相关联的区域,让幼儿按照自己(或是团队小组)的意愿,以操作摆弄、角色交往、材料互动为主的方式,发挥幼儿主体性,而进行个别化的自主学习活动。

主题活动为区域游戏联动的顺利开展奠定经验基础,区域联动游戏促进并整合主题发展进程的深度、广度。这里的"整合"不是简单地叠加,而是从培养"身心和谐发展的完整人"这样一个目标出发,挖掘、调动幼儿需要主动学习、自主探索的内需,并紧紧围绕幼儿的年龄特点、心理特点以及学习进程与脉络、兴趣来组织开展。

如大班开展的"话·画"主题背景下区域联动游戏。教师在充分分析了该班幼儿在小班大量玩色、中班经常欣赏名画的经验与兴趣等最近发展区基础上,在师幼共同商讨下确立游戏内容。班级在"话名画、画名画主题情境"下,开设了"当画遇上建筑"(建筑区——尝试用各种方法再现画中的景象)、"向日葵工作室"(美工区——创意丙烯画、大胆临摹画、挖空剪裁改造名画以及各种各样的材料)、"话·绘本"(图书区——讲述名画的前世今生、分享画家的成名之路、细品其中的心路历程、解析名画、制作名画册等)、"星空剧场"(角色区——自编自导自演画家成长趣事、体味画家的心路情感、感受其中的坚韧不屈,开办师幼的名画展进行展卖等)、"颜色空间"(科学区——从了解色

彩、配色,到色彩变色、分层、油水不相融、过滤实验,开展体验式探究学习)等区域联动游戏,渗透多元学习目标,让各个区域之间相互渗透、有机联系与整合,在主题墙饰(包括四处的小墙饰)中随时(师幼共同)记录幼儿的问题、大家的讨论,梳理解决问题的方法、提升经验,从而引发幼儿参与活动的兴趣和探索的欲望,让幼儿在亲手操作、亲身体验中自我发现,推动主动学习,对大小主题分别进行记录梳理,以真正发挥出主题活动的价值。

(二)"互补"促"联动"

主题背景下区域联动游戏,其中既有主题活动又有联动游戏,二者相辅相成、"齐头并进"。"互补"促"联动"应该包含两个方面:

一是主题活动与区域游戏互补促联动。比如中班主题活动"各式各样的盘子",通过主题活动引导幼儿了解盘子的装饰特点,设计纹样、装饰元素等。为了给幼儿充分提供设计、装饰等创造、表现的机会,教师在美工区投放了各种装饰盘子的材料,幼儿在参与美工区盘子装饰的过程中又丰富、完善了对主题活动中盘子的认识,同时也为"超市餐厅"区购买盘子提供了支持,从而奠定各区联动的基础。

二是主题活动为区域游戏联动的顺利开展奠定经验基础。比如为了让幼儿对各种社会职业角色更明确,中班开展了"走,上班去"的主题活动。在活动中幼儿先了解爸爸妈妈的职业角色,然后在扩展到周围人的各种职业角色。活动激发幼儿萌发自己想要当什么职业角色的愿望,为以后的角色扮演提供了支持。在幼儿区域游戏进程中,教师发现孩子们在区域中经常出现这样或那样的问题要找老师解决,而图书区因为有管理员,相对而言问题就很少。所以为了实现区域自主和幼儿自主管理,班级又开展了"小小班级管理员"活动。从孩子们熟悉了解的图书区入手,让幼儿去感知管理员的重要,了解管理员的职责、激发幼儿去其他区当管理员的愿望。通过这些主题活动,孩子们的责任意识增强了,在区域中能更自觉地履行管理员的职责,在实现区域联动的过程中,有了管理员,孩子们便学会了自己商量解决问题,学习的主动性和积极性增强了,自主管理、自主游戏的经验更加丰富了。

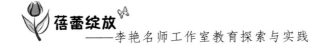

(三)以"点"促"面"

陈鹤琴曾说过:"孩子的知识是从经验中得来的,而孩子的生活本身就是游戏。"主题背景下区域联动游戏要在主题贯穿下打破班级、推开大门,充分利用各种有价值的、日常生活中的教育资源,为孩子的学习与发展服务。

如主题活动"我爱我的幼儿园",以往墙饰上贴满了孩子们高高兴兴来幼儿园、游戏、吃饭、午睡等照片,我们提出问题:"这就证明了孩子们喜欢幼儿园、爱幼儿园吗?"我们应站在孩子的角度,放手让孩子们自己去寻找、探索,去发现、收集。大班幼儿变成"调查员",去走访老师、家长,去"勘察"幼儿园整体结构,了解幼儿园的以前、现在和未来;中班幼儿变成小记者,一个楼层一个楼层、一个教室一个教室地看、听、说、画,要将自己生活的地方研究个遍;小班幼儿在老师的带领下慢慢熟悉,对自己要生活三年的地方憧憬满满……墙上的照片变成了密密麻麻的数字、一张张调查表格以及讨论、寻找、分享时的珍贵影像。孩子们每天轮流做"宣导员",向来园老师、幼儿、家长、社区介绍宣讲。孩子成为幼儿园的"主人"和学习的"主人"。

又如园所大厅突发抢修工程,在孩子们没有停学的情况下教师和孩子们一起讨论出"我是一名建筑师""安全知识我知道"等多个主题活动,不同教学班变成不同的混龄区域游戏联动室,一层是三间建筑设计室(绘图设计、积木搭建、制作园史等)、二层是三间安全知识宣传室(绘制安全标示、分享安全知识、演练各种应急逃生方式等)、三层是两间主题画展室(安全宣传、梦想大厅、我的理想、工人叔叔辛苦啦等各种主题画)。一层的建筑设计需要评选优胜、二层的活动内容需要进行阶段分享、三层的专题画展需要规划展示。所有的孩子在教师们的有序引领下积极主动地参与其中,又一次真正"当家做主"。

再如,"津日达快递"实现了上传下达、全园互动。它是中班"津沽大地·我的城"主题背景下派生出的一个区域游戏,大班的剧场、影楼,中班的花店、蛋糕店,小班的糖果屋、多味果汁等的优惠券、客户订单等都需要"快递小哥"进行派送。

三、主题背景下区域联动游戏的课题实践研究的四个教育效益

(一)在课题实践研究的引领下,形成稳固的园本教研模式——"二二六"

一是把握"规定动作""自选动作"两个学习载体,不断提升教师专业理论的水平,形成理论联系教学实践、教学现象对接理论的自觉。

二是把握"成果分享""专题实践"两个研究现场,让反思与研究成为常态,不断提升教师教学研究的敏锐度。

三是把握园本教研的"六部曲"。即"发现问题—查找原因—寻求策略—验证方法—解决问题—提升经验"。

(二)在课题实践研究的引领下,促进幼儿的主动学习与发展——经历体验

主题活动契合区域联动游戏的开展为幼儿提供了多种形式的"经历"与"体验",大大提升了幼儿主动参与、主动学习、主动发展的可能与机会。大班幼儿参与班级、园所整体活动区域的布局、设计,在主题活动引领下组成不同的学习与探究小组,平等参与、各抒己见、体会矛盾的解决、纠纷的处理、感受喜怒哀乐。中班、小班幼儿在主题背景下区域联动游戏活动中慢慢学会倾听与商量、分工与合作,慢慢体味到努力与成功、合作与快乐、失败与挫折、规则与安全、感谢与感恩……

(三)在课题实践研究的引领下,促进教师的主动学习与发展——专业成长

一是课题组成员涵盖分园在班所有教师,青年教师重视并珍惜在课题实践研究中成长的机会,热情饱满;骨干教师积极率先垂范,想在前、学在前、做在前;经验型教师敢于质疑自我,破除"经验论","活到老、学到老,与孩子玩到老"。

二是全园所有教学班参与区级课题阶段成果展示,得到区级教研员、各园园长教师好评。多名教师撰写的论文、教学案例在市区获奖。

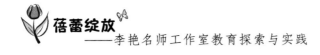

（四）在课题实践研究的引领下，促进家长的主动学习与发展——主动参与

在主题背景下的区域联动游戏促进幼儿主动学习与发展的策略研究中，我们多次邀请家长走进园所、走进班级。如请家长先后多次"先观摩、后参与"，教师用观察表引领家长看什么、想什么、说什么，然后与家长分享，让家长进一步感受幼儿园教育方式、游戏在幼儿发展中的重要教育价值，转变家长的教育理念。又如请家长志愿者参与游戏材料、活动场景的制作，引导他们出谋划策，在互动碰撞中理解教师的教育策略与目标，慢慢达成教育共识。我们还利用家长学校邀请家长扮成幼儿，模拟幼儿参加区域联动游戏……目前家长已经渐渐地投入到园所教育中，正确地投入到幼儿的发展中，主动参与园所管理与发展、参与学前教育的发展。

❀ **课题研究十**

幼儿园开展传统文化与礼仪教育的研究

王丽军　韩迪

一、专题的提出

古人云：“不学礼无以立，人无礼则不生，事无礼则不成，国无礼则不宁。”礼仪是一个人修身养性、持家立业、治国平天下的基础。而现在一些成人不太重视对幼儿进行礼仪教育，娇惯溺爱，事事由着孩子，一些教师没有系统地对孩子进行礼仪教育，造成幼儿礼仪的欠缺。长久下去，将影响幼儿一生的发展，甚至影响一个民族的发展。礼仪教育必将是我国幼儿园教育的发展趋势之一。在全面实施素质教育的今天，礼仪教育的重要性和紧迫性越来越明显地表现出来。在幼儿园开展礼仪教育，使幼儿从小养成良好的文明礼仪势在必行，是幼教工作者的紧迫任务。

幼儿文明礼仪是指幼儿在幼儿园、家庭、公共场所活动中能够与各种人相处融洽、正常交往而必须遵守的一些简单的文明行为和礼仪规范。简单地说，就是礼貌的言行举止和行为习惯。幼儿是祖国的花朵，是民族的未来，是家长的希望，幼儿素质的提高与发展关系到千万家庭的利益，也影响未来人口的整体素质和国家的竞争力，因此，礼仪教育作为幼儿教育的一个重要组成部分，日益受到广大家长和教育工作者的重视。在现代社会中，礼仪成了人与人之间交往的重要润滑剂，体现了一个人的修养和内涵，逐渐成为社会思

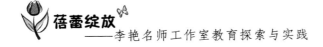

想道德和职业道德建设的基础。

　　通过本课题的实施，我们努力将文明交往礼仪教育融入幼儿园的环境创设、幼儿的一日生活环节、课程安排及家园互动中，进一步优化教育环境，营造文明礼貌的良好氛围，进一步丰富幼儿的文明交往礼仪知识，促进幼儿文明行为习惯的养成。

二、研究的目标、内容、方法

　　课题研究目标：

　　（一）通过分析幼儿文明礼仪行为的现状，挖掘幼儿园原有的礼仪文化资源，探索对幼儿实施礼仪教育的内容、方法、途径。

　　（二）通过课题研究，使幼儿、家长、教师的礼仪得到显著改善，形成一个"人人懂道理、守规则、讲文明"的良好氛围。

　　（三）将文明礼仪的理论知识运用到实际生活中，让幼儿了解基本的礼仪常识，培养他们良好的行为习惯，友好的待人方式，热情的生活态度，使幼儿养成自信、自尊、自爱的个性品质和文明习惯。

　　课题研究的主要内容：

　　（一）围绕教师专业化成长，开展教师如何在幼儿园一日生活各环节中渗透礼仪教育的研究。

　　（二）幼儿园礼仪教育教学目标、内容适宜性研究。

　　（三）组织幼儿礼仪教育教学活动指导策略研究。

　　课题研究的方法：

　　文献研究法：通过对幼儿园文明礼仪内容等相关资料的收集、汇总、分析，了解相关研究现状，正确把握有关幼儿园文明礼仪的相关理论，为课题研究提供理论基础。

　　观察法：教师利用在园的各个环节，有意识地观察幼儿的文明礼貌行为习惯，及时记录，采取有针对性的教育策略。

　　榜样示范法：教师、幼儿家长成为幼儿礼仪教育的楷模，为幼儿树立良好的榜样。

游戏法:教师创设与之相关的情境,引导幼儿在表演游戏中懂礼仪、学礼仪、做礼仪。

三、专题研究的实施步骤

(一)第一阶段:2017 年 6 月至 2017 年 10 月(准备阶段)

1.撰写开题报告及实施方案。

2.成立课题研究小组,确定课题组成员分工。

3.组织教师进行理论学习,做好记录。

(二)第二阶段:2017 年 10 月至 2019 年 6 月(研究阶段)

1.在专家引领下,制定大、中、小各年龄段文明礼仪教育内容并组织实施。

2.开展课题观摩活动。

3.收集整理资料,构建礼仪园本课程。

4.进行研讨再实践,使课题研究不断趋于完善。

5 依托幼儿园礼仪教育活动, 提升师幼礼仪素养, 建设高标准幼儿园文化。

(三)第三阶段:2019 年 7 月至 2019 年 12 月(总结阶段)

1.参与研究的人员进行个人总结。

2.撰写结题报告,进行资料总结、交流、表彰。

3.展示课题研究成果。

四、预期研究成果

(一)申请立项书、开题报告书——文稿

(二)教师文采——个案、随笔、研究论文等课题研究资料

(三)成长的足迹——图片、影音资料集

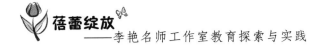

参考文献:

[1]陈帼眉.学前儿童发展与教育评价手册[M].北京:北京师范大学出版社,1994.

[2].教育部基础教育司.《幼儿园教育指导纲要(试行)》解读[M].南京:江苏教育出版社,2002.

[3]欧卫华.浅谈如何对幼儿进行文明礼仪教育[J].课程教育研究,2012(17).

[4]中华人民共和国教育部.3~6岁儿童学习与发展指南[M].北京:首都师范大学出版社,2012.

[5]朱智贤.儿童心理学[M].北京:人民教育出版社,2003.